TESOUROS
da ALMA

PAIVA NETTO

TESOUROS *da* ALMA

Copyright © 2017 *by* Paiva Netto

Produção editorial: *Equipe Elevação*
Revisão: *Equipe Elevação*
Impressão: *Mundial Gráfica*
Fotos: *Shutterstock.com*
Capa: *Alziro Braga*
Fotomontagem de capa: *Desde que foi fundado por Paiva Netto, em Brasília/DF, no dia 21 de outubro de 1989, o Templo da Boa Vontade tem reunido milhões de visitantes do Brasil e do Exterior. A imagem da bela Pirâmide de Sete Faces (crédito: João Periotto) pode ser observada em vista parcial na fotomontagem da capa deste livro. Leia mais sobre a destinação espiritual do TBV na p. 36.*
Projeto gráfico e diagramação: *Helen Winkler*

Depósito legal na Biblioteca Nacional conforme
Decreto nº 1.825, de 20 de dezembro de 1907.

Dados Internacionais de Catalogação na Publicação (CIP)
(Câmara Brasileira do Livro, SP, Brasil)

P149t
Paiva Netto, José de. 1941-
   Tesouros da Alma / José de Paiva Netto. — São Paulo :
Editora Elevação, 2017.

ISBN 978-85-7513-227-2

1. Conduta de vida 2. Espiritualidade
3. Meditações 4. Sabedoria
I. Título.

10-03966   CDD-248-4

Índices para catálogo sistemático:

1. Vida e prática : Cristianismo 248.4

Todos os direitos desta edição são reservados à Editora Elevação.
Av. Engenheiro Luiz Carlos Berrini, 1.748, cj. 2.512
CEP 04571-000 — São Paulo/SP — Brasil
Tel.: (11) 5505-2579

Tratado do Novo Mandamento de Jesus

A Espiritualmente Revolucionária Ordem Suprema do Divino Mestre representa o diferencial da Religião de Deus, do Cristo e do Espírito Santo[1] e é a base de todas as suas ações de promoção espiritual, social e humana, pela força do Amor Fraterno, por Ele trazido ao mundo.

Ensinou Jesus, o Cristo Ecumênico, o Divino Estadista: "*13:34 Novo Mandamento vos dou: amai-vos como Eu vos amei. 13:35 Somente assim podereis ser reconhecidos como meus discípulos, se tiverdes o mesmo Amor uns pelos outros.*

15:7 Se permanecerdes em mim e as minhas palavras em vós permanecerem, pedi o que quiserdes, e vos será concedido. 15:8 A glória de meu Pai está em que deis muito fruto; e assim sereis meus discípulos.

15:10 Se guardardes os meus mandamentos, permanecereis no meu Amor; assim como tenho guardado os mandamentos de meu Pai e permaneço no Seu Amor.

15:11 Tenho-vos dito estas coisas a fim de que a minha alegria esteja em vós e a vossa alegria seja completa.

15:12 O meu Mandamento é este: que vos ameis como Eu vos tenho amado. 15:13 Não há maior Amor do que doar a própria vida pelos seus amigos. 15:14 E vós sereis meus amigos se fizerdes o que Eu vos mando. 15:17 E Eu vos mando isto: amai-vos como Eu vos amei.

15:15 Já não mais vos chamo servos, porque o servo não sabe o que faz o seu senhor; mas tenho-vos chamado amigos, porque tudo quanto aprendi com meu Pai vos tenho dado a conhecer.

15:16 Não fostes vós que me escolhestes; pelo contrário, fui Eu que vos escolhi e vos designei para que vades e deis bons frutos, de modo que o vosso fruto permaneça, a fim de que tudo quanto pedirdes ao Pai em meu nome Ele vos conceda.

15:17 E isto Eu vos mando: que vos ameis como Eu vos tenho amado. 15:9 Porquanto, da mesma forma como o Pai me ama, Eu também vos amo. Permanecei no meu Amor".

(Tratado do Novo Mandamento de Jesus, reunido por Paiva Netto, consoante o Evangelho do Cristo de Deus, segundo João, 13:34 e 35; e 15:7, 8, 10 a 17 e 9.)

---

[1] **Religião de Deus, do Cristo e do Espírito Santo** — Nesta e em outras obras literárias, o leitor vai se deparar com as denominações Legião da Boa Vontade (LBV) e Religião de Deus, do Cristo e do Espírito Santo, criadas pelo saudoso **Alziro Zarur** (1914-1979), que se irmanam na lide em prol de *"um Brasil melhor e de uma Humanidade mais feliz".* São elas duas Instituições irrestritamente ecumênicas, unidas para atender de forma integral às carências fundamentais do ser humano e do seu Espírito Eterno, transformando-o sem paternalismos, a fim de que ele possa assumir na sociedade o seu papel de protagonista para solucionar os problemas existentes. Agem assim para que a criatura humana se realize por meio dos poderosos ensinamentos do Espírito (Religião de Deus, do Cristo e do Espírito Santo) e da dinâmica ação de reforma humana e social (Legião da Boa Vontade), decorrência natural de nossa integração nos ensinamentos divinos. Disse Jesus: *"Procurai primeiramente o Reino de Deus e Sua Justiça, e todas as coisas materiais* [portanto, humanas e sociais] *vos serão acrescentadas"* (Evangelho do Cristo, segundo Mateus, 6:33). Da convergência dessas ações — a Espiritual e a Humano-Social — nasce a Política de Deus (*vide* p. 66), para o Espírito Eterno do ser humano. A Religião de Deus, do Cristo e do Espírito Santo também é conhecida como Religião do Terceiro Milênio, Religião do Amor Universal e Religião Divina.

O Mistério de Deus Revelado

O Mistério de Deus por Jesus Cristo revelado é o Amor!

Do autor

Permanente presença de Jesus

Tudo fica para trás. Jesus, o Cristo Ecumênico e Divino Estadista, permanece! Ele disse: *"Passará o Céu, passará a Terra, mas as minhas palavras não passarão"* (Evangelho, segundo Lucas, 21:33).

Do autor

O parecer de Gamaliel

"Se esta obra é de homens, não triunfará. Mas, se é de Deus, não a combatais, pois estareis combatendo o próprio Deus."

Gamaliel
(Atos dos Apóstolos de Jesus, 5:38 e 39)

Perante o Sinédrio

"Respondendo Pedro e João aos sinedritas, disseram: 'Não podemos deixar de falar daquilo que vimos e ouvimos. (...) Importa antes agradar a Deus que aos homens'."

(Atos dos Apóstolos de Jesus, 4:19 e 20 e 5:29)

– Apresentação –

Coração, riquezas e Liberdade

> *— Porque onde estiver o vosso tesouro, ali estará também o vosso coração.*
> **Jesus, o Cristo de Deus**
> (Evangelho, segundo Lucas, 12:34)

Tesouros da Alma nos convida a refletir sobre onde temos guardado nosso coração.

Porque resumimos a vida humana às circunstâncias da matéria, por séculos e milênios temos nos enclausurado no imediatismo, um guia que nos cega a Alma para os horizontes infinitos do progresso em Deus. Justificamos, assim, crueldades e indiferenças nessa sombra tão infeliz: imaginar que não há nada além do agora, uma ilusão que a Natureza desmente e que as Vozes Divinas dissipam. A vida segue, e seguimos também nós para além deste momento.

Com voz amiga, Paiva Netto nos indaga o que é riqueza para nós, onde residem nossas prioridades, que destino temos dado à nossa confiança no amanhã... E o faz neste livro com a Caridade de quem tem os olhos no Cristo, consciente de que é possível alçarmos (para nosso sentimento e para nossa razão) mais que os ímpetos dilacerantes da avareza: um voo realmente amplo, em que nosso Espírito experimente a liberdade de ter o coração guardado nas bênçãos dos mais altos Céus.

Nesse convite, em suas reflexões nascidas de improviso, ao pregar para multidões (no rádio, na TV e na internet), nos faz perceber o exílio a que muitas vezes nos sujeitamos ao eleger os valores escravizantes da ganância, do preconceito e da exclusão. O que sobrará de nós, se nosso tesouro estiver aprisionado na mesquinhez das vaidades infantis? Com o coração assim refém, de que forma seremos felizes? Como companheiro leal, o autor não nos venda os olhos com cinismo, não nos lança ao abismo do desespero — convoca-nos a ver adiante. Revela nestas páginas o Amor sempre presente de Deus e a misericórdia libertária de Jesus, o Divino Mestre, o Líder e o Gênio que socorre a Humanidade pelas eras!

Neste livro, estamos também diante de nós mesmos. Dores, frustrações e angústias são reconhecidas — nossas lágrimas são tratadas com o respeito de um irmão, com o cuidado de um pai. E suas letras nos acordam: que deixemos de viver *"surdos aos apelos de Deus"*, mas *"ilustrando a mente e o coração"*, seguindo as diretrizes ecumênicas de Jesus, no exercício *"do Amor e da Verdade, da Humildade e da Esperança, da*

Justiça e da Paz". Nada está perdido! Há tempo para vivermos o avesso da guerra, no encontro fraterno e no entendimento real. Não sem luta, é verdade, mas na coragem das transformações inadiáveis para épocas mais felizes.

Por fim, este é um livro sobre o Fim dos Tempos. Com a lucidez da Profecia de Jesus, abre-nos os olhos para a realidade que projetamos para nós mesmos, ao edificarmos miséria e violência, opressões, que precisamos vencer desde sua origem: o nosso próprio interior a ser reeducado em Deus.

Entretanto, embora se apresente como alento nesses dias terríveis que da Humanidade se aproximam, não se trata de uma obra datada, restrita ao agora. Ao nos trazer dádivas de Eternidade para superar as dores da jornada, apresenta-nos também os valores que nos renovarão para a construção de um mundo novo, justo e solidário para todos. Por isso, nos servirá ainda no futuro como guia, num tempo em que poderemos olhar para trás, avaliar a incivilidade superada e celebrar a conquista de termos amadurecido em Deus, vivendo finalmente como Irmãos.

Paula Suelí Periotto Bertolin
Professora e historiadora

— Prefácio do autor —

O Amor é o Elo Achado

O Amor é a suprema definição da Divindade. É o elo perdido que a criatura busca na imensidão do estudo científico, que, para mais rapidamente progredir no âmbito social, tem de irmanar-se à Fé sem fanatismos, a fim de encontrar esse elo. Há tanto tempo considero que a Ciência (cérebro, mente), iluminada pelo Amor (Religião, coração fraterno), eleva o ser humano à conquista da Verdade!

E o que mais é o Amor?

O Amor é o grande campeão das mais difíceis batalhas. Supera todos os sofrimentos. **É Deus.** Logo, intensifica sua atitude confortadora quando o desassistido ou o ser amado precisa de socorro.

O Amor não pede para si mesmo.

O Amor oferece o auxílio que o desamparado suplica.

O Amor, com discrição, atende até ao apelo não abertamente expresso.

O Amor não deserta, pois ajuda sempre. Nunca traz destruição. Propicia a Paz.

O Amor não adoece. Ele se renova para recuperar o enfermo do corpo e/ou da Alma. Não promove a fome. Pelo contrário, fornece o alimento.

O Amor instrui e liberta, porquanto reeduca e espiritualiza.

O Amor não constrange, porque confia. Por esse motivo, poetizou **Rabindranath Tagore** (1861-1941), famoso bardo e filósofo hindu, amigo de **Gandhi** (1869-1948):

— *Ó Deus! O Teu Amor liberta, enquanto o amor humano aprisiona.*

O Amor é tudo: o enlevo da existência, pois afasta o temor.

O Amor, quando verdadeiramente é ele mesmo, sempre triunfa, visto que não coage nunca. Enfim, o Amor governa, porque é Deus, mas igualmente Justiça.

O Amor é o Elo Achado[1].

---

[1] **O Elo Achado** — Aqui, o autor faz uma antítese ao "elo perdido", expressão utilizada, em 1851, por **Charles Lyell** (1797-1875), mentor de **Charles Darwin** (1809-1882). Mais conhecido como "fóssil de transição", em Paleontologia, diz respeito ao organismo que reúne características dos seus descendentes e antecessores evolutivos, preservadas no registro fóssil. Na investigação da história evolutiva dos seres humanos, procura-se o "fóssil de transição" entre o macaco e o homem. Alguns fósseis de hominídeos têm sido estudados, e o mais famoso é **Lucy**, um exemplar da espécie *Australopithecus afarensis*. A busca prossegue, e outros hominídeos já foram descobertos depois de Lucy. Contudo, ainda não se tem a certeza de que sejam o "elo perdido" dessa árvore filogenética, à qual pertencemos.

Amor de Deus e Excelsa Justiça

É sempre necessário enfatizar que em consonância ao Amor de Deus permanece a Excelsa Justiça. A sublime redenção exige da criatura reabilitada pelo Amor Divino a devida correspondência em atitudes. De outra forma, seria a glorificação da impunidade.

Falta de Amor promove a discriminação

Enquanto houver uma criatura cruelmente discriminada, o currículo humano estará maculado. Perseveremos, pois, no trabalho de congraçar, pelo Ecumenismo dos Corações[1], as etnias existentes no mundo.

---

[1] **Nota de Paiva Netto**
Ecumenismo dos Corações — É aquele que nos convence a não perder tempo com ódios e contendas estéreis, **mas a estender a mão aos caídos, pois se comove com a dor**. Discorri mais detidamente sobre o assunto na obra *Reflexões da Alma* (2003), em "Os Quatro Pilares do Ecumenismo".

Justiça, Bondade e vingança

Confúcio (551-479 a.C.) disse:

— *Pague a Bondade com a Bondade, mas o mal com a Justiça.*

Já tive a oportunidade de considerar que o sábio pensador chinês, ao se referir à Justiça, não a conceberia nunca como promotora de justiçamentos.

O filósofo e pedagogo francês **Allan Kardec** (1804-1869) também apresenta sua contribuição ao tema:

— *A Justiça não exclui a Bondade.*

Evidentemente, porque Justiça não significa vingança. Por tudo isso, devemos estar muito atentos ao que **Aristóteles** (384-322 a.C.), em *Ética a Nicômaco*, seu filho, ensinou:

— *In medio virtus est* (A virtude se encontra no equilíbrio).

Felicidade em Deus

Deus é toda a essência da felicidade humana.

Perfeita Ordem

Com Jesus, o Cristo Ecumênico, o Estadista Celeste, aprendemos que o Amor Solidário Divino é a Perfeita Ordem. Ela direciona a sociedade para tempos melhores, de respeito às diferentes culturas e etnias do planeta que nos abriga.

Expressão Sublime

O Amor é a expressão sublime da Sabedoria de Deus.

Queda das Barreiras Étnicas

A influência da mensagem redentora de Jesus liberta-nos do maior de todos os cativeiros: a ignorância a respeito das Leis Divinas que regem o Universo. Uma leitura atenta e ecumênica do Evangelho e do Apocalipse, em Espírito e Verdade, à luz do Mandamento Novo do Educador Celeste, nos ilumina a consciência nesse caminho. Cai por terra a visão medíocre de pretensas barreiras étnicas. **A cor da pele jamais poderá qualificar o Espírito Eterno da criatura humana**, criado à imagem e semelhança de Deus, que é Amor (Gênesis, 1:27, e Primeira Epístola de **João**, 4:8). Portanto, por amarmos com o Amor de Deus é que seremos qualificados espiritualmente. Disse Jesus no Seu Evangelho, segundo João, 13:35: *"Os meus discípulos serão reconhecidos por muito se amarem"*.

Templo da Boa Vontade

Sede Espiritual da Religião do Terceiro Milênio

Aclamado pelo povo uma das Sete Maravilhas de Brasília/DF, Brasil, o Templo da Boa Vontade (TBV), com todo o seu esplendor espiritual, inspirou a criação da capa desta obra, por representar a busca do ser humano pelo que há de mais sagrado no Universo, na vivência e no cultivo das elevadas aspirações de cada um, de acordo com suas crenças e filosofias pessoais, despertando o que todos possuem de melhor em si: os

Tesouros da Alma. O TBV, símbolo maior do Ecumenismo Divino, a Pirâmide das Almas Benditas, a Pirâmide dos Espíritos Luminosos, é o monumento mais visitado de Brasília, segundo dados oficiais da Secretaria de Estado de Turismo do Distrito Federal (Setur-DF). Desde que foi fundado por Paiva Netto, em 21 de outubro de 1989, já recebeu cerca de 30 milhões de peregrinos. **Na foto**, da esquerda para a direita, o Parlamento Mundial da Fraternidade Ecumênica (o ParlaMundi da LBV), a sede administrativa e o TBV, localizados na Quadra 915 Sul. Outras informações: (61) 3114-1070 / www.tbv.com.br (disponível em alemão, árabe, chinês, espanhol, esperanto, francês, inglês, italiano e português).

Religião e Sabedoria

Religião é para iluminar a inteligência, que, com a prática do Bem, se transmuda em Sabedoria.

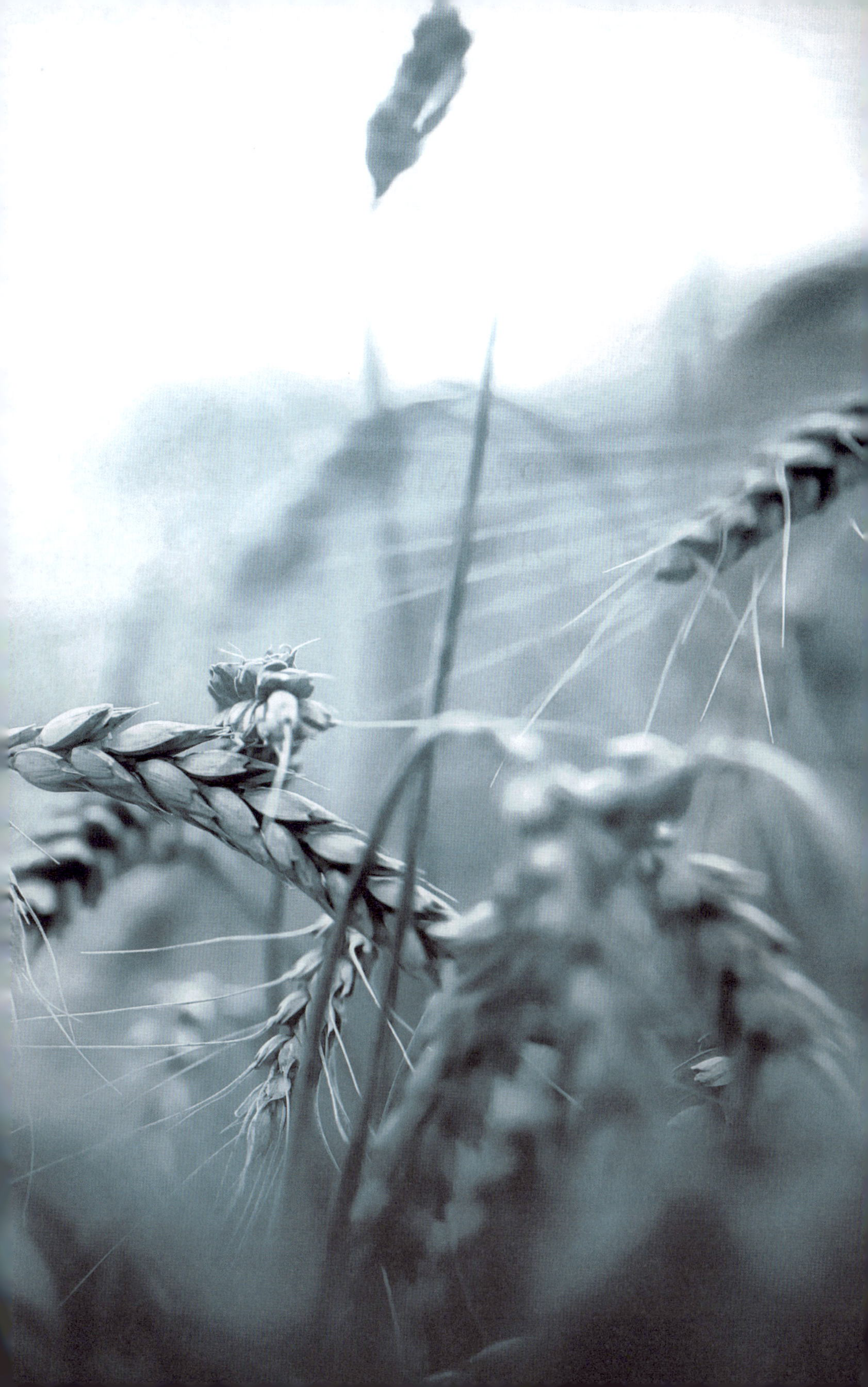

Obras-primas de Deus

A Vida é uma grande escultora, e nós somos as pedras brutas, as quais Deus lapida até sermos transformados, ou transformadas, em obras-primas de Sua Arte Sublime.

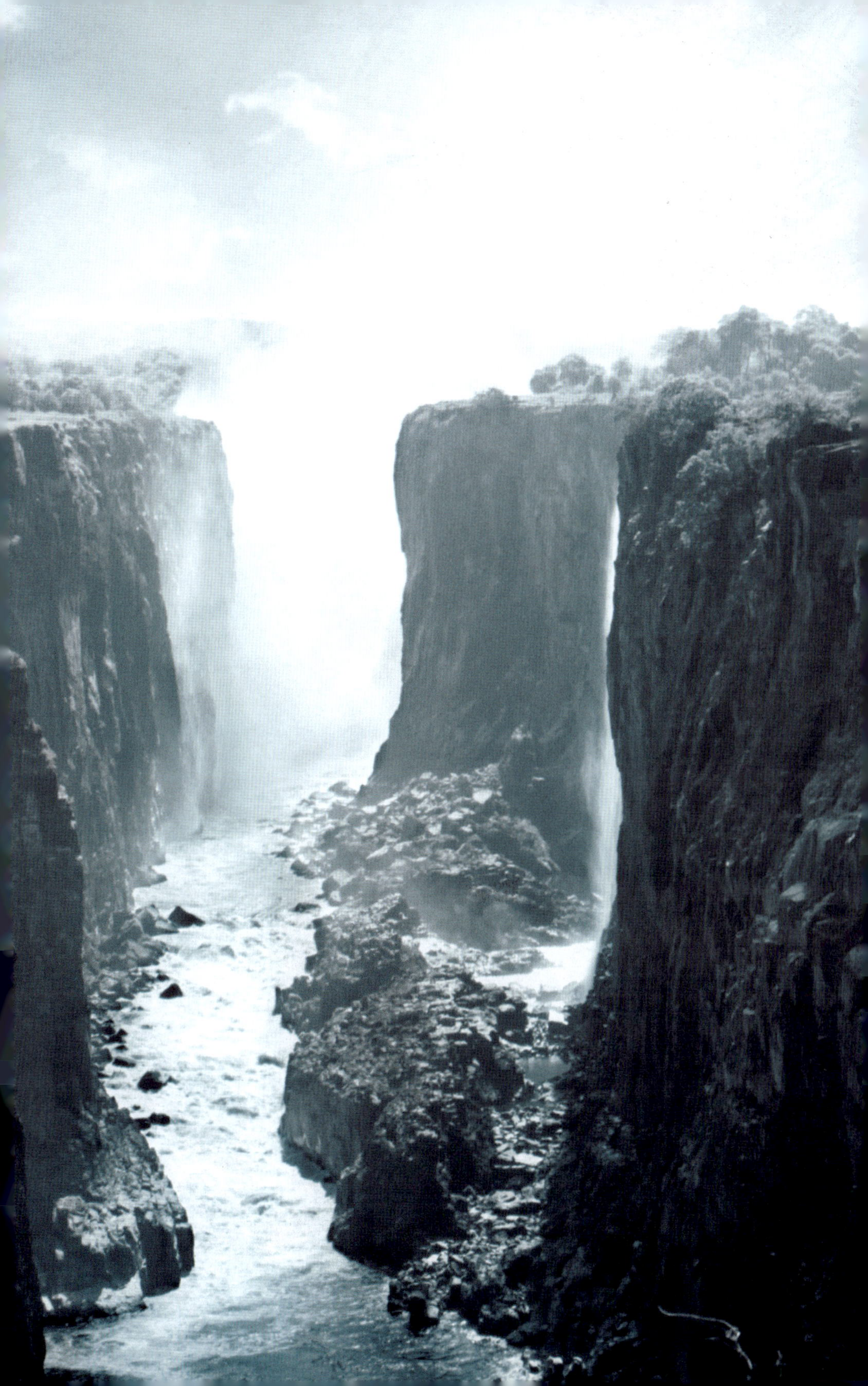

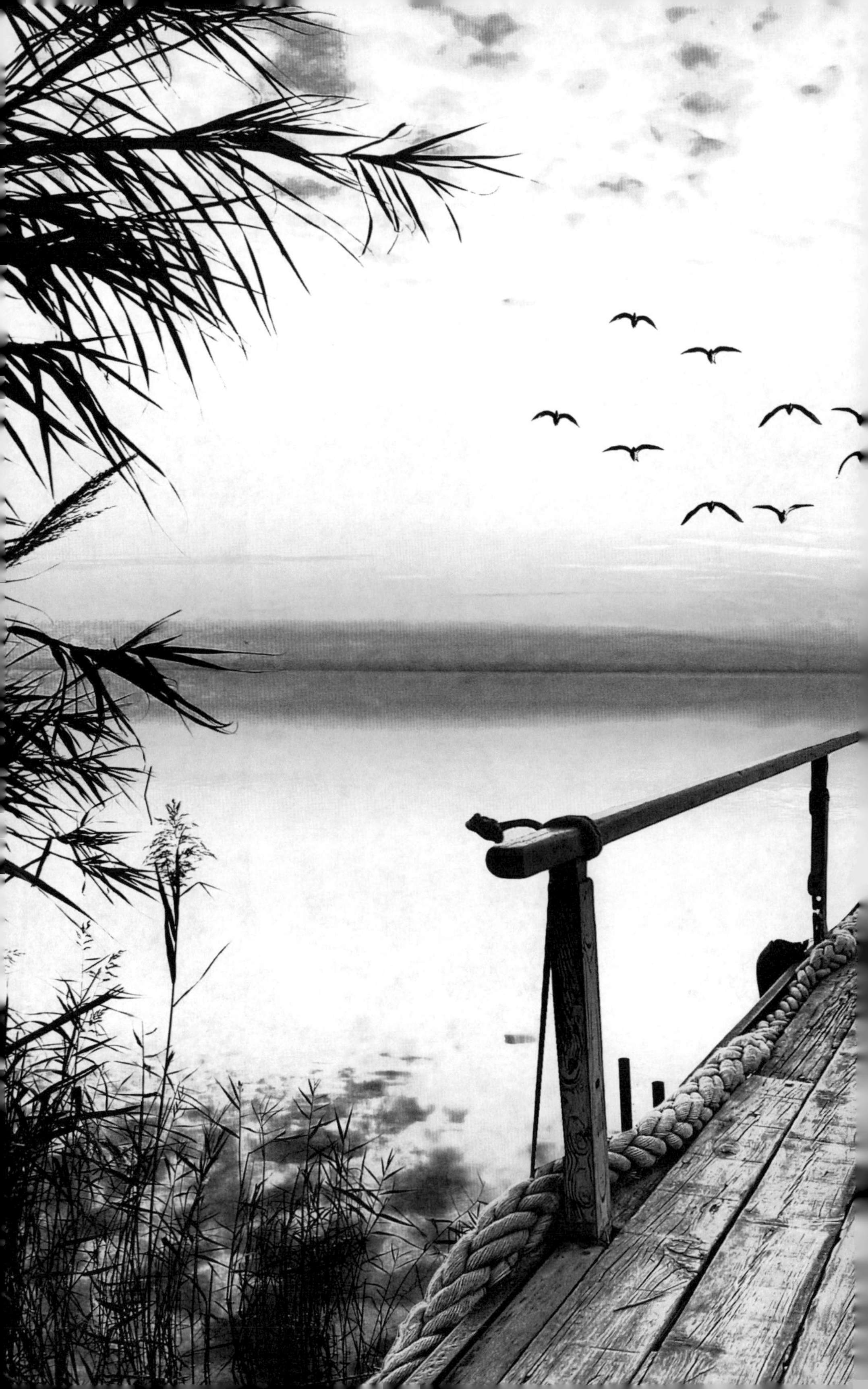

Talentos de Deus

Quem sabe amar faz
nascer de dentro de
si todos os talentos
de Deus.

LIBERDADE DEPREENDE TEMPERANÇA

Em qualquer momento da existência humana, a mesa está posta por Jesus àqueles que anseiam alimentar-se do Seu Evangelho, do Seu Apocalipse e das Suas Palavras, por intermédio dos Profetas, no Antigo Testamento da Bíblia Sagrada. A ceia prossegue, ofertada pelo Cristo de Deus, como na Sua Carta à Igreja em Laodiceia (Apocalipse, 3:20 a 22):

> *20 **Eis que estou à porta e bato; se alguém ouvir a minha voz e abri-la para mim, entrarei em sua casa e cearei com ele, e ele, comigo.***
>
> *21 Ao vencedor, Eu o farei sentar-se comigo no meu trono, assim como também Eu venci e me sentei com meu Pai no Seu trono de glória.*
>
> *22 Quem tem ouvidos de ouvir ouça o que o Espírito diz às Igrejas do Senhor.*

Jesus bate à porta. Abramos-Lhe o caminho para que, com Ele, possamos usufruir o alimento e a água espirituais que nos bastarão por toda a Eternidade. Dessa forma, nunca mais sentiremos escassez do que nos faz fortes, consoante o Evangelho, segundo João, 6:35 e 51:

— Eu sou o Pão da Vida. Quem vem a mim de modo algum terá fome, e quem em mim crê jamais terá sede! (...) Eu sou o Pão Vivo que desceu do Céu. Se alguém dele comer, viverá eternamente (...).

No entanto, é preciso haver aquela **fé que remove montanhas**, pois, na Boa Nova, conforme os relatos de **Marcos**, 16:15, o Cristo Ecumênico, o Sublime Estadista, ordena a Seus discípulos:

— Ide por todo o mundo e pregai o Evangelho a toda criatura.

Antes de nos transmitir essa famosa diretiva, Ele nos traz a seguinte advertência no versículo 14:

— Finalmente, apareceu Jesus aos onze, quando estavam à mesa, e censurou-lhes a incredulidade e a dureza de coração, porque não deram crédito aos que O tinham visto ressuscitado.
Jesus (Marcos, 16:14).

Por isso, o Divino Mestre — durante a Sua Missão entre os incrédulos que Lhe pediam mais uma prova, depois de tantas que Ele já lhes mostrara — asseverou, em Seu Evangelho, segundo **Mateus**, 16:4:

*— Uma geração má e adúltera pede um sinal, mas nenhum sinal lhe será dado, senão o do Profeta **Jonas*** [ou seja, o do sofrimento] *(...).*

Deus respeita o livre-arbítrio. Que mais deseja o ser humano a não ser **liberdade**? Contudo, ela **depreende temperança**, e não pôr a casa do vizinho abaixo. A Sabedoria Espiritual ensina que *"a semeadura* [o que concretizamos, de bom ou de mau, com nossas escolhas] *é livre, **mas a colheita, obrigatória**".* Do contrário, seria o reino desbragado da impunidade, que corrói países tal qual caruncho ou cupim, como se tem visto, há tempos, pelo mundo. Grandes estruturas se desfazem por causa da inconsequência, que convoca a ação urgente da Justiça Perfeita, isto é, a Divina, tornando melhores as nações, por força do Amor ou da aflição. Por esse motivo, concluo: Deus nos deixa **moralmente livres**, mas **não imoralmente livres**. Afirmo, ainda, como tenho feito há décadas: Liberdade sem Fraternidade Ecumênica é condenação ao caos.

O sinal de Jonas

Quanto ao "sinal de Jonas", no segundo volume de *O Brasil e o Apocalipse* (1985) fiz o seguinte comentário acerca dessa advertência do Cristo, anotada por Mateus, 16:4 *"(...) nenhum sinal lhe será dado, senão o do Profeta Jonas"*:

O fato se deu assim: depois de Jesus ter sobejamente demonstrado Sua Sabedoria e Seu Poder Espiritual, após realizar centenas e centenas de curas e de anunciar a vinda do Reino de Deus, homens tão sôfregos quanto levianos insistiam em Lhe pedir **novos sinais**, para que se convencessem de Sua Missão redentora e de que Ele, o Nazareno, era o Messias prometido desde **Moisés**. O Cristo energicamente respondeu-lhes que a eles, geração adúltera e perversa, só seria dado o **sinal de Jonas**. E o que é o **sinal de Jonas**? Resposta: **O sofrimento** pelo qual passou o Profeta israelita, da tribo de **Zebulom**, ao tentar fugir da tarefa de pregar e convencer os ninivitas a abandonar os seus muitos erros. Conta a Bíblia que Jonas, depois de penar por três dias e três noites na escuridão do *"ventre de um peixe"* (o calabouço infecto de um navio, como revela a Doutrina do Centro Espiritual Universalista — o CEU da Religião Divina[1]), realmente arrependido, pediu perdão a Deus e foi para Nínive, capital da Assíria, onde honrou o que veio cumprir na Terra.

---

[1] **Centro Espiritual Universalista — o CEU da Religião Divina —** Leia mais sobre o assunto no primeiro volume das *Sagradas Diretrizes Espirituais da Religião de Deus, do Cristo e do Espírito Santo*, p. 212.

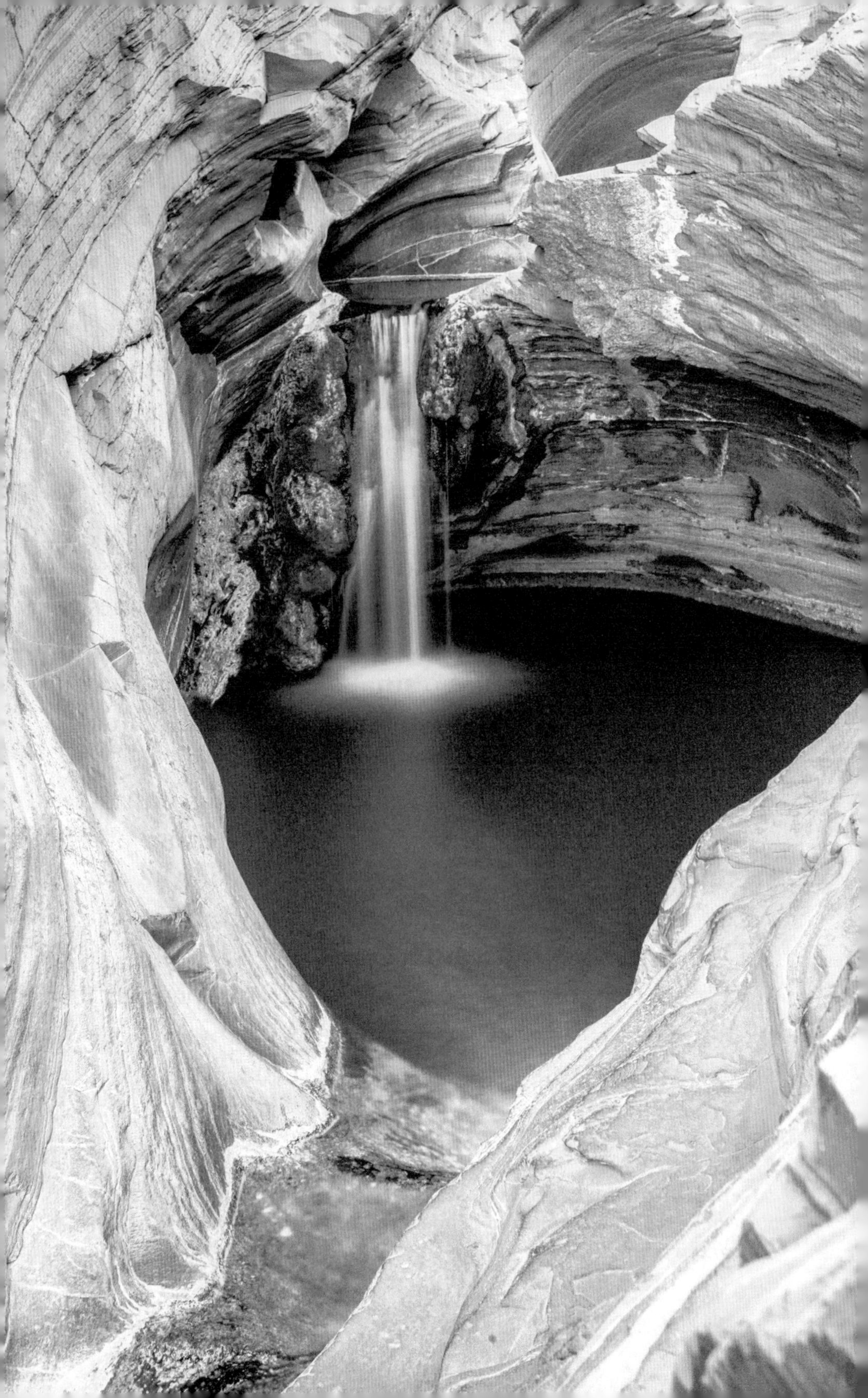

Jesus não gera incômodo ao bom senso

Jesus não gera incômodo ao bom senso humano. Sublime Benfeitor, Ele vem para somar no pleno progresso espiritual, ético, social, material e sustentável que trabalhamos por atingir.

A abrangência da Boa Nova, que o Benemérito e Altruísta Filho de **Maria** e de **José** nos evidenciou, demonstra que Sua presença entre os seres da Terra jamais deve sugerir receio aos Irmãos em humanidade que não professem o Cristianismo.

O exemplo do Divino Mestre simboliza, há mais de dois mil anos, a possível e necessária convivência pacífica entre as civilizações permanentemente. O Cristo é o Senhor da Paz para *"todas as nações, e tribos, e povos, e línguas"*, conforme lemos em "A Visão dos Glorificados" (Apocalipse de Jesus, 7:9 a 17).

Conservação do Cosmos

A Fraternidade Ecumênica que nos une é a força que equilibra e sustenta o Universo. Sem ela, não há Ecumenismo[1].

---

[1] **Nota de Paiva Netto**
Ecumenismo — Quando falamos em Ecumenismo, queremos dizer Universalismo, Fraternidade sem fronteiras. Já lhes expliquei que, em meus escritos, emprego o termo (oriundo do grego *oikoumenikós*) no seu sentido etimológico: *"toda a Terra habitada"* e *"de escopo ou aplicabilidade mundial; universal"*.

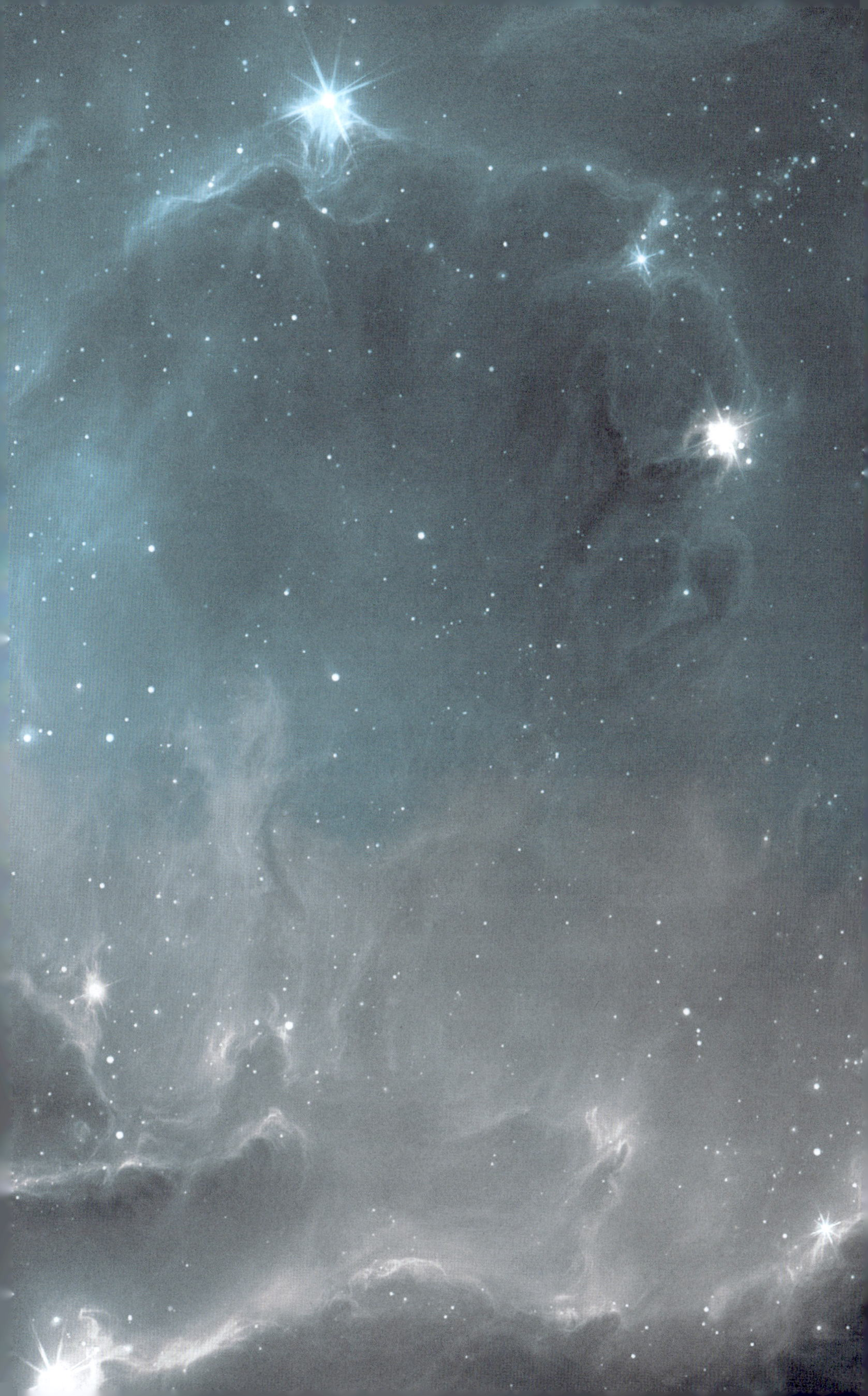

Um brado forte de independência

Qualquer libertação — que não faça do ser humano escravo — tem início na região do Espírito. Não haverá nação forte enquanto os seus cidadãos não souberem o que espiritualmente fazem neste mundo. Portanto, no terceiro milênio, o brado de independência decisivo só virá pela indispensável reeducação das mentes e dos corações.

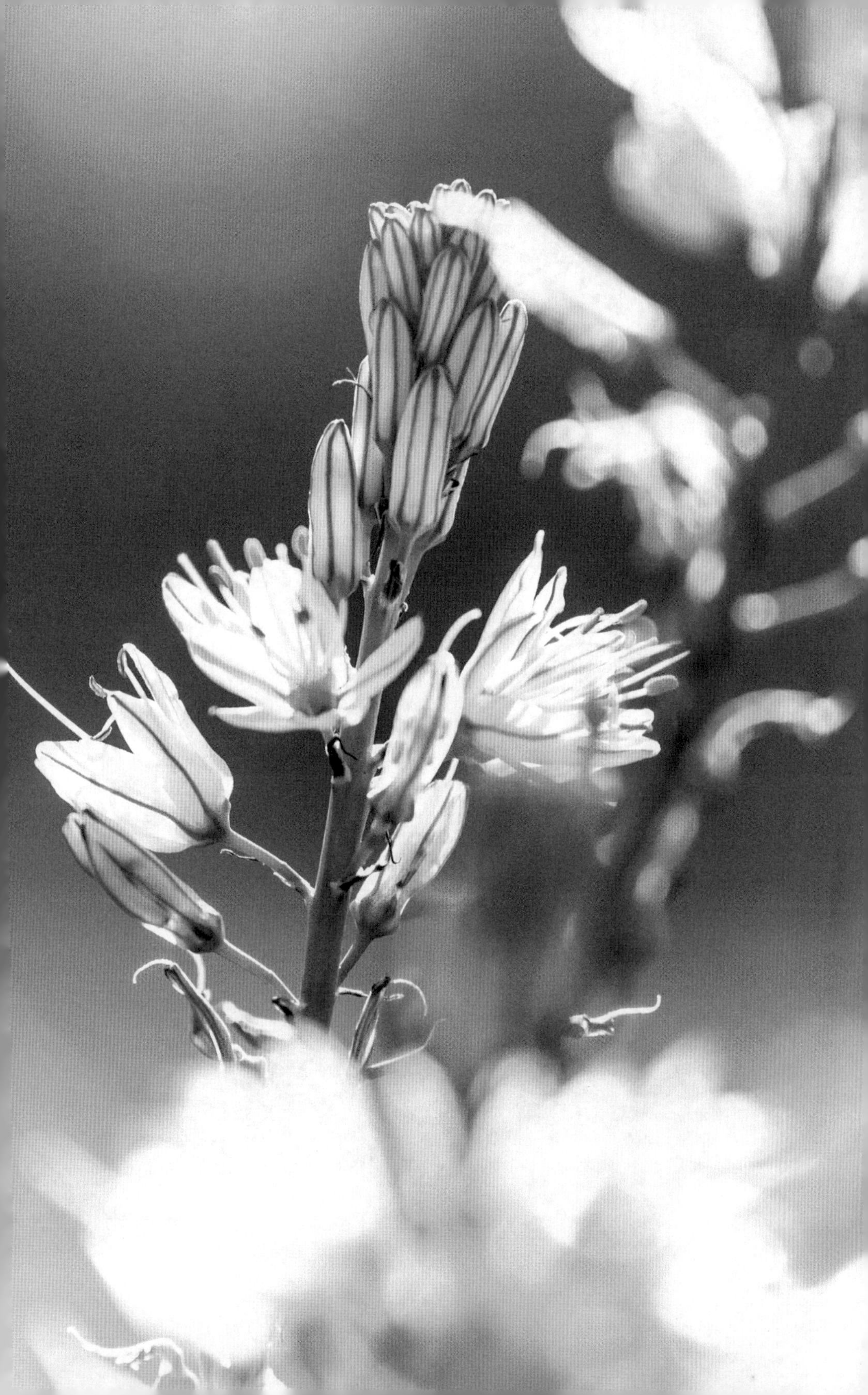

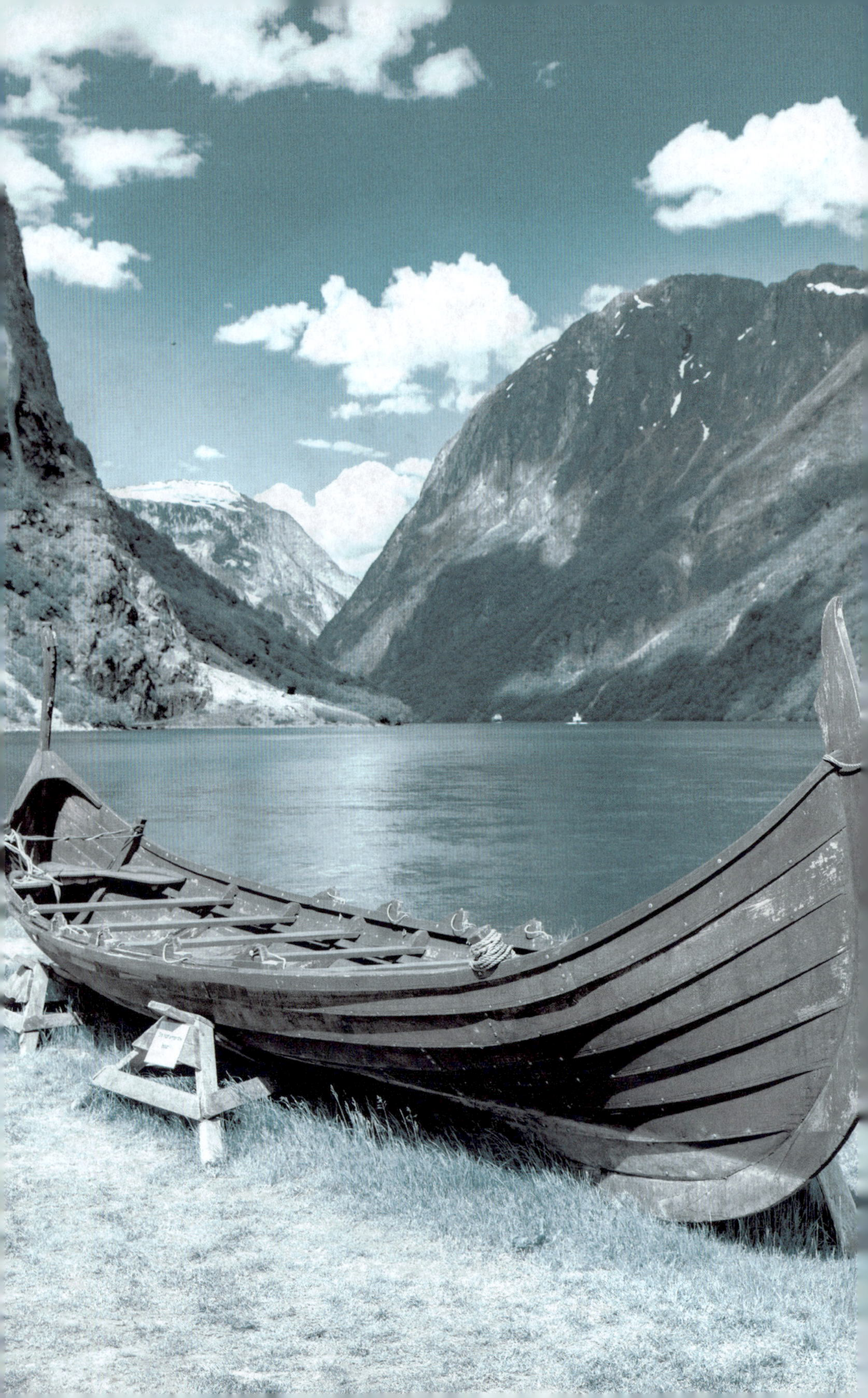

Civilização nova

Façamos florescer uma civilização nova a partir da postura espiritual e mental elevada de cada criatura. Já dizia um filósofo:

— *A fronteira mais difícil a ser ultrapassada é a do cérebro humano.*

O homem foi à Lua, observou com seus equipamentos os confins do Universo em que habita, mas ainda não conhece a si mesmo. E descobrir os potenciais que cada um possui para o bem de si próprio e da coletividade é providência certa na construção *"do Novo Céu e da Nova Terra"*, anunciados por Jesus em Seu Apocalipse (21:1 a 8).

"Canibalismo" do Sentimento

Sem Fé, qualquer pessoa sucumbe. Mas essa Fé não pode ser inócua, quer dizer, vã. Caso contrário, ela corre o grande perigo de se tornar iníqua. Por isso, para que haja o surgimento da Sociedade Solidária Altruística Ecumênica, faz-se indispensável a prática da Fé Realizante[1], inspirada em Deus — que *"é Amor"* (Primeira Epístola de João, 4:16) —, no Cristo e no Espírito Santo.

— *Ah, muitos quiseram fazer isso e não conseguiram, ó Paiva.*

E, porque não obtiveram êxito ou não ousaram, vamos nos curvar diante de fatos, em sua exterioridade, inamovíveis? Não! Ora, passos importantes foram dados por diversos luminares das mais variadas correntes do pensamento. Se eles nada tivessem feito, estaríamos no tempo das cavernas ou vivendo em terríveis tribos de canibais. Porém, é preciso avançar sempre, nos tornar ainda melhores. E, para que possamos alcançar o apogeu dessa sociedade tão almejada — constituída por corações repletos de Solidariedade, Fraternidade e Generosidade verdadeiras, Amor infinito —, é imperioso sepultar de vez **o "canibalismo" do sentimento**.

---

[1] **Fé Realizante** — Leia mais sobre o assunto no primeiro volume das *Sagradas Diretrizes Espirituais da Religião de Deus, do Cristo e do Espírito Santo*, p. 183.

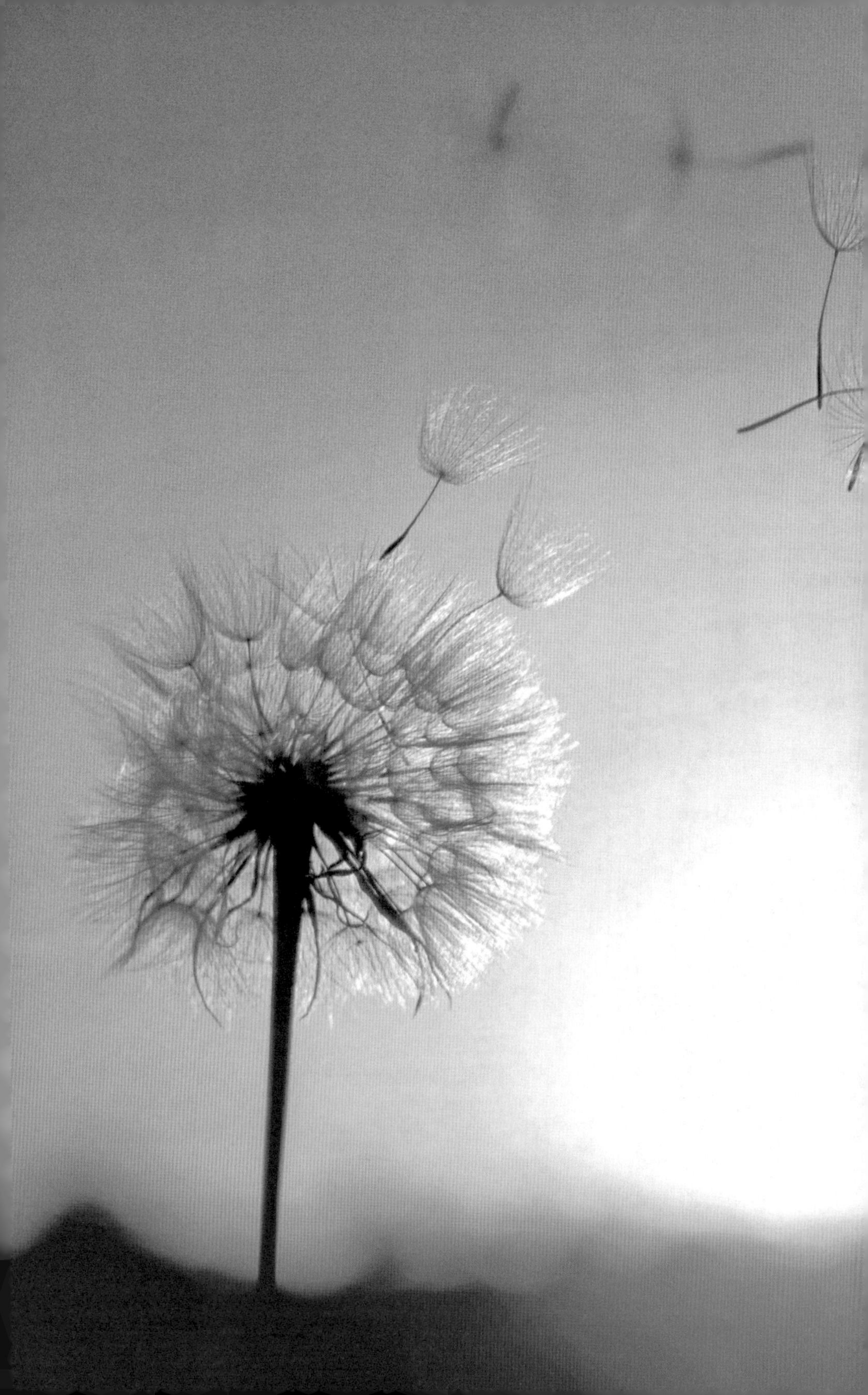

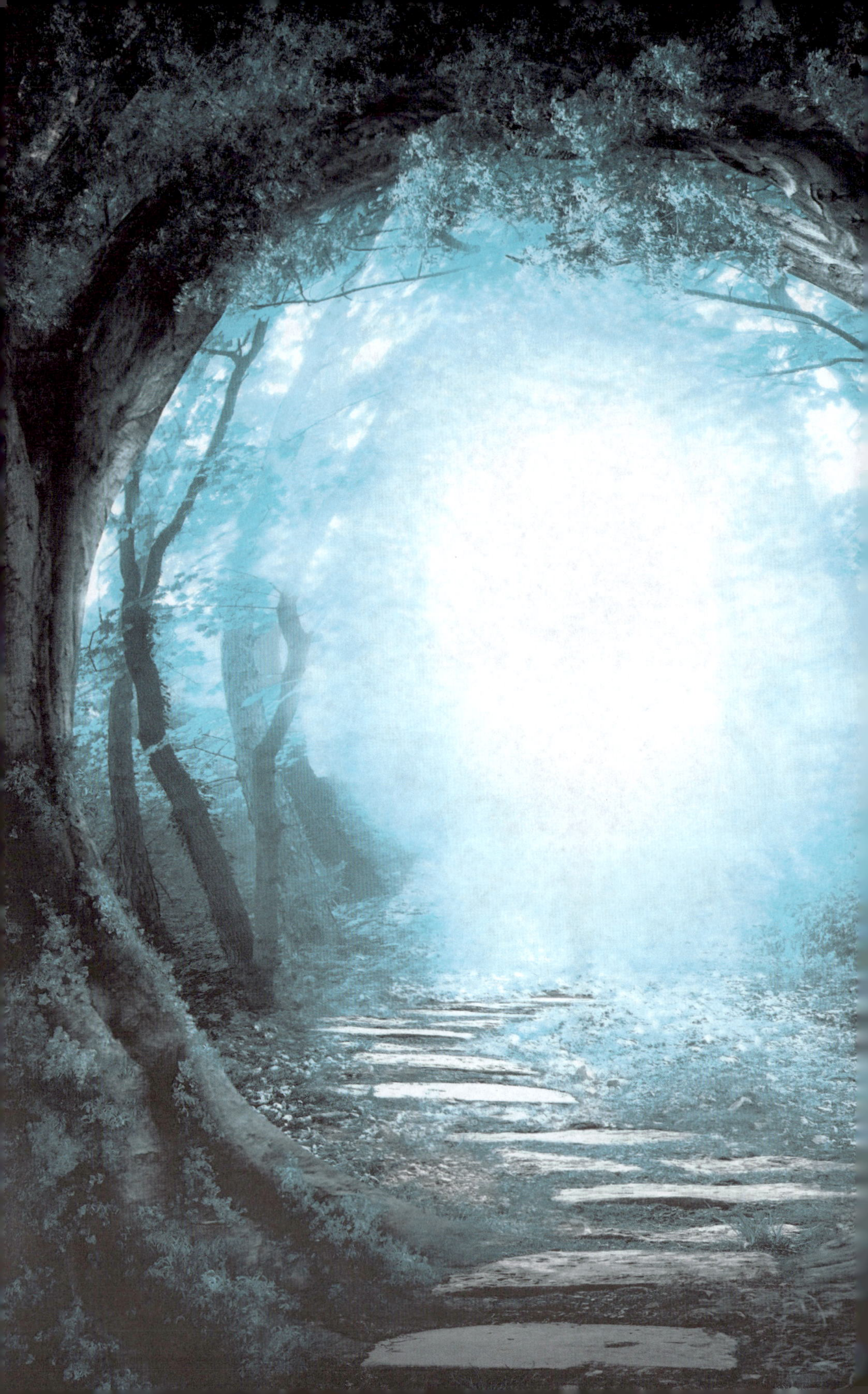

Bom futuro

O Ecumenismo dos Corações — aquele que socorre o próximo, independentemente de contendas ideológicas estéreis, porquanto propõe como objetivo unicamente o progresso espiritual das criaturas — é o bom futuro da Humanidade.

ÁTOMOS DE CONCÓRDIA

Amar de Alma pura é uma Lei, e, se soubermos vivê-la dignamente, nos elevaremos, renovando tudo à nossa volta. É semelhante a uma explosão de átomos de concórdia, iluminação que ocorrerá, passo a passo, à medida do nosso amadurecimento. Educar com Espiritualidade Ecumênica é transformar — e que seja naturalmente para melhor. Reformada a criatura, restaurado estará o planeta. Contudo, sabemos muito bem que tamanho sucesso não se dá de uma hora para outra. Alguns milênios são insignificantes em cálculo histórico espiritual. A maturação das mentes requer esforço, paciência... Descressem os que nos antecederam da realidade da vitória à frente do caminho, onde estaríamos? A Esperança não morre nunca! **Ela é fundamental. A nossa Esperança é Jesus!**

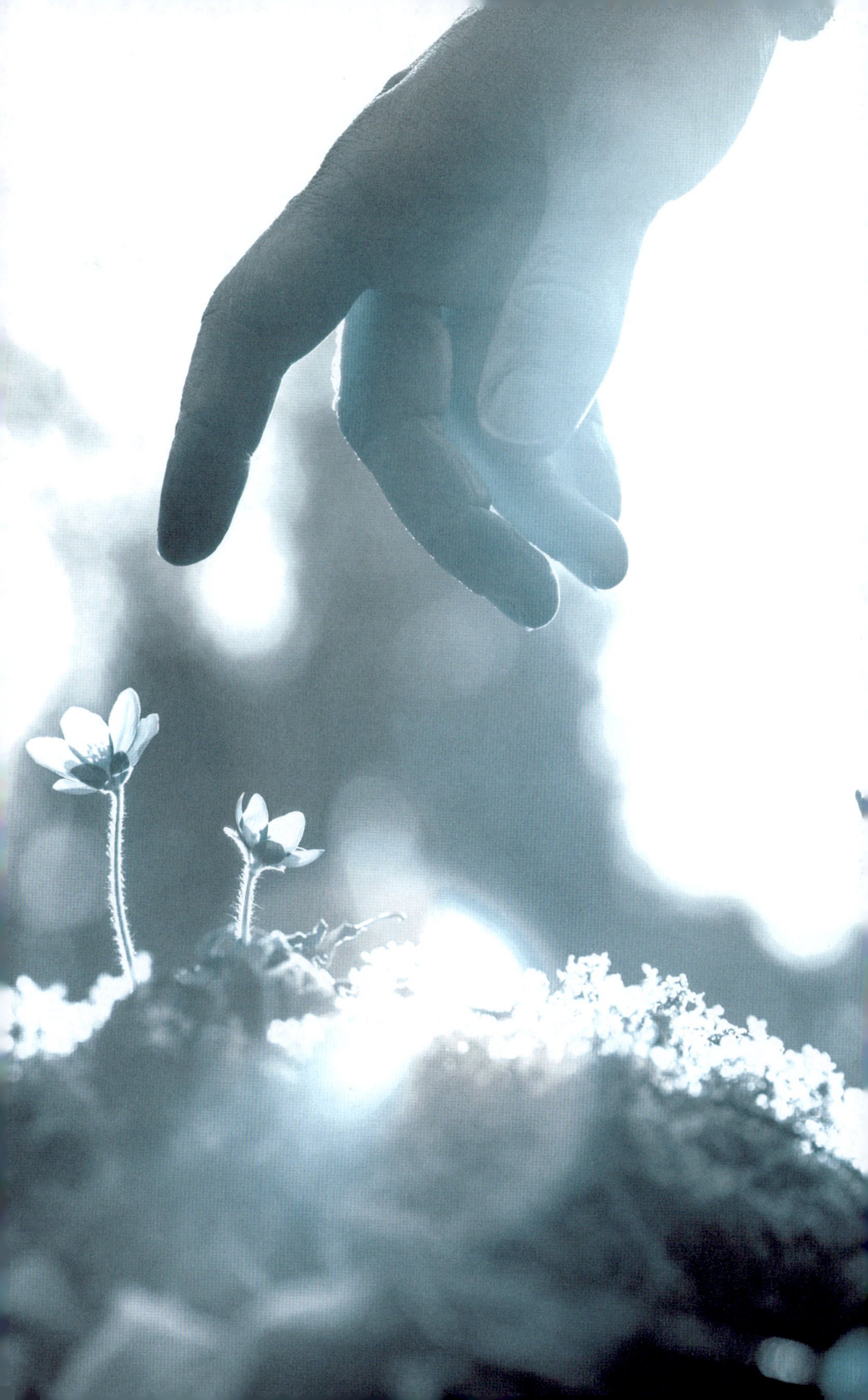

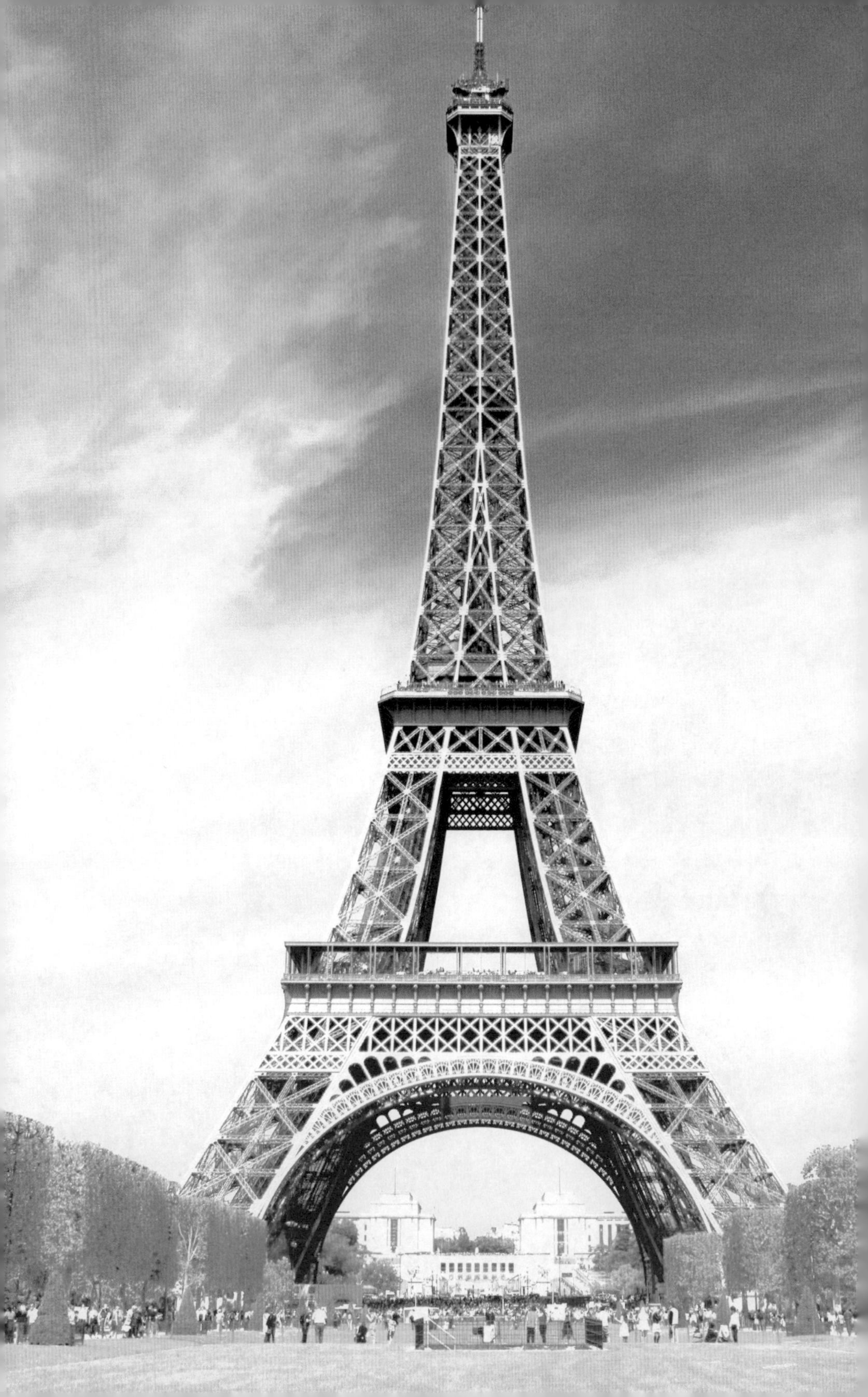

"Sempre haverá Paris"

Essa é a famosa frase de Rick Blaine, personagem interpretado por **Humphrey Bogart** (1899-1957), ao se despedir de seu grande amor, Ilsa Lund, na pessoa da belíssima **Ingrid Bergman** (1915-1982), quando ela parte de Casablanca com o marido, Victor Laszlo — papel vivido pelo ator **Paul Henreid** (1908-1992) —, que julgara morto em combate. Ilsa gostaria de permanecer com Rick, mas fora deflagrada a Segunda Guerra Mundial. E Laszlo, um forte na resistência tcheca ao Moloch nazista, precisava, e muito, do potente apoio dela.

Várias interpretações foram dadas às palavras de Blaine. Eu as entendo, dadas as circunstâncias, como: sempre haverá Amor, coragem, beleza, satisfação... enquanto houver Paris, onde os protagonistas do filme Casablanca[1] (1942) se conheceram e muito se amaram.

Jamais deixará de existir, *ipso facto*, o espaço poético na linguagem humana, mesmo que seja técnica, à qual constantemente falta alguma coisa. Desse modo, *"sempre haverá Paris"*.

Afirmava o filósofo grego **Teócrito** (aprox. 320-250 a.C.): *"Enquanto há vida, há esperança"*. Ora, a nossa existência verdadeira é eterna. Portanto, **sempre haverá Esperança**. *"Sempre haverá Paris"* **enquanto houver Amor.**

---

[1] **Casablanca** — Longa-metragem do diretor húngaro-americano **Michael Curtiz** (1888-1962), lançado em 1942. O drama romântico se passa na cidade marroquina de Casablanca sob o controle da França de Vichy. É tido como um dos maiores filmes da história do cinema norte-americano, tendo sido premiado, em 1943, com o Oscar, em diversas categorias, incluída a de melhor filme.

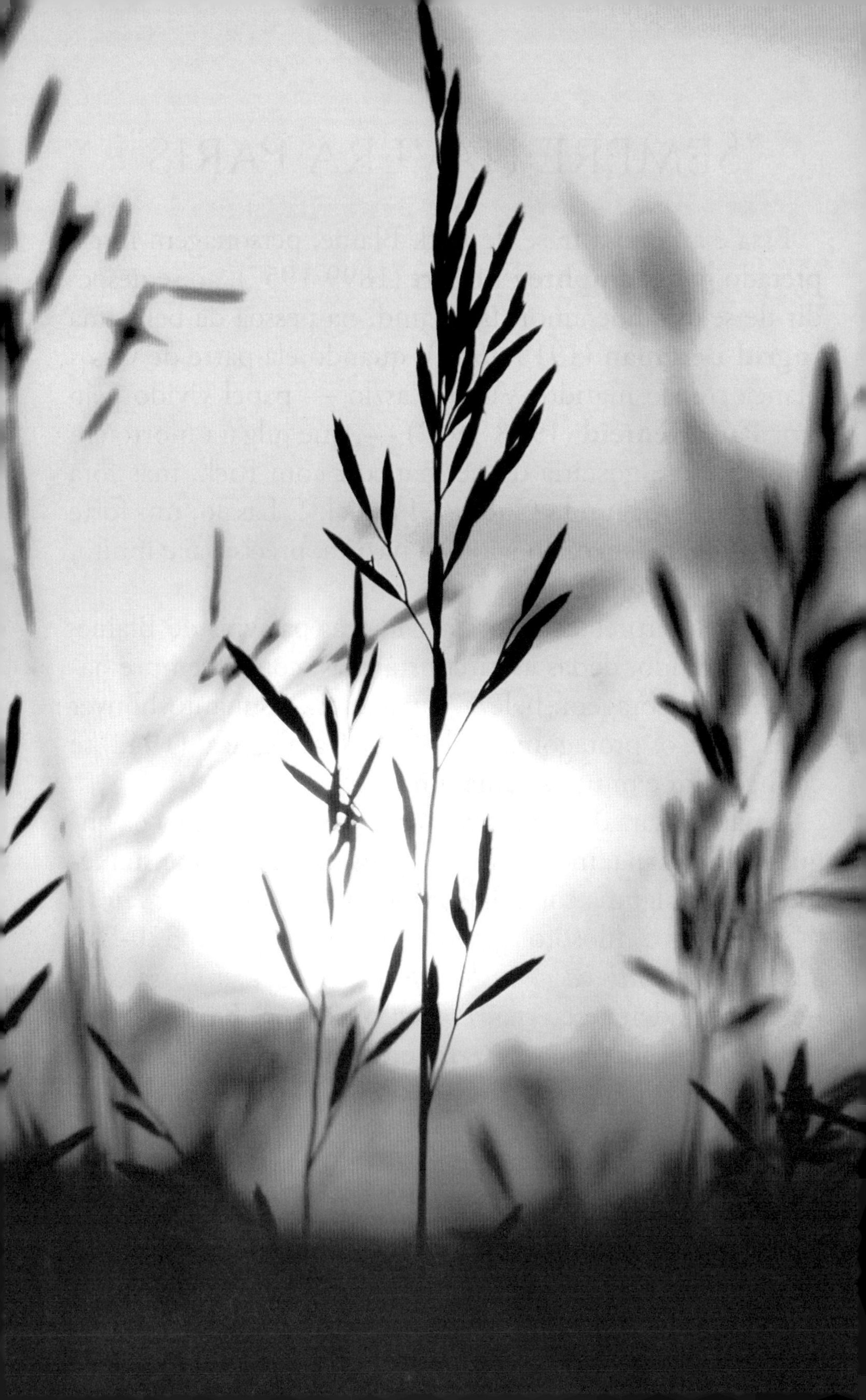

Disposição para o Bem

Disposição inquebrantável é a resposta apropriada a qualquer crise. Quando permanecemos com Deus, até a desventura se mostra o instante mais propício para criar.

Há quem passe anos esperando o pior. Só isso é motivo para a pessoa cair doente. Por que não almejar o melhor e trabalhar por ele? **Thomas Jefferson** (1743-1826), principal autor da declaração de independência dos Estados Unidos, alerta-nos sobre esta gritante realidade:

— *Quanto nos custaram os males que nunca aconteceram!*

E ainda há um ditado russo que aconselha:

— *Creia em Deus, mas continue nadando para a praia.*

Meu pensamento solidário a todos os que enfrentam dificuldades é este: de coração, incentivo-os a jamais baixar a bandeira, dignificando, dessa forma, sua família e a pátria, sobrevivendo muito mais operosos e fortes. **O bom combate nos permite a valiosa chance de progredir.**

Não nos esqueçamos de que Jesus, Ecumênico por excelência, jamais **entra em crise**. Supliquemos, pois, a Sua indispensável proteção.

Cultura Espiritual e Política de Deus

Na Política de Deus[1], os cidadãos esclarecidos pela Cultura Celestial erguem um país.
O Divino Saber alavanca quem realmente faz progredir as nações: o Espírito Eterno da criatura humana. Tudo isso pelo fortalecimento do pacífico e corajoso ser espiritual que em nós habita.

---

[1] **Nota de Paiva Netto**
  Política de Deus — Trata-se da Política para o Espírito Eterno do ser humano. Consagra no homem público tudo o que há de mais divinamente humano no humanamente divino: a Política à honra, a Ciência à piedade, a Economia à Caridade, a Filosofia terrena à Sabedoria Espiritual. É, acima de tudo, um sacerdócio: o respeito fundamental ao cidadão. Convido-os à leitura do livro *Jesus, a Dor e a origem de Sua Autoridade — O Poder do Cristo em nós* (2014), no qual desenvolvo um pouco mais o assunto.

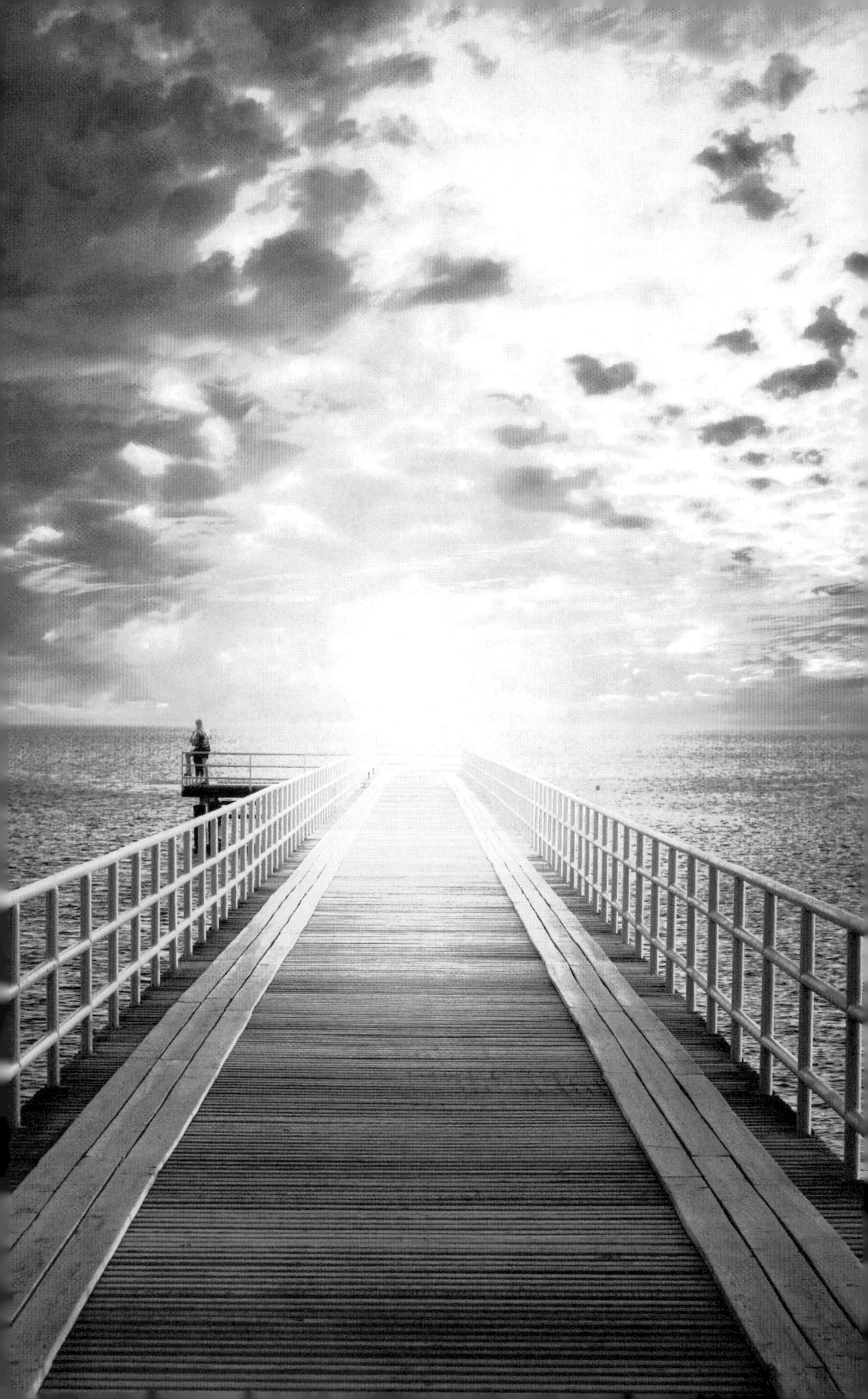

Veículo do pensamento

O Amor Solidário
é o veículo ideal do
Pensamento Divino.

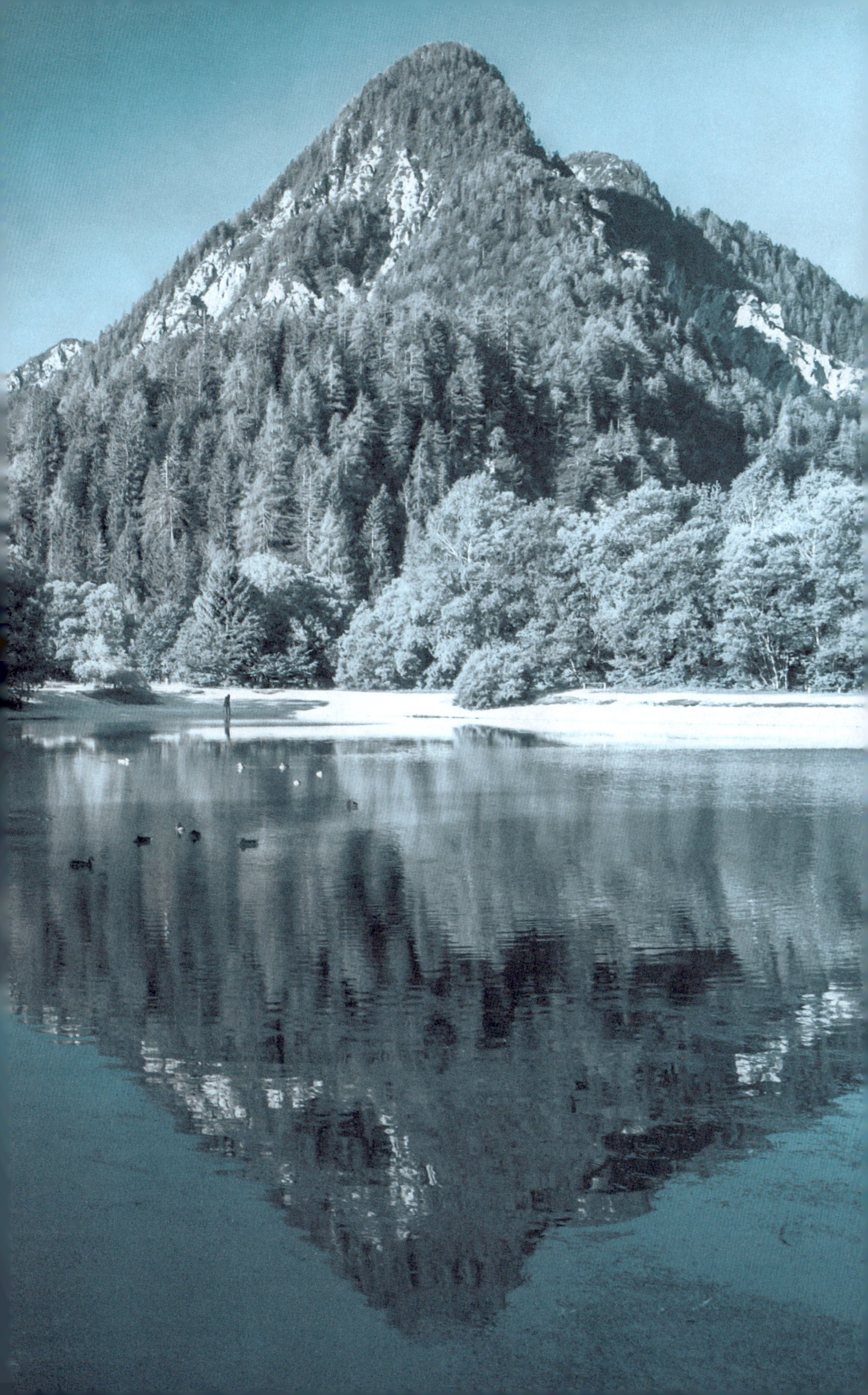

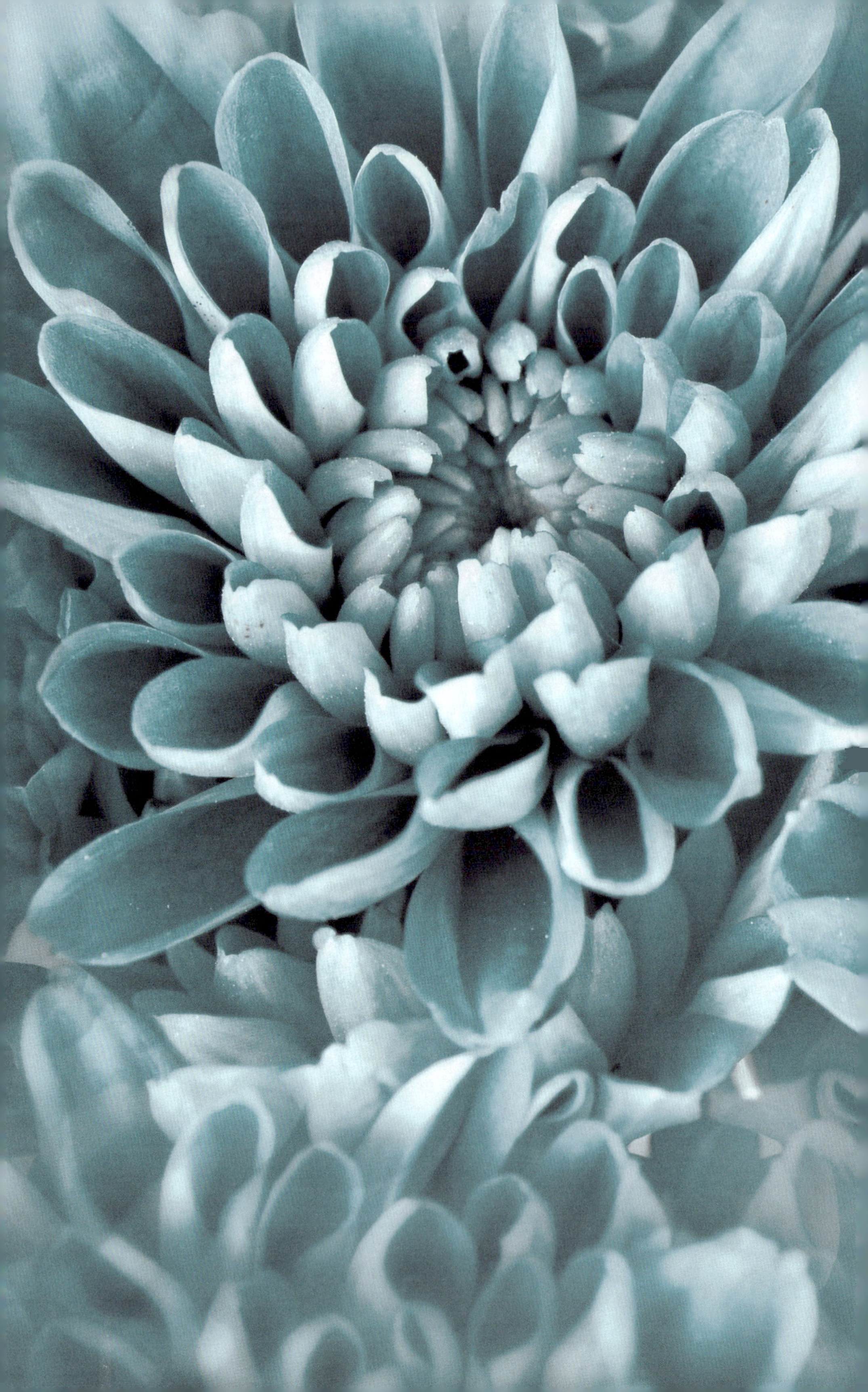

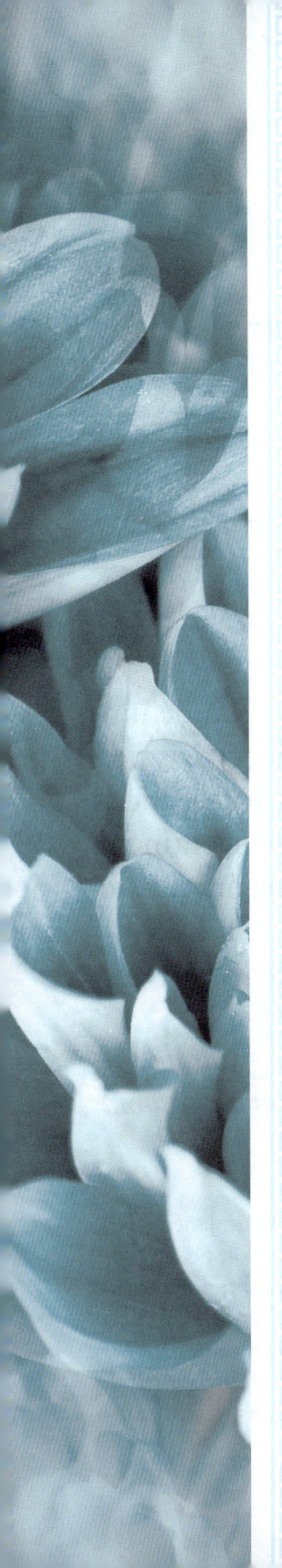

O SÁBIO CORAÇÃO

A produtiva experimentação científica não é suficiente para o desenvolvimento do intelecto, conforme pretendiam alguns pensadores céticos. Ser erudito não significa ter hegemonia do saber. Há também muita ignorância na erudição humana. Por isso, é imprescindível a Sabedoria que promana do coração iluminado por Deus, quando entendido como Amor Universal.

Diversos graus do Saber

Somos todos filhos de um mesmo Pai — ou de um só planeta, consoante imagina a linha do ceticismo, que ainda não admite a realidade de uma Inteligência Celeste Superior. Contudo, o pensamento científico, por força da Razão liberta de dogmas, preconceitos e tabus, chegará lá.

O pensador brasileiro **Alziro Zarur**[1] escreveu:

— *Há tantas religiões quantos são os graus de entendimento da criatura humana, conforme a soma de suas encarnações.*

---

[1] **Alziro Zarur** (1914-1979) — Nasceu na cidade do Rio de Janeiro/RJ, Brasil, no Natal de Jesus de 1914. Jornalista, radialista, escritor, poeta, filósofo, ativista social e grande pregador da Palavra de Deus, fundou a Legião da Boa Vontade (LBV), em 1º de janeiro (Dia da Paz e da Confraternização Universal) de 1950, e brilhantemente a presidiu até a sua passagem para o Plano Espiritual, em 21 de outubro de 1979. Em 7 de setembro de 1959, Zarur realizou a Proclamação do Novo Mandamento de Jesus, em Cam-

Analisando a reflexão do grande jornalista, radialista, escritor, filósofo, ativista social e fundador da Legião da Boa Vontade (LBV), posso ecumenicamente inferir que, pelo mesmo raciocínio, há diversas perspectivas de entendimento da Filosofia, da Política, da Economia, da Arte, do Esporte, da Sociologia, da Física, da Química, da Antropologia, da Psicologia, da Psicanálise, entre outras áreas do saber humano.

Ecumenismo ético

Por isso, o respeito ao pensamento alheio é uma clara definição de Ecumenismo, que, por sua vez, de maneira alguma sugere o abandono de compromissos assumidos perante uma comunidade. **Ser ecumênico é também ser responsável**; portanto, **não ferir elementares princípios de ética**.

---

pinas/SP, Brasil, no antigo Hipódromo do Bonfim — hoje, Praça Legião da Boa Vontade —, que, na época, era o espaço público mais vasto que por lá existia, capaz de receber a multidão que fora ouvi-lo. Carismático e polêmico, de forma popular e inovadora pregava, com muito entusiasmo, o Evangelho e o Apocalipse de Jesus, mas não *"ao pé da letra que mata"* (Segunda Epístola de Paulo aos Coríntios, 3:6), e sim em Espírito e Verdade, à luz do Novo Mandamento do Cristo Ecumênico, o Divino Estadista (leia na p. 5). Criou e presidiu a pioneira Cruzada de Religiões Irmanadas, cuja primeira edição oficialmente ocorreu em 7 de janeiro de 1950, no salão do Conselho da Associação Brasileira de Imprensa (ABI), na capital fluminense, após sucessivas reuniões preparatórias realizadas nos meses de outubro, novembro e dezembro de 1949, na sala da diretoria daquela prestigiada Associação. Com esse feito, Zarur antecipou-se ao que mais tarde viria a ser chamado de relacionamento inter-religioso. Em 7 de outubro de 1973, proclamou a Religião de Deus, do Cristo e do Espírito Santo, em Maringá/PR, Brasil.

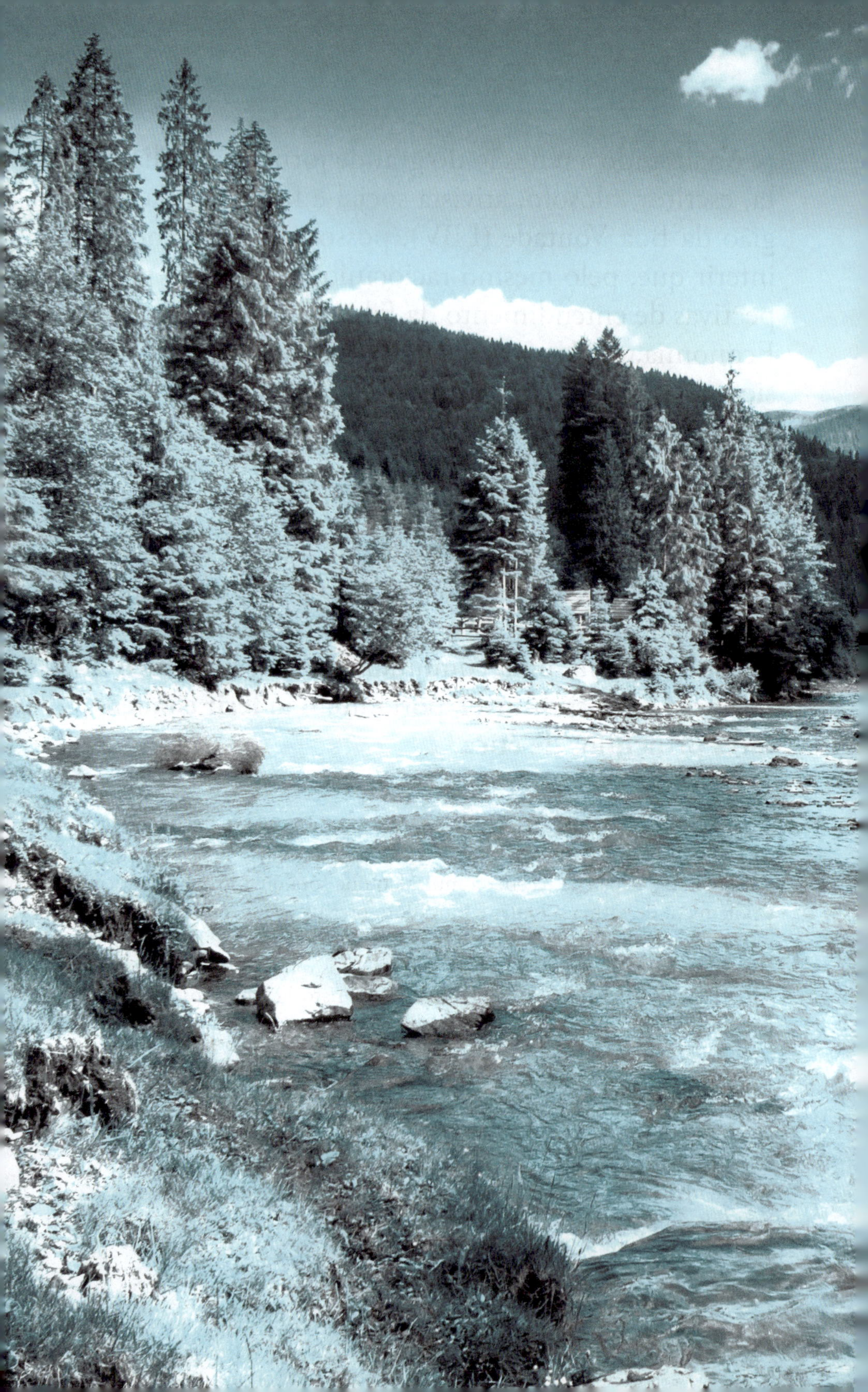

Economia e Coração bem formado

O ser humano de coração bem formado, por princípio, será incapaz de fazer da Economia o caminho para a miséria de multidões.

Energia Inteligente

Sabemos que a grande verdade que a Ciência humana começa timidamente a vislumbrar consiste no fato de que o fundamento do Universo não é material, mas **espiritual**. Brevemente, todos compreenderão que o Espírito (Energia Inteligente) é a verdadeira sustentação de tudo.

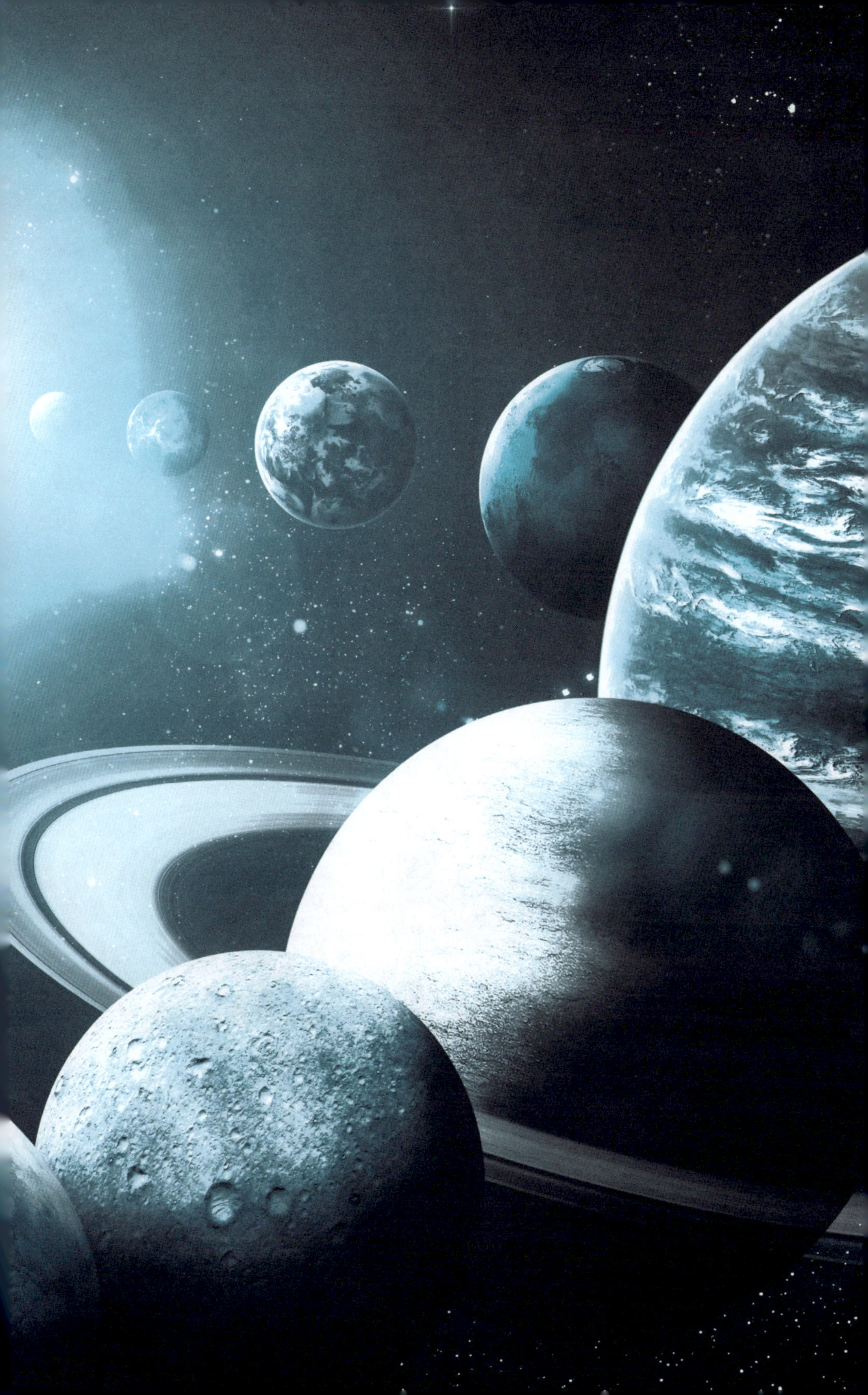

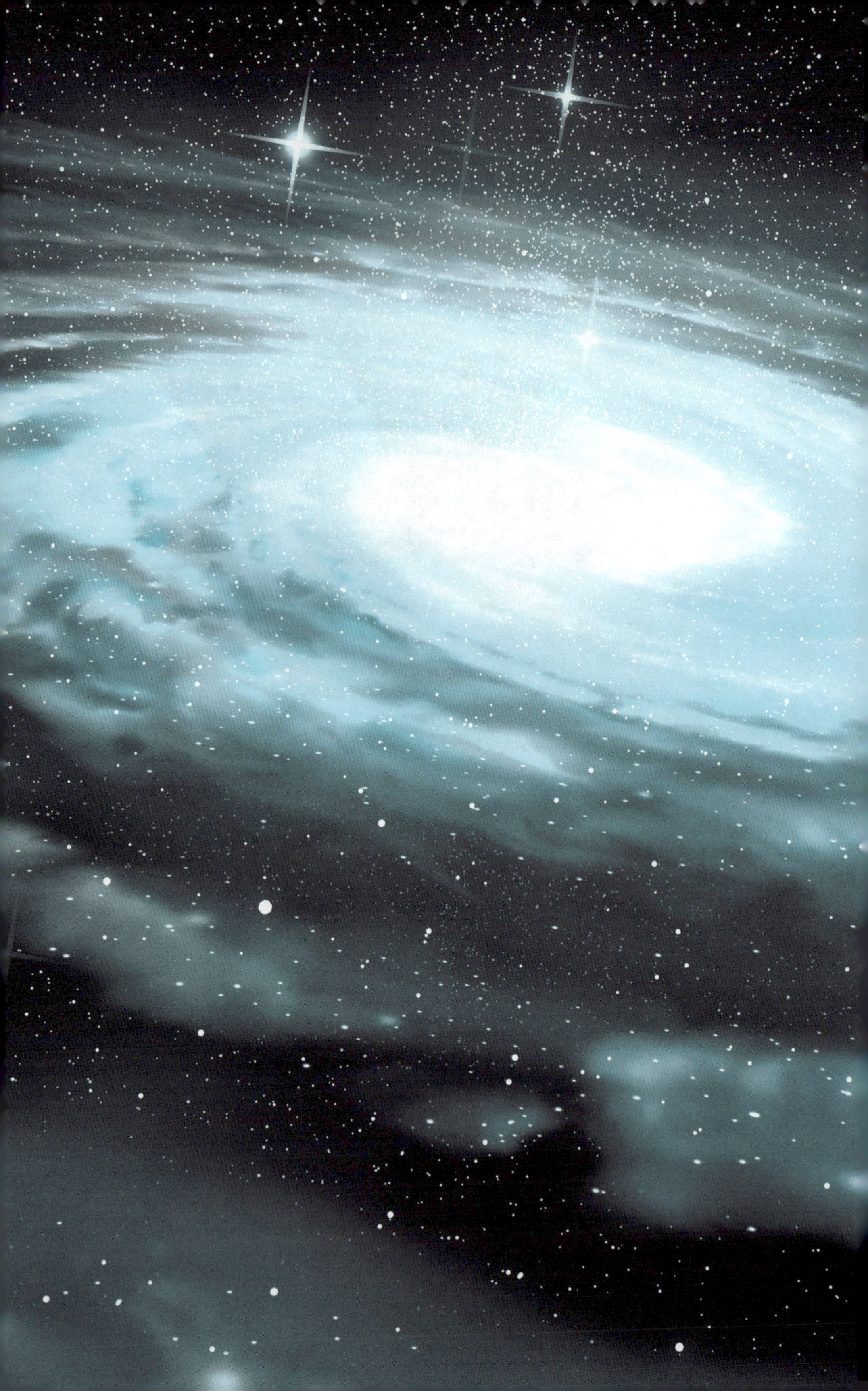

Deus: Equação Perfeita

Ao perscrutar o conhecimento, o ser humano desenvolve a Ciência. Quando vivencia o Amor Fraterno, chega até Deus, o Supino da Sabedoria, a Equação Perfeita. Eis a diretiva ideal para o cientista — ou qualquer pessoa interessada em aprender mais — que possua mente libertária para além da esfera material, porquanto, transcendendo os mundos físicos visíveis, há todo um Universo Espiritual a ser descortinado.

Preciosos provocadores intelectuais

Caros Amigos, prezadas Amigas, preciosos provocadores intelectuais, a existência humana é, de certa forma, como a pesquisa científica. A Ciência é uma provocação diária. É a indagação que não cessa. É a vontade **permanente** de **desvendar**, para que se rompam as fronteiras do **saber ilimitado**.

E essa busca só será plena quando o ser humano finalmente atingir o entendimento do Espírito, pois não existe apenas a dimensão física para examinar. Por isso, a nossa querida Ciência deve permitir-se ultrapassar as balizas da mente, a fim de se deparar com o Todo Universal. Lembro-lhes que **Deus é Ciência, e nada mais espiritual do que Ele**.

Creio que neste ponto se aplique o que escrevi em

"Ciência e Fé na trilha do equilíbrio", para a 1ª sessão plenária do Fórum Mundial Espírito e Ciência (FMEC) — realizada no Parlamento Mundial da Fraternidade Ecumênica, o ParlaMundi da LBV, em Brasília/DF, Brasil, entre os dias 18 e 21 de outubro de 2000 —, e que fiz constar de minha obra *Cidadania do Espírito* (2001):

Investigar *ad infinitum*

Nada em Ciência se encontra em sua forma derradeira. Foge à lógica conceber obstáculos intransponíveis — **mesmo no campo da investigação da existência do Espírito** — para uma especialidade essencial ao desenvolvimento humano, em que pesquisar, analisar, concluir, pesquisar de novo, mais uma vez analisar, para concluir em amplitude de reflexão *ad infinitum*, representa a base de sua luminosa lide (...). Mormente agora, quando o mundo se transforma tão depressa, e o Amor Fraterno não pode ser esmagado pela frieza, pela ganância, pelo cifrão.

Infalível Seguro de Vida

— Quem é fiel no pouco também é fiel no muito; e quem é injusto no pouco também é injusto no muito (Evangelho de Jesus, segundo **Lucas**, 16:10).

Em minha obra *A Missão dos Setenta e o Lobo Invisível*, escrevi:

O Infalível Jesus é o **Seguro de Vida** de Seus admiradores, cristãos ou não, crentes ou ateus. Se verdadeiramente alicerçados Nele, nunca serão apanhados de surpresa por turbulências, como as do mercado financeiro.

Para eles, não há *crashes* de bolsa de valores que lhes

derrubem a firmeza de Alma. Seus investimentos, antes de tudo, são espirituais, de acordo com o que o Economista Divino ensina em Seu Evangelho, segundo Mateus, 6:33. Este versículo foi batizado pelo Proclamador da Religião do Terceiro Milênio, Alziro Zarur (1914-1979), de "A Fórmula Urgentíssima de Jesus":

— *Buscai primeiramente o Reino de Deus e Sua Justiça, e todas as coisas materiais vos serão acrescentadas.*

Se fielmente aplicada, ela nos abençoa com as benesses do *"Banco de Deus"*, a que se referia **Dom Bosco** (1815-1888). Portanto, oremos nas crises e sempre apelemos ao infinitamente próspero Banco Divino.

É forçoso lembrar, para nossa própria segurança, o alertamento de Zarur na *Prece da Ave, Maria!*:

— *Faze a tua parte, que Deus fará a parte Dele.*

Economia, Ciência, Religião e sua Ética

Gosto sempre de reforçar o que escrevi, no início da década de 1980, na *Folha de S.Paulo*: **a Economia é a mais religiosa das Ciências ou Arte**, posto que da Religião deve provir a Ética, que determina o comportamento civilizado da criatura. Não que a Ciência, clareada pelas luzes da compaixão, não tenha, no seu campo de trabalho, o mesmo dever, pois, conforme admoestava o irreverente **François Rabelais** (1494-1553), em *Pantagruel* (1532):

— *Ciência sem consciência é a ruína da Alma.*

Todas as faculdades de Economia e as demais deveriam **ousar** o estudo pelos caminhos eternos do Espírito, porque, como já disse, verdadeiramente **o governo da Terra começa no Céu**.

No livro de **Jó**, 34:13, duas perguntas são lançadas aos moradores do planeta:

— *Quem lhe entregou o governo da Terra? E quem lhe deu autoridade sobre o mundo todo?*

Naturalmente, esse Doador e Criador só pode ser uma Autoridade que está acima do gênero humano: DEUS!

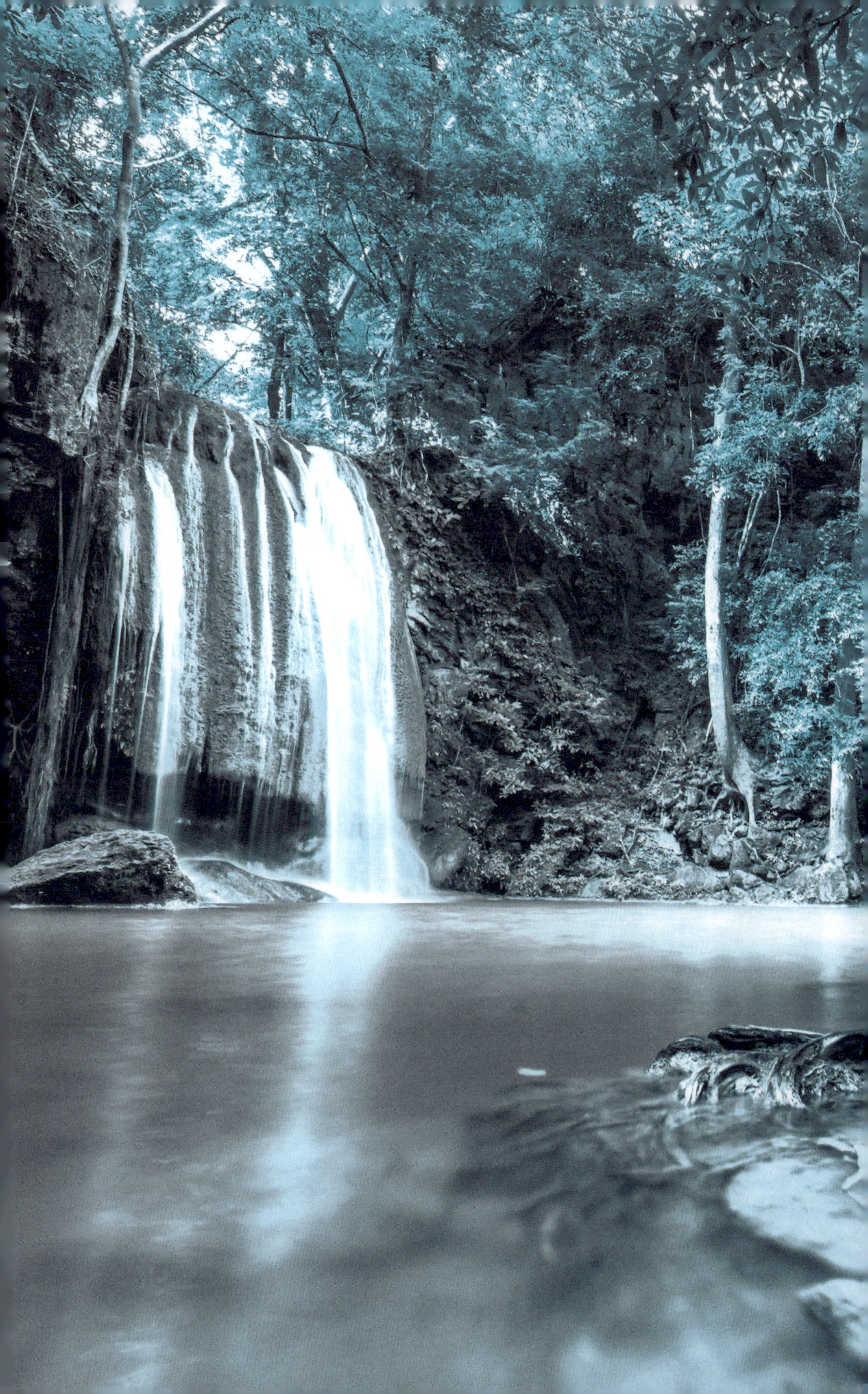

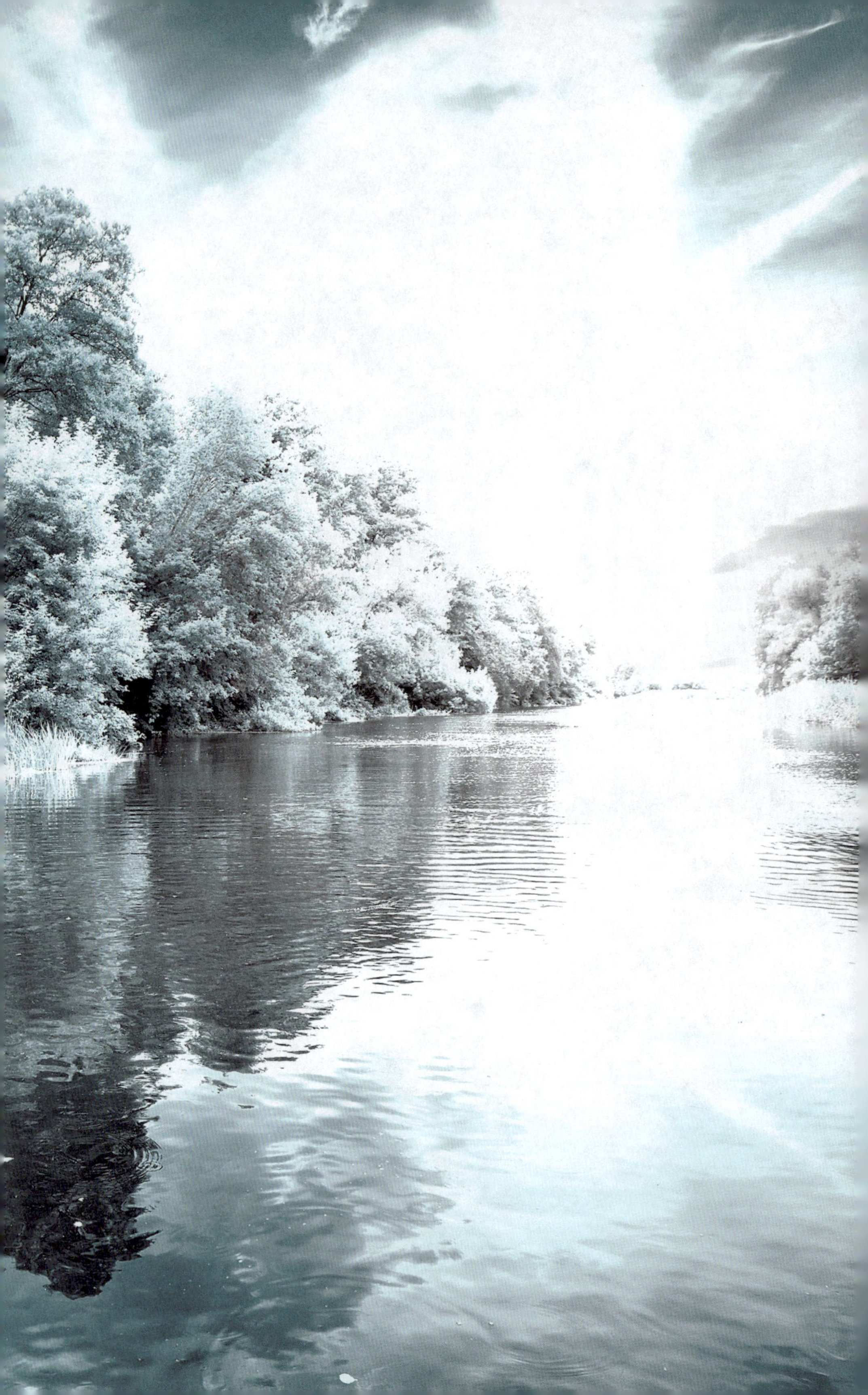

Igualdade de gênero e erradicação da pobreza[1]

A mulher é o verdadeiro alicerce das civilizações quando realmente integrada em Deus e/ou nos mais sublimes ideais que honram a raça humana. Isto é, ainda que não creia na existência da Mãe-Pai Celeste, a mulher embala as nações ao se transformar no aríete dos mais nobres sentimentos que nascem de seu coração, quais sejam a Caridade, a Solidariedade, a Fraternidade, a Generosidade. Elas devem ser as protagonistas da construção de um modelo econômico em que os mais **elevados valores da Alma sejam o lastro das interações humanas**.

Se tratamos aqui da urgência de à mulher ser facultado o empoderamento econômico, é porque devemos extirpar, de uma vez por todas, a discriminação contra ela no acesso às mesmas oportunidades de desenvolvimento que os homens recebem no âmbito do trabalho. Não mais podemos aceitar os impedimentos que as mulheres encontram nesse campo, gerando atraso na luta pela igualdade de gênero e pela erradicação da pobreza. Como imaginar a efetiva elaboração de políticas públicas enquanto ainda se lega a um patamar econômico inferior metade da população mundial? É um contrassenso!

Por isso, sempre faço questão de dizer: **O futuro do mundo depende essencialmente da atenção e da magnanimidade de suas mulheres.**

[1] **Igualdade de gênero e erradicação da pobreza** — Esse texto faz parte da mensagem de Paiva Netto "Solidariedade: a razão e o coração da Economia", encaminhada às delegações internacionais, autoridades e participantes da 61ª sessão da Comissão sobre a Situação das Mulheres (CSW, na sigla em inglês), realizada em março de 2017 na sede da Organização das Nações Unidas (ONU). Na ocasião, foi discutido o tema "O empoderamento econômico das mulheres no dinâmico mundo do trabalho", que vem ao encontro do 5º Objetivo de Desenvolvimento Sustentável. Aliás, o diretor-presidente da Legião da Boa Vontade recebeu, em 14 de novembro de 2016, correspondência oficial da equipe do novo secretário-geral da ONU, dr. **António Guterres**, na qual expressa gratidão ao dirigente da LBV pela carta encaminhada ao diplomata português com cumprimentos, em virtude da nomeação deste para ocupar o cargo máximo da ONU. Na missiva, assinada por **Kyung-wha Kang**, assessora especial em Política do gabinete do secretário-geral, consta: *"Prezado diretor-presidente, permita-me agradecer, em nome do secretário-geral designado, António Guterres, as vossas gentis palavras de congratulação. É com grande honra e com um sentido de responsabilidade que ele assumirá suas novas funções. A Legião da Boa Vontade é uma organização da sociedade civil que tem uma parceria de longa data com as Nações Unidas. Sua missão de incentivar a vivência de valores, a fim de criar uma sociedade mais justa e solidária, é mais do que nunca de grande relevância global. Suas iniciativas visam melhorar a situação de pessoas de baixa renda em diversas áreas, tais como educação e desenvolvimento sócio-econômico, sendo uma grande contribuição para a consecução dos Objetivos de Desenvolvimento Sustentável e sua meta de erradicar a pobreza até o ano de 2030. Contamos com a Legião da Boa Vontade para trabalhar junto às Nações Unidas na busca de soluções para os desafios globais mais urgentes da atualidade".* A Legião da Boa Vontade (LBV) — Instituição que, em 1994, passou a integrar o Departamento de Informação Pública (DPI) e possui *status* consultivo geral no Conselho Econômico e Social (Ecosoc), desde 1999 — nutre antigos laços de união com a ONU. Essas duas tradicionais Entidades atuam sob as bandeiras da harmonia entre as pessoas e entre as nações e do progresso sustentável desde as respectivas origens, na década de 1940.

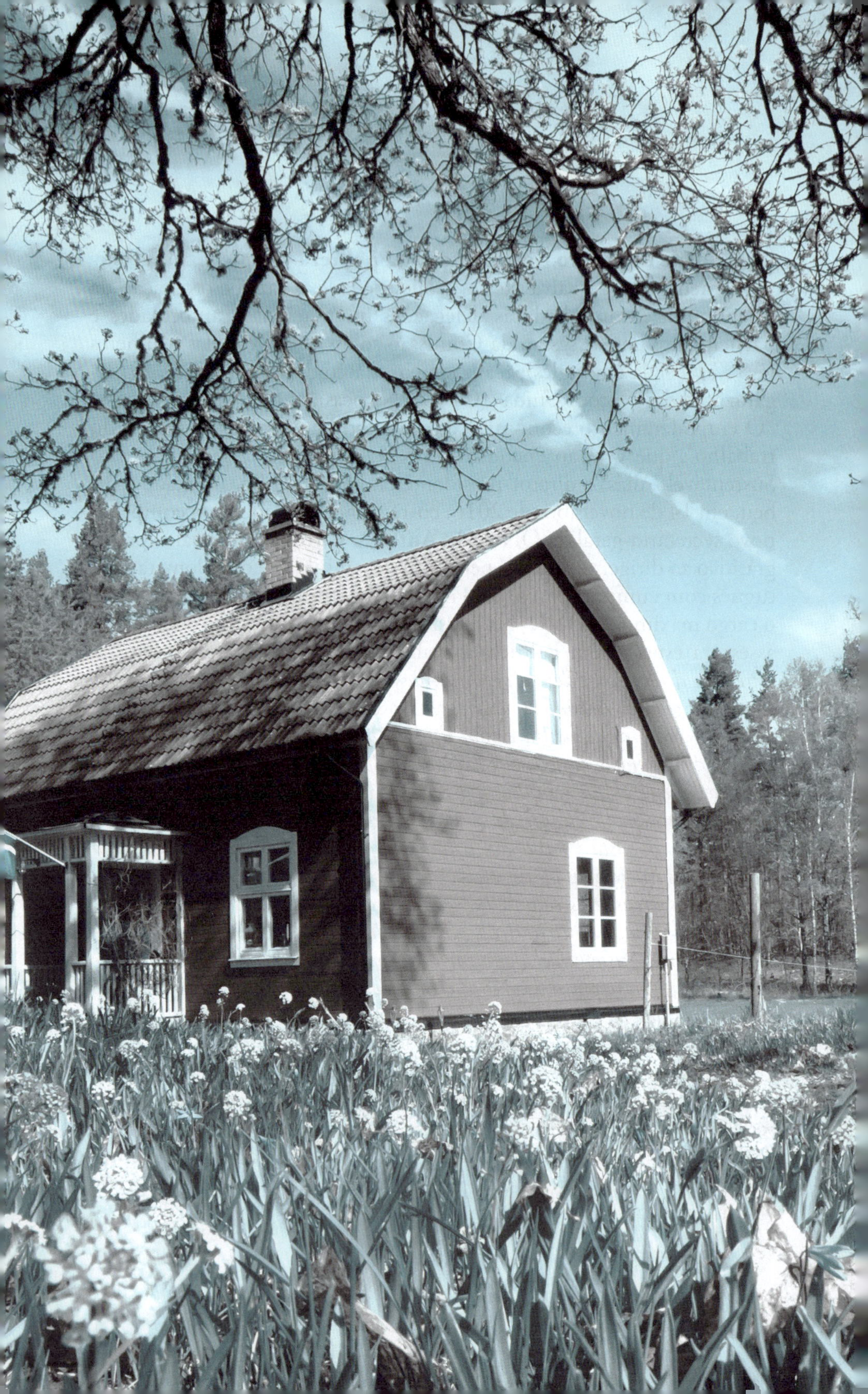

Desafiando o tabu individualista

Dentre tantos casos que ilustram a necessidade do espírito solidário reger a economia nas civilizações, é oportuno ressaltar o brilhante trabalho da dra. **Elinor Ostrom** (1933-2012), única mulher até hoje a receber o Prêmio Nobel de Economia. Ela e **Oliver Williamson** foram laureados em 2009, ambos por pesquisas na área de governança econômica.

A saudosa professora da Universidade de Indiana, EUA, teve de vencer os preconceitos acadêmicos contra a mulher para se graduar em Ciência Política. De origem humilde, interessou-se por estudar a organização de comunidades e a gestão que fazem dos recursos comuns, a exemplo das áreas florestais e de pesca. Ela acreditava que as pessoas, por si sós, alcançariam formas racionais de sobreviver e de conviver bem. Seria possível estabelecer laços de confiança entre os indivíduos e desenvolver regras, respeitando as particularidades dos sistemas ecológicos, a fim de que houvesse cuidado e proveito coletivos dos bens disponíveis. Isso foi de encontro à teoria econômica em vigor, chamada "tragédia dos comuns", baseada numa visão de que o ser humano, agindo apenas de forma egoísta, levaria à ruína os recursos naturais.

E as extensas pesquisas de campo que ela realizou nas florestas do Nepal, nos sistemas de irrigação da Espanha, nas vilas montanhosas da Suíça e do Japão, nas áreas de pesca da Indonésia, entre outros locais, confirmaram sua hipótese de que é possível haver convivência harmoniosa e uso responsável das condições que a Natureza oferece. Verificou-se que não se poderiam reduzir as pessoas à ganância de tão somente buscar o máximo de ganhos individuais. Porquanto, deve-se compreender que a vida é composta de propósitos mais amplos e que a ajuda mútua se apresenta como item de necessidade básica da Alma humana. Em artigo científico, de junho de 2010[1], a dra. Ostrom concluiu:

> — *Por quase todo o século passado, analistas de políticas públicas têm postulado que o grande objetivo dos governos é projetar instituições para forçar*

---

[1] OSTROM, Elinor. "Beyond Markets and States: Polycentric Governance of Complex Economic Systems", em *American Economic Review*, 100, junho de 2010, p. 24. Disponível em: https://www.aeaweb.org/articles?id=10.1257/aer.100.3.641.

(ou empurrar) indivíduos completamente egoístas a alcançar melhores resultados. Extensa pesquisa empírica me leva a argumentar que, pelo contrário, **o principal objetivo das políticas públicas deve ser facilitar o desenvolvimento de instituições que despertem o que há de melhor nos seres humanos.** *Precisamos nos perguntar como instituições policêntricas variadas ajudam ou impedem inovação, aprendizado, adaptação, integridade de caráter, níveis de cooperação dos participantes, bem como a conquista de resultados mais efetivos, equitativos e sustentáveis, em escalas múltiplas.* (O destaque é nosso.)

Nada melhor do que acreditar e investir no potencial divino dos indivíduos.

Não nos cansamos de afirmar: **nascemos na Terra para viver em sociedade, Sociedade Solidária Altruística Ecumênica**; portanto, **fraternalmente sustentável.**

Soluções Fraternas

Quando a razão se une ao coração (sentimento)[1], as soluções fraternas fornecem à vida a tão sonhada felicidade, que só poderá ser verdadeira quando houver alimento, espiritual e material, no prato de todos.

---

[1] **Nota de Paiva Netto**
Unir razão e coração — Aproveito para explicar-lhes que o uso dos termos "razão" e "coração" em meus escritos se dá pela necessidade de evidenciar um simbolismo essencial à clareza do que lhes apresento, de modo que estejam nitidamente expressas duas das condições mais importantes da Alma: pensar e sentir, ou, na ordem moral mais perfeita, sentir e pensar. Eu poderia expor que, sendo a mente o contato principal do Espírito com o corpo, nela estaria o centro do pensar e do sentir (amar). Contudo, procuro uma forma mais simples de me dirigir a vocês, utilizando tal analogia.

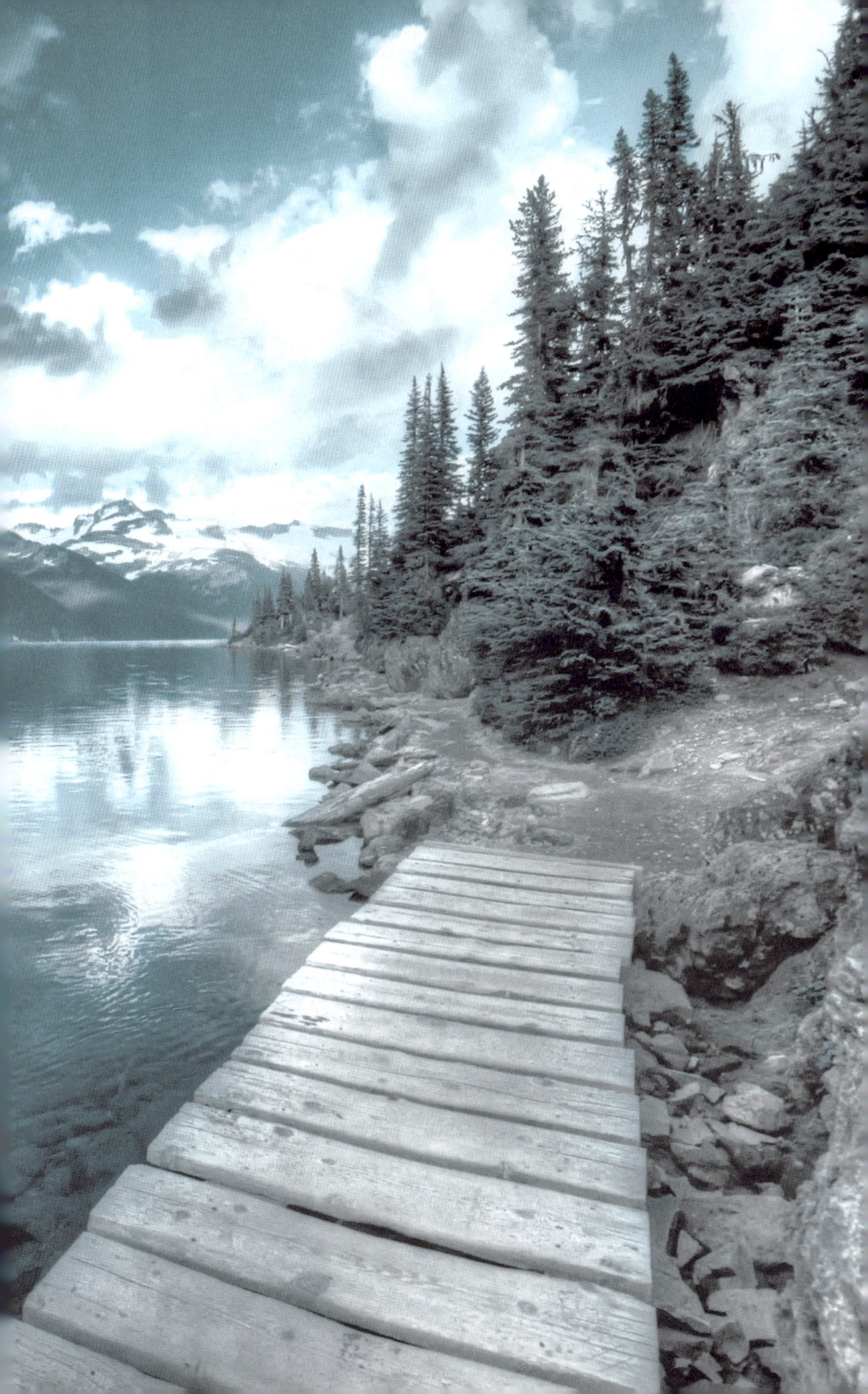

Migalhas, excessos e a fome dos deserdados

Um caminho econômico em que sejam garantidas a todos condições dignas de sobrevivência não é pensamento nefelibata. Sempre um bom termo pode surgir quando os indivíduos nele lealmente se empenham. Bem a propósito este ilustrativo aforismo do padre português **Manuel Bernardes** (1644-1710), autor de *Pão partido em pequeninos*:

— *Com bom regulamento pode até o pouco bastar para muitos; sem ele, nem a poucos alcança o muito. Todo excesso, nos particulares, causa, no comum, penúria. De dois que estão no mesmo leito, se um puxa muito a coberta para si, é forçoso que o outro fique descoberto.*

De maneira alguma estou propondo que as migalhas que caem das mesas fartas sejam a base da existência dos que vivem na miséria. Não falo de sobras; porém, da consciência honesta, que não pode eternamente admitir que o seu bem-estar permaneça estabelecido sobre a fome dos deserdados. Isso é Evangelho puro de Jesus; é a essência da mensagem dos Livros Sagrados e da Regra de Ouro[1] das mais diversas culturas; é a voz de tantos notáveis, religiosos ou ateus, que não podem conceber que, no terceiro milênio, ainda haja populações submetidas à pobreza num planeta construído pela Bondade de Deus.

---

[1] **Regra de Ouro** — Também conhecida como "A ética da reciprocidade" ou "Regra Áurea". Trata-se de máxima ou princípio moral comum a várias crenças e filosofias. Na Bíblia de Estudo Almeida (1999), encontramos a informação de que a clássica "Regra de Ouro" era conhecida entre os povos da Antiguidade, sobretudo na sua forma negativa: *"Não façais aos outros aquilo que não quereis que vos façam"*. No entanto, é ressaltado que *"Jesus a proclama na forma positiva, como princípio de ação"* — *"Fazei aos outros tudo quanto quereis que vos façam"* (Evangelho, segundo Mateus, 7:12).

Exaltar a face cordial da Economia

Há algo errado com a economia vigente. Ao lado de sua face **racional**, tem de se dispor a **cordial**, isto é, **a inteligência do coração**. Em oportunidade não muito distante — esperamos que assim seja —, os corifeus do capitalismo, que sempre se destacaram pelo espírito "pragmático", irão perceber que a mundialização derrubará todas as espécies de barreiras que lhes serviam de anteparo.

Não mais haverá oceanos que separem continentes. Se os corruptos já se aproveitam disso — e não é de hoje —, que os homens de bem possam globalizar, com maior rapidez, o Amor Fraterno, valendo-se do grande privilégio do regime democrático, que é a liberdade com alto sentido de dever. Portanto, jamais se esqueçam de que a Democracia é o regime da responsabilidade, como a Economia também o é, de forma que venha a existir o equilíbrio no mundo. A força não é solução, nem no curto prazo, muito menos para sempre (...).

Jesus, na Boa Nova, segundo Lucas, 16:8, lamentou que

— *(...) os filhos do Evangelho são menos perspicazes que os filhos do mundo.*

*"Quousque tandem?"*¹ — continuaria perguntando **Cícero** (106-43 a.C.) ao criminoso **Catilina** (108-62 a.C.). Sim, até quando os filhos da Luz serão menos audazes?

---

¹ **Nota de Paiva Netto**
 Frase de Cícero (106-43 a.C.) — Marcus Tullius Cícero foi um orador e político romano. Ficou famoso o seu eloquente repúdio a Catilina — Lucius Sergius Catilina (108-62 a.C.) —, quando este teve a audácia de comparecer ao Senado Romano depois de descoberta a sua conspiração contra a República: *"Quousque tandem abutere, Catilina, patientia nostra?"* (Até quando, Catilina, abusarás da nossa paciência?). Cícero publicou, além de tratados de retórica, obras de Filosofia.

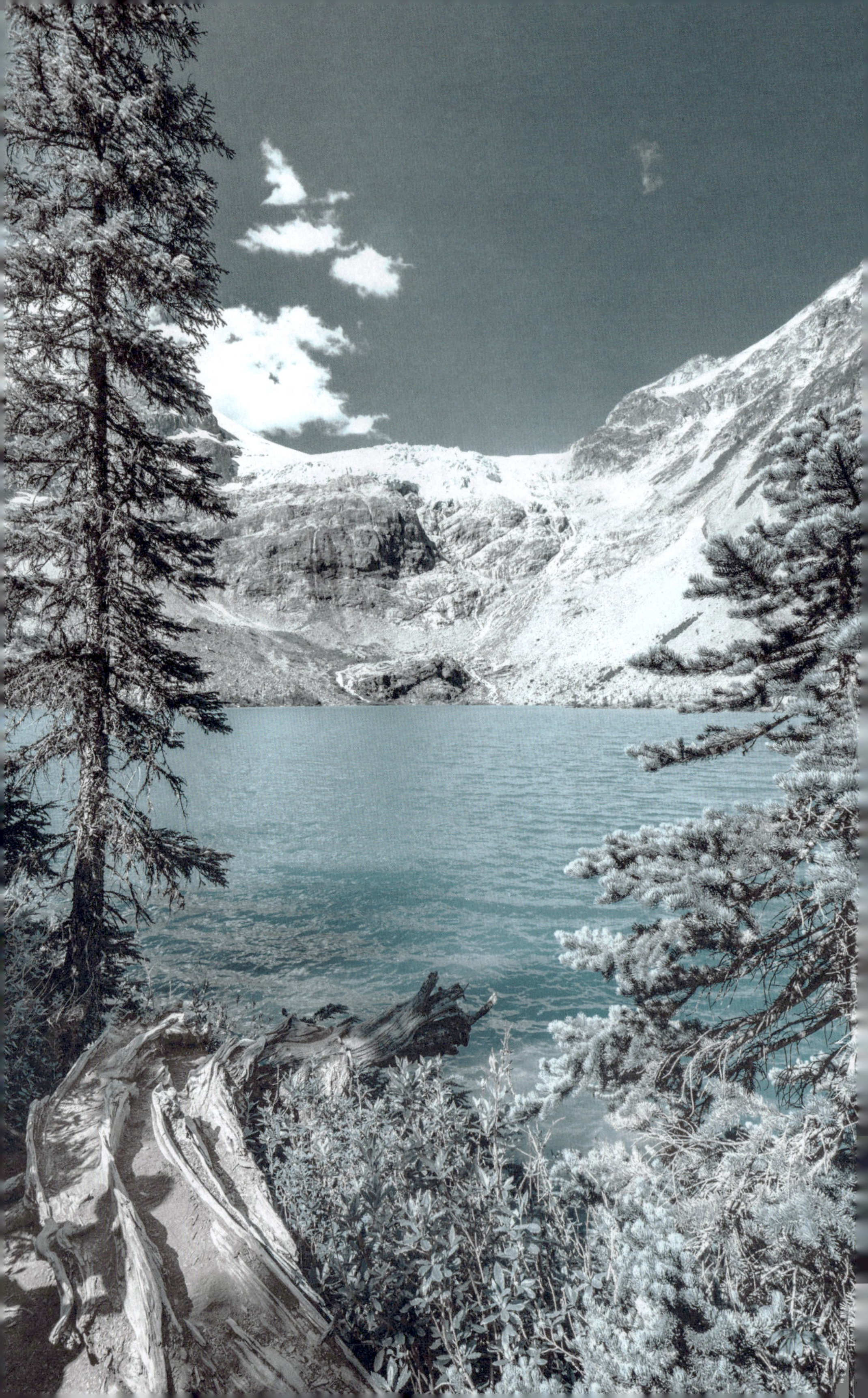

Leis Econômicas de Deus

Quando abrimos nossa mente e compreendemos o papel do ser humano no mundo, contemplamos, no horizonte do raciocínio isento de preconceitos e tabus, as **Leis da Economia de Deus**.

Por isso, defendemos a **Economia da Solidariedade Espiritual e Humana**, proposta que lancei há décadas. Situa-se além da que os homens discutem tanto e a respeito da qual afirmam uma coisa hoje e desdizem-na amanhã, levando gerações ao desespero. Preconizamos que a Solidariedade se expandiu do luminoso campo da Ética e se tornou uma Estratégia de Sobrevivência, acima de leis e de modelos econômicos até agora descobertos e, muitas vezes, empregados de modo pouco apreciável por nós, os seres humanos. Discorremos sobre conceitos que preexistem à criação do mundo, que são as **Normas Econômicas Divinas**, que tratam em igualdade os gêneros, porque se destinam à essência imortal das filhas e dos filhos dos Universos.

Livres de quaisquer sectarismos, muito podemos aprender com os inúmeros ensinamentos de **Jesus, que comove** até hoje **os mais pétreos corações com Sua preocupação social em cuidar das necessidades, do corpo e da Alma**, dos Seus semelhantes. Vimos isso quando Ele alimentou a multidão que O acompanhava, a partir de apenas cinco pães e dois peixes, assunto que abordaremos a seguir.

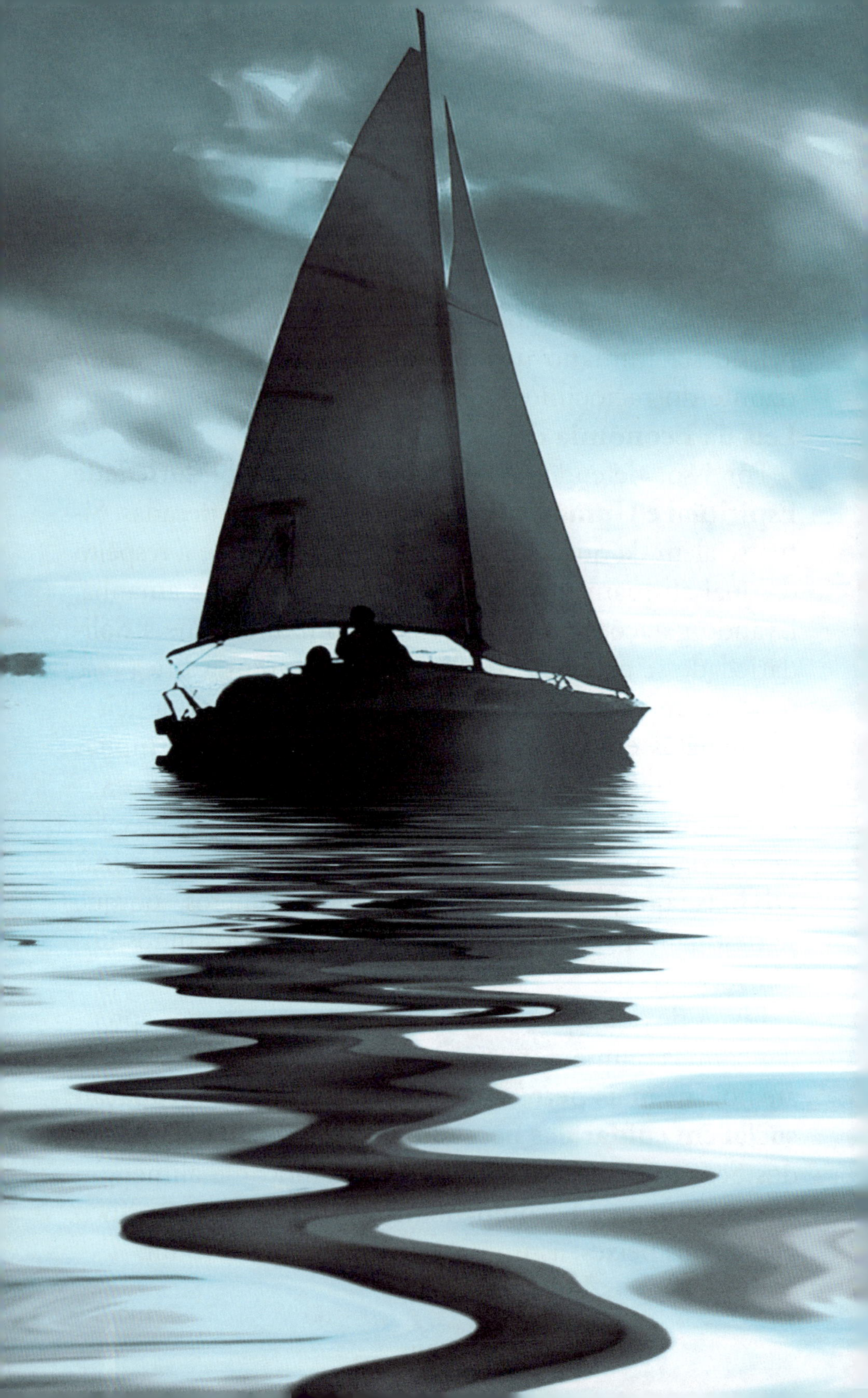

Multiplicação de pães e peixes e combate ao desperdício

Em meu livro *O Capital de Deus*, comento uma passagem evangélica que nos traz instrutiva lição.

Conhecedor dos Soberanos Estatutos da Economia de Deus, ainda ignorados pela maioria dos seres humanos, **Jesus, o Cristo Ecumênico, o Divino Estadista, pôde realizar o milagre da multiplicação de peixes e pães**, conforme o relato de Mateus, 14:13 a 21.

A primeira multiplicação de pães e peixes

*13 Jesus, ouvindo que **João Batista** fora decapitado por ordem de **Herodes**, retirou-se dali num barco, para um lugar deserto, à parte. Sabendo disso, as massas populares vieram das cidades, seguindo-O por terra.*

14 Desembarcando, Ele viu uma grande multidão. Compadeceu-se dela e curou os seus enfermos.

15 Ao cair da tarde, aproximando-se Dele, os Discípulos Lhe disseram: Senhor, o lugar é deserto, e vai adiantada a hora. Despede, pois, o povo para que, indo pelas aldeias, compre para si o que comer.

16 Jesus, porém, lhes disse: Não precisam retirar-se; dai-lhes, vós mesmos, o alimento.

17 Ao que Lhe responderam: Senhor, não temos aqui senão cinco pães e dois peixinhos!

18 Então, o Mestre ordenou-lhes: Trazei-os a mim.

19 E, tendo mandado que todos se assentassem sobre a relva, tomando os cinco pães e os dois peixinhos, erguendo os olhos ao céu, os abençoou. Depois, havendo partido os pães, deu-os aos Discípulos, e estes, às multidões.

20 Todos comeram e se fartaram; e dos pedaços que sobraram recolheram ainda doze cestos repletos.

21 E os que comeram foram cerca de cinco mil homens, além de mulheres e crianças.

Aliado a isso, não nos esqueçamos do que o Economista Divino nos ensinou a respeito da capacidade pessoal de cada ser humano, ao dizer:

— *Vós sois deuses. Eu voltarei ao Pai, vós ficareis aqui na Terra; (...) portanto, podereis fazer muito mais do que Eu* (Evangelho, segundo João, 10:34 e 14:12).

Alguém, talvez por ócio, analisando o trecho anterior, poderia argumentar que Jesus é um caso único e que, por isso, não há parâmetros para equivaler a nossa competência à Dele, celestemente superior. Uma maneira de combater esse raciocínio seria considerar que, mesmo não estando ainda no altíssimo patamar espiritual do Mestre dos mestres, somos capazes de gestos simples que fazem imensa diferença.

O poder de multiplicar os pães e os peixes também está em nós, a começar pelo consumo consciente. Vamos nos empenhar, então, por corrigir o desperdício. Quanto alimento descartamos por negligência! O que é desprezado pelas populações abastadas do mundo daria para acabar com a fome dos que padecem verdadeiros tormentos. É apenas um passo. Sim, mas um passo considerável. E só **pela soma das aparentemente pequenas ações alcançaremos os maiores êxitos**.

Como observou Confúcio:

— *Transportai um punhado de terra todos os dias e fareis uma montanha.*

Faço aqui um destaque ao que revela o Evangelista Mateus, no versículo 20 do capítulo 14:

— *Todos comeram e se fartaram; e dos pedaços que sobraram recolheram ainda doze cestos repletos.*

Quer dizer, **por determinação de Jesus, não jogaram fora o que lhes sobejou**. As apreciáveis porções recolhidas pelos Discípulos haveriam de, em nova oportunidade, beneficiar aquela gente ou outra. Reitero sempre que **a migalha de hoje é a farta refeição de amanhã**. Reflitamos sobre isso.

Quebrar as algemas da visão restritiva da escassez

Jesus, o Divino Benfeitor, deixou-nos o segredo de Sua postura espiritual e humanitária, a ponto de alimentar uma multidão — consoante passagem bíblica narrada anteriormente — mesmo na exiguidade de um deserto:

— *Buscai primeiramente o Reino de Deus e Sua Justiça, e todas as coisas materiais vos serão acrescentadas* (Evangelho, segundo Mateus, 6:33).

Quando nos dispusermos a meditar sobre essa **Fórmula Econômica do Cristo**, estaremos nos integrando na **Competência de Deus**, criaturas Dele que somos. Tudo o que se relaciona com produção e distribuição equânime de renda está nessa "Fórmula Urgentíssima de Jesus", conforme o saudoso fundador da LBV, Alziro Zarur (1914-1979), denominou o referido versículo evangélico. O resultado da aplicação dessa sabedoria, do *"Reino de Deus e Sua Justiça"* — isto é, do pleno conhecimento das Leis Espirituais que regem a Vida no Cosmos, capaz de tornar a Humanidade mais humana e mais espiritualizada —, é justamente abrir a nossa cabeça para que essa Divina Competência se estabeleça em nós. E, assim, não nos aprisionaremos à visão restritiva da escassez de recursos, de bens, de oportunidades de emprego e do que mais o seja. Desta feita, **permitiremos que os ilimitados valores do Espírito**, tais como o Amor, a Solidariedade, a Generosidade, a Compaixão, o Altruísmo, a Fraternidade, **constituam as balizas das soluções de todos os problemas socioeconômicos** que afligem os povos. E elas virão por intermédio do esforço conjunto das criaturas esclarecidas por esse Infinito Saber.

Em meu livro *Como Vencer o Sofrimento* (1990), ponderei: **O Amor que se compartilha multiplica-se em quem o divide**. Eis a Economia Ecumênica, portanto Solidária e Altruística, fórmula segundo a qual, **quanto mais se doa, mais se recebe**. Eis o moto-contínuo a impulsionar a vida em comunidade.

Oração, Trabalho e Paz

Meu filho mais novo, hoje um adolescente, desde pequenino, ao proferir com nossos familiares e amigos uma breve oração à mesa antes das refeições, sensibiliza a todos com um simples mantra, que poderia resumir grandes compêndios de sabedoria, aquela que compartilha Solidariedade sem fronteiras de qualquer espécie. Exclama o jovenzinho:

— *Deus, peço-Te que não falte a comida no prato de ninguém nem no nosso!*

Nos desafiantes momentos por que passa o planeta, considero de muita valia invocar aos Poderes Celestiais análoga súplica: **Que não falte o decente meio de ganhar o próprio sustento a nenhuma batalhadora mulher, a nenhum dedicado trabalhador nem aos nossos familiares! Amém!**

Façamos juntos essa rogativa, mas na atuante esperança de que esse *"assim seja"* encontre, nos planos de governos do mundo, acertadas providências que atendam às urgentes necessidades das populações.

Seres humanos bem empregados e devidamente valorizados em seus esforços **são garantia de Paz e de sustentável progresso** para todos. Jesus, o Administrador Celeste de seres espirituais e humanos, foi pragmático ao afirmar em Seu Evangelho, segundo Lucas, 10:7:

— *Digno é o trabalhador do seu salário*.

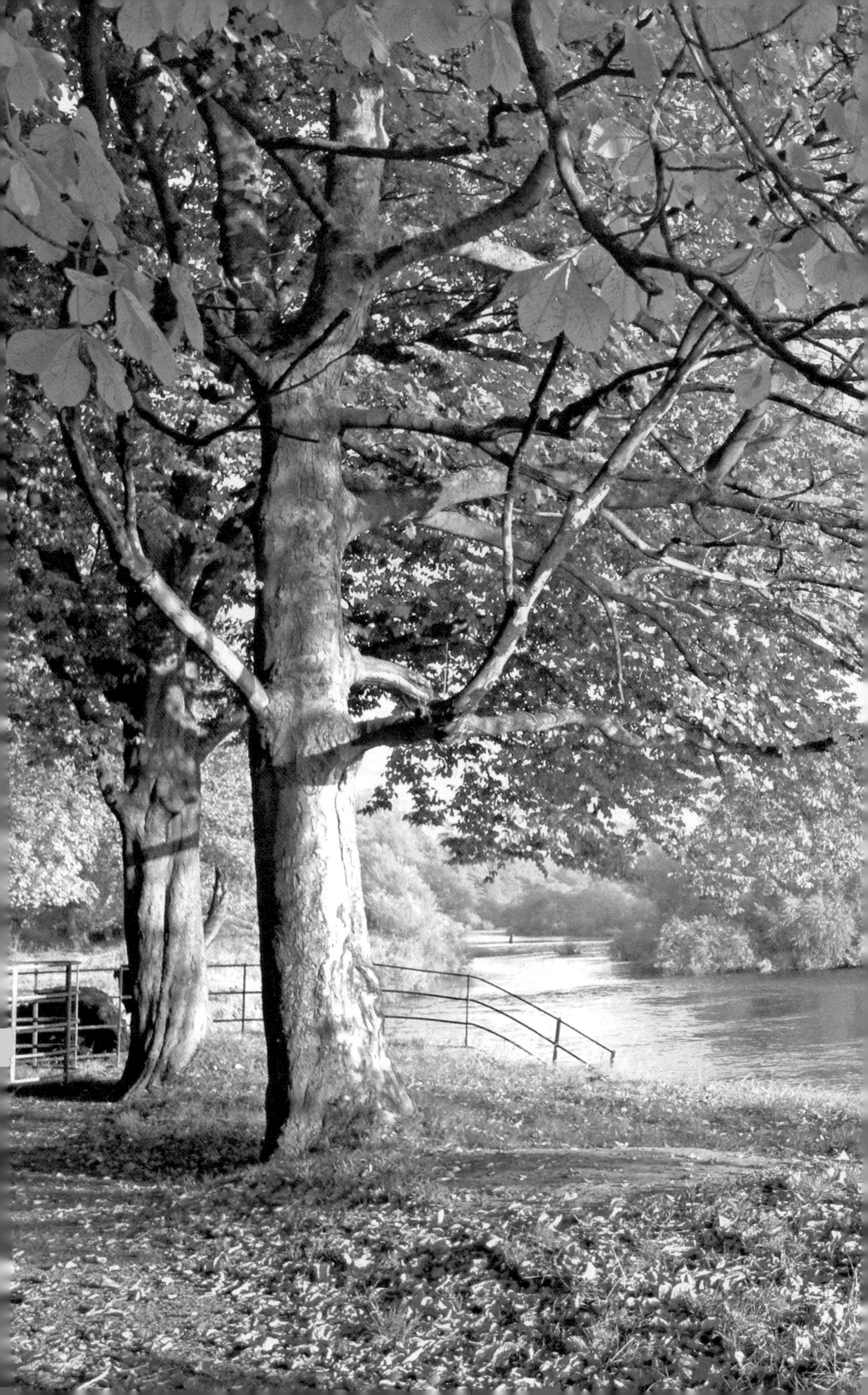

Aritmética da Destruição

A aritmética da destruição[1] do meio ambiente é paradoxal: a Humanidade cria armadilhas contra si mesma e depois atribui ao "poder arbitrário" de Deus ou ao destino as catástrofes globais que ocorrem. Está em nós a capacidade de conservar a vida.

Nosso brado é este:

Educar. Preservar. Sobreviver. Humanamente também somos Natureza.

---

[1] **Nota de Paiva Netto**
Aritmética da destruição — Claro que sou a favor do progresso. Sem ele, estaríamos no tempo da pedra lascada. Entretanto, que ninguém se iluda. O progresso humano tem sido, cada vez mais, o da destruição, por causa da desvairada gana de acumular dinheiro e poder. É a luta pelo domínio do planeta, custe o que custar. E vai custando milhões de vidas dos preciosos filhos de Deus.

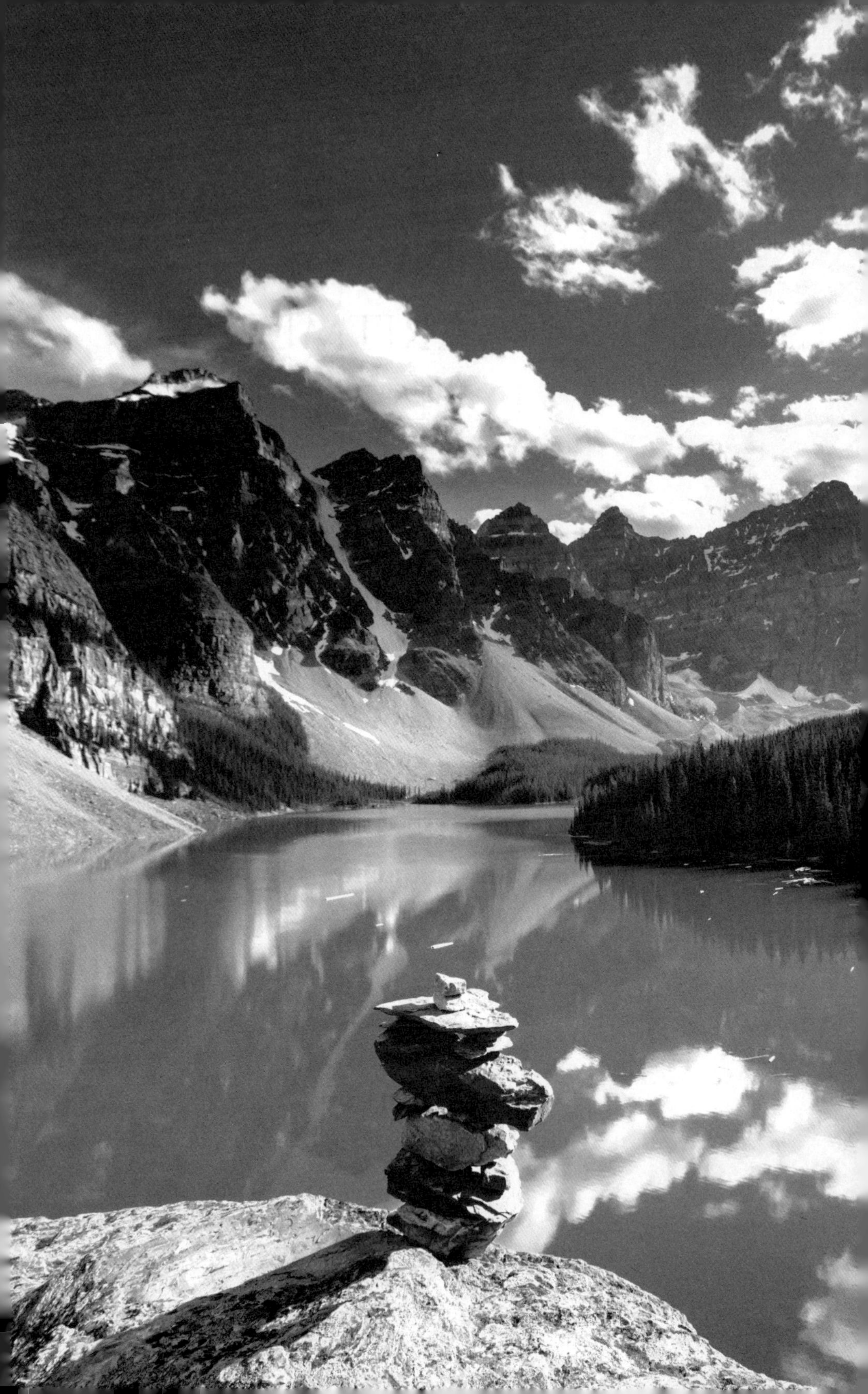

Aritmética da Sobrevivência

É notório que o instinto humano de sobrevivência nos recomenda um desenvolvimento **econômico solidário e sustentável**, que a todos inclua. Meta ousada, que requer adesão geral.

Se bem esclarecido e educado desde o berço, qualquer um pode colaborar. Imaginemos uma família. No início de sua formação, os responsáveis abastecem o lar, proporcionando alimento, educação, vestimentas etc. aos filhos, netos, sobrinhos, enteados, irmãos, primos. Contudo, até as crianças, quando devidamente instruídas, prestam expressivo serviço à economia da casa. **Pequenos gestos**, como não deixar a luz acesa desnecessariamente nem a torneira aberta durante a escovação dos dentes, **fazem grande diferença**. Para visualizar o excelente resultado dessas medidas simples, **basta somá-las ao total de residências** no planeta. **Teremos, assim, uma boa iniciativa e mais bilhões de outras.**

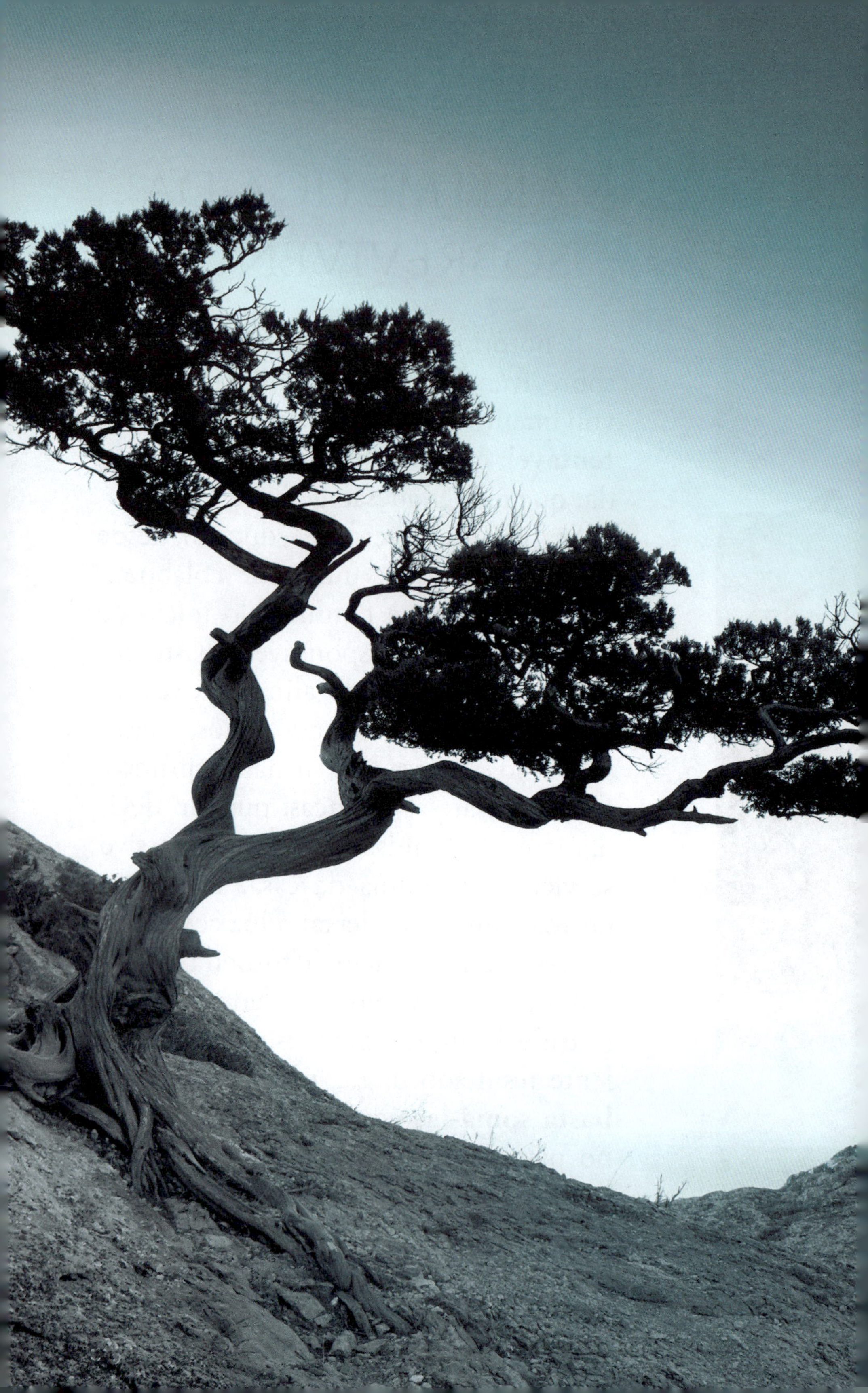

GARANTIA DO PORVIR

Meditar e agir em prol da melhoria da vida no planeta não é mais bandeira apenas de alguns idealistas; é plano de salvação de nossa morada coletiva. O futuro de **Gaia**[1] nunca esteve tão dependente de nossa atitude no Bem.

---

[1] **Gaia** — De acordo com a mitologia grega, Gaia é o nome da deusa da Terra, companheira de **Urano** (Céu) e mãe dos **Titãs** (gigantes). Trata-se da personificação do planeta Terra, representado por uma mulher gigantesca e poderosa. Em homenagem a essa deusa, o cientista britânico **James E. Lovelock** batizou um dos seus importantes estudos de "Teoria de Gaia" — também conhecida como "Hipótese de Gaia" —, conceito segundo o qual o orbe terrestre é um imenso organismo vivo.

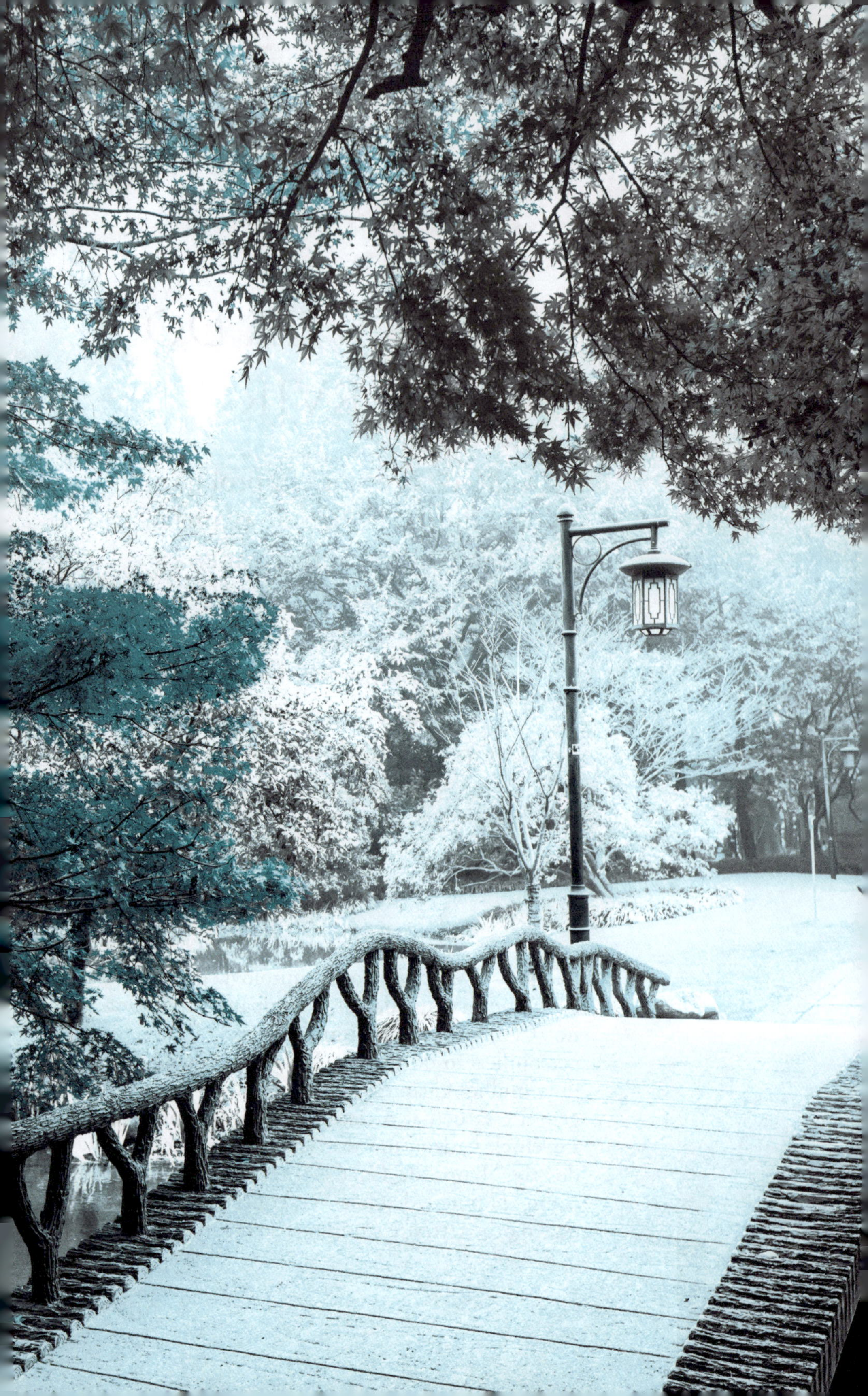

Esteio de religiosos e ateus

Tenho há muito afirmado que **estamos corpo, mas somos Espírito**. Portanto, a nossa natureza é espiritual. Razão por que o sentido de Religiosidade está no coração de todos, sejam crentes ou não. Quanto mais buscamos o convívio com as Forças Espirituais Superiores, mais fortalecidos ficamos para os embates diários. Não devemos esquecer-nos de que o Criador deseja a felicidade das Suas criaturas. Deus, que é Amor, é o esteio daqueles que, a qualquer tempo, recorrem a Ele e também dos que, mesmo O negando, gostariam, na verdade, de manter com o Pai Celestial uma conversação íntima. De uma forma ou de outra, todos somos, alguma vez nas nossas múltiplas existências, filhos pródigos, potenciais retornadores ao confortante Lar Paterno[1].

---

[1] **Lar Paterno** — *Vide* A parábola do filho pródigo, conforme os relatos do Evangelista Lucas, 15:11 a 32.

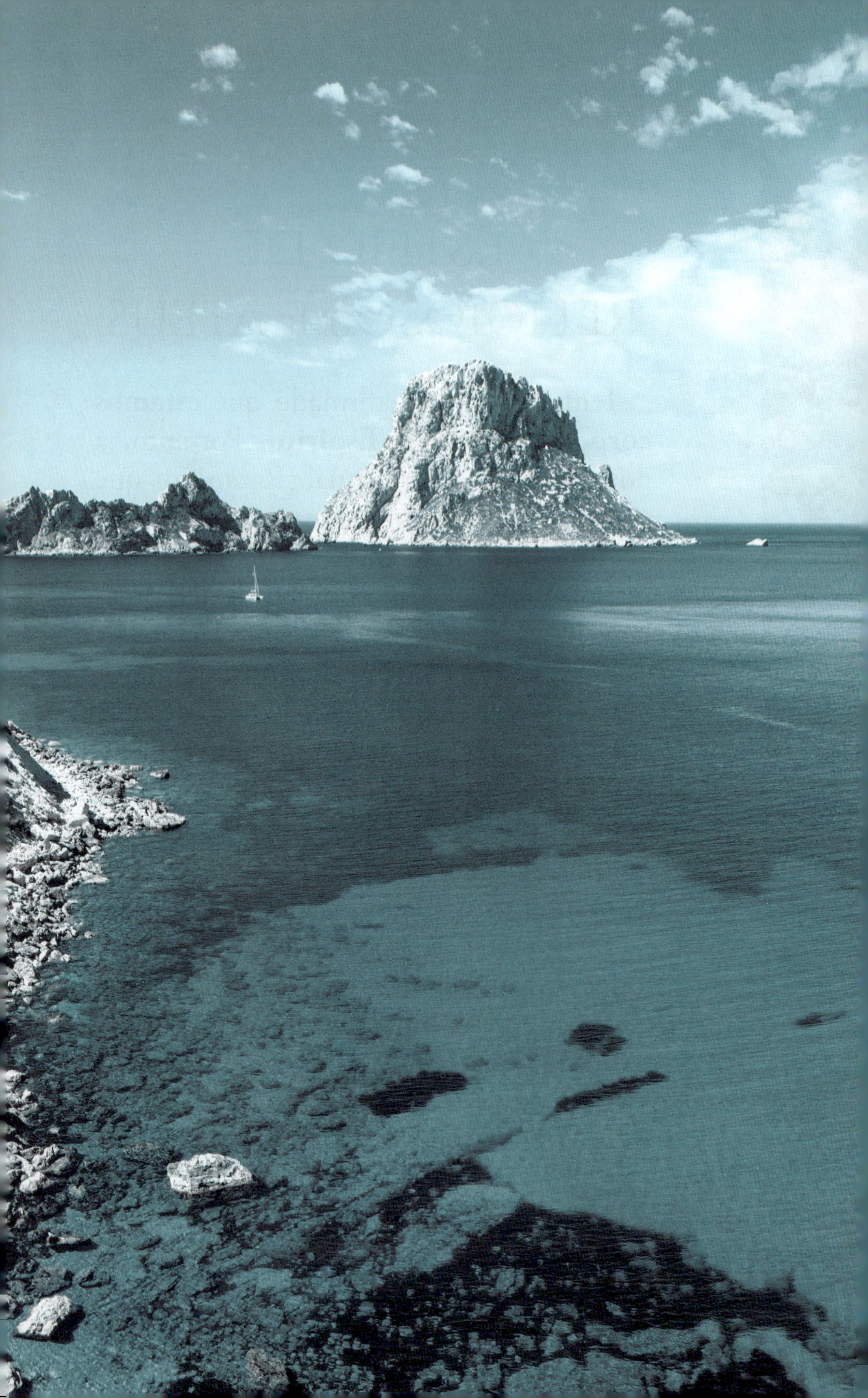

Revolução Social dos Espíritos de Deus

Anunciada por Zarur em 1953, temos levado adiante a Revolução Mundial dos Espíritos de Luz (e aqui abro parêntese para dizer que até a poderíamos chamar de Revolução Social dos Espíritos de Deus) porque sabemos e repetimos que **o governo da Terra começa no Céu**. Das Alturas, descem até aos seres humanos as Instruções Divinas, **que se vão corporificando conforme a capacidade que cada um tem de entendê-las e vivê-las**, sendo esse **UM** indivíduo, povo ou nação. Daí o ensinamento de Jesus neste resumo: todos seremos justificados em consonância com o Bem ou com o mal que realizarmos.

Vejam o Evangelho do Cristo, segundo Mateus, 16:27; o Apocalipse de Jesus, 22:12; e o livro de Jó, 34:11:

— *A cada um será dado* ***de acordo com as próprias obras***.

Sem esse conceito da Justiça de Deus, é impossível a existência de uma sociedade equitativa, portanto civilizada. **O contrário é o reino da impunidade.**

Em seu artigo "Faculdade do Recife", o notável "Águia de Haia", **Rui Barbosa** (1849-1923), inquiriu:

— *De que valem leis, onde falta nos homens o sentimento da justiça?*

E, em outro momento, na sua "Oração aos moços"[1], ponderou:

— *(...) se a sociedade não pode igualar os que a natureza criou desiguais, cada um, nos limites da sua energia moral, pode reagir sobre as desigualdades nativas, pela educação, atividade e perseverança. Tal a missão do trabalho.*

O poder dos Amigos Invisíveis de intervir nos feitos humanos — de forma a incentivar transformações admiráveis, **a ponto de parecerem milagrosas** — é marcante. A História está repleta de exemplos. Podemos observar a atuação espiritual na "impossível" conquista de Jericó, por **Josué**[2], ou mesmo quando o exército "invisível" aparece a **Eliseu**[3], ao encontrar-se cercado pelo rei da Síria.

Na área da saúde, os relatos de curas em situações improváveis surpreendem a comunidade científica.

---

[1] **"Oração aos moços"** — Discurso de paraninfo que Rui Barbosa dedicou aos formandos de 1920 da Faculdade de Direito do Largo de São Francisco, na capital do Estado de São Paulo, Brasil. Em 29 de março de 1921, por encontrar-se enfermo, Rui não pôde comparecer ao evento, e a leitura do texto foi feita pelo professor **Reinaldo Porchat de Assis** (1868-1953).
[2] **Conquista de Jericó por Josué** — Livro de Josué, 5:13 a 15 e 6:1 a 27.
[3] **Exército "invisível" aparece a Eliseu** — Segundo Livro de Reis, 6:8 a 18.

Allan Kardec, na *Revue Spirite* de novembro de 1867, ao discorrer sobre "Médium Curador", explicou:

— (...) Os fenômenos que pertencem à ordem dos fatos espirituais não são mais miraculosos do que os fatos materiais, uma vez que o elemento espiritual é uma das forças da Natureza, do mesmo modo que o elemento material. (...)

Ora, se pode a Medicina de Deus, por intermédio de sensitivos especiais, restabelecer corpos humanos doentes, **por que não estará habilitada a dar fim às enfermidades sociais e políticas que martirizam os povos**? Eis em franca atuação, **por força de nossa permanente Aliança com o Alto**, a Política de Deus: a Política para o Espírito Eterno do ser humano.

Por crermos no Poder Divino de salvação, constantemente suplicamos a **Jesus**, em nossas preces, que **cure o Brasil e a Humanidade**.

O Profeta **Samuel**, em seu primeiro livro, 7:12, no Antigo Testamento da Bíblia Sagrada, confortou o seu povo dizendo:

— Até aqui nos trouxe Deus.

E nós costumamos dizer que o Pai Celestial fortemente nos conduzirá **avante** pela estrada da existência, que é eterna!

Benfeitores Celestiais

Jesus constantemente nos oferece, por intermédio dos Seres Luminosos — Amigos (ainda) Invisíveis —, as dádivas de Seu Reino de Justiça e de Amor. Esses Benfeitores Celestiais recebem as mais variadas nomenclaturas, de acordo com as inumeráveis crenças e culturas que perceberam sua feliz influência. São os nossos Anjos Guardiães, Numes Tutelares, Orixás, Espíritos de Luz, Almas Benditas, Guias Protetores... A nossa aliança consciente com eles resulta na já mencionada **Revolução Mundial dos Espíritos de Deus**, que não é uma retórica alienante.

Ensinava Alziro Zarur:

> *— O segredo do governo dos povos, nesta transição apocalíptica, é a integração da Humanidade de Baixo à Humanidade de Cima, evidentemente que sob o critério do Mandamento Novo do Cristo, que se encontra no Evangelho, segundo João, 13:34: "Amai-vos como Eu vos amei".*

Receptividade das Almas humildes

A Inspiração que vem de Deus não cessa de descer ao coração de todos. Trata-se de manancial ecumênico infinito, que **busca a receptividade das Almas humildes**, integradas nas Leis Universais do Amor Divino.

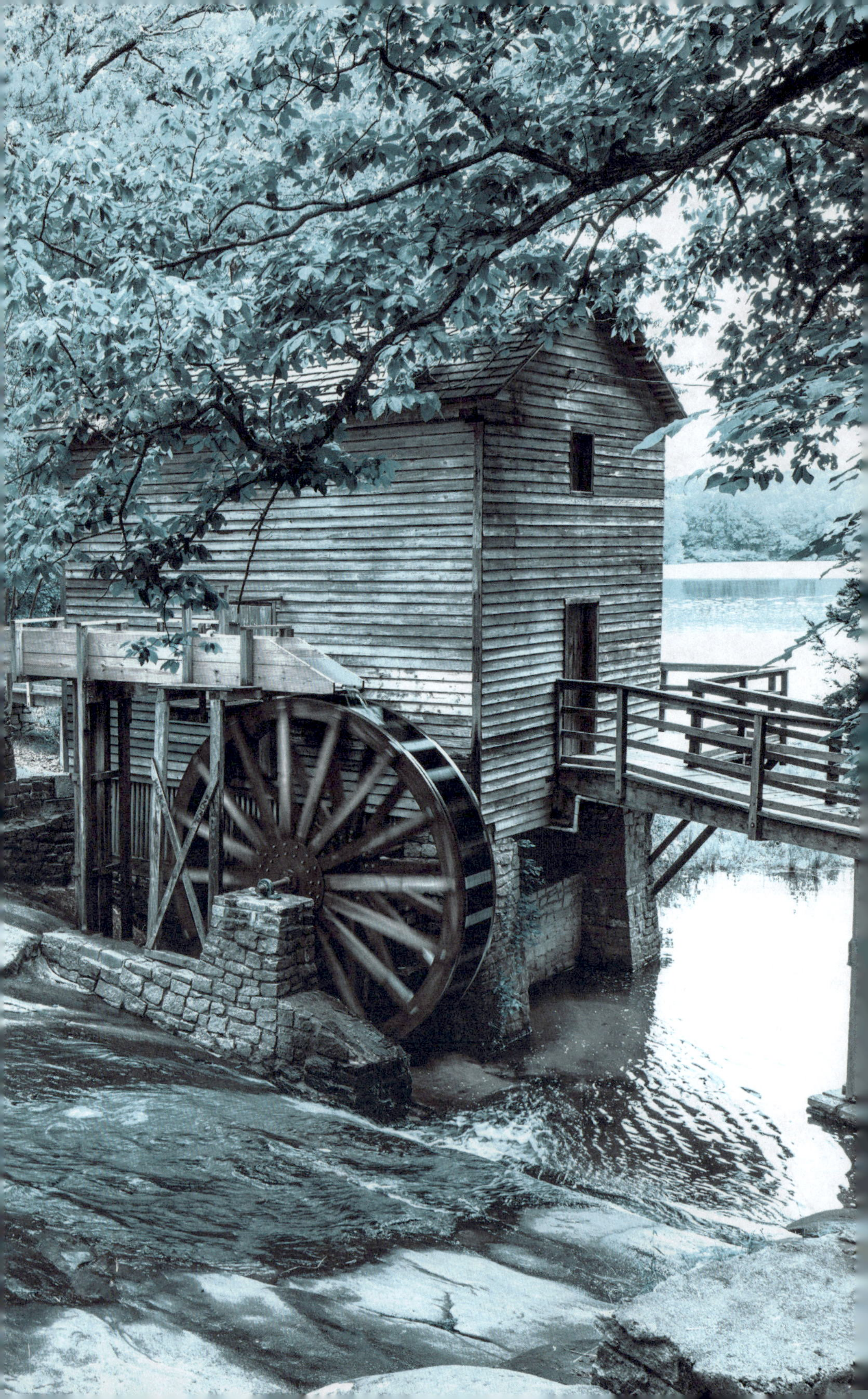

A Divina Eficiência

O Amor de que Jesus nos fala em **Seu Mandamento Novo tem um sentimento espiritual evoluído, muito além da perspectiva humana**. Trata-se de uma estratégia que a nós cumpre apresentar aos povos: **a Divina Eficiência**. Temos de buscá-la, eternamente, no Celeste Provedor.

Ensinou Jesus, o Cristo Ecumênico, o Sublime Estadista:

> *— Novo Mandamento vos dou: amai-vos como Eu vos amei. Somente assim podereis ser reconhecidos como meus discípulos, se tiverdes o mesmo Amor uns pelos outros. (...) Não há maior Amor do que doar a própria vida pelos seus amigos. (...) Porquanto, da mesma forma como o Pai me ama, Eu também vos amo. Permanecei no meu Amor* (Evangelho, segundo João, 13:34 e 35; e 15:13 e 9).

Vale recordar que Alziro Zarur definiu essa Ordem Suprema de Jesus como *"a Essência de Deus"*.

BÚSSOLA DE NOSSA EXISTÊNCIA

Busquemos na **Espiritualidade Superior**[1] a bússola de nossa existência. E que haja Esperança, sim, e trabalho, de modo que propiciemos aos moços condições de usufruir um mundo mais digno. Entretanto, que eles nunca se esqueçam dos mais vividos, cuja idade a maioria, com os avanços da Medicina, certamente atingirá.

O jovem de hoje será o ancião de amanhã.

---

[1] **Nota de Paiva Netto**
Espiritualidade Superior — O governo da Terra começa no Céu.

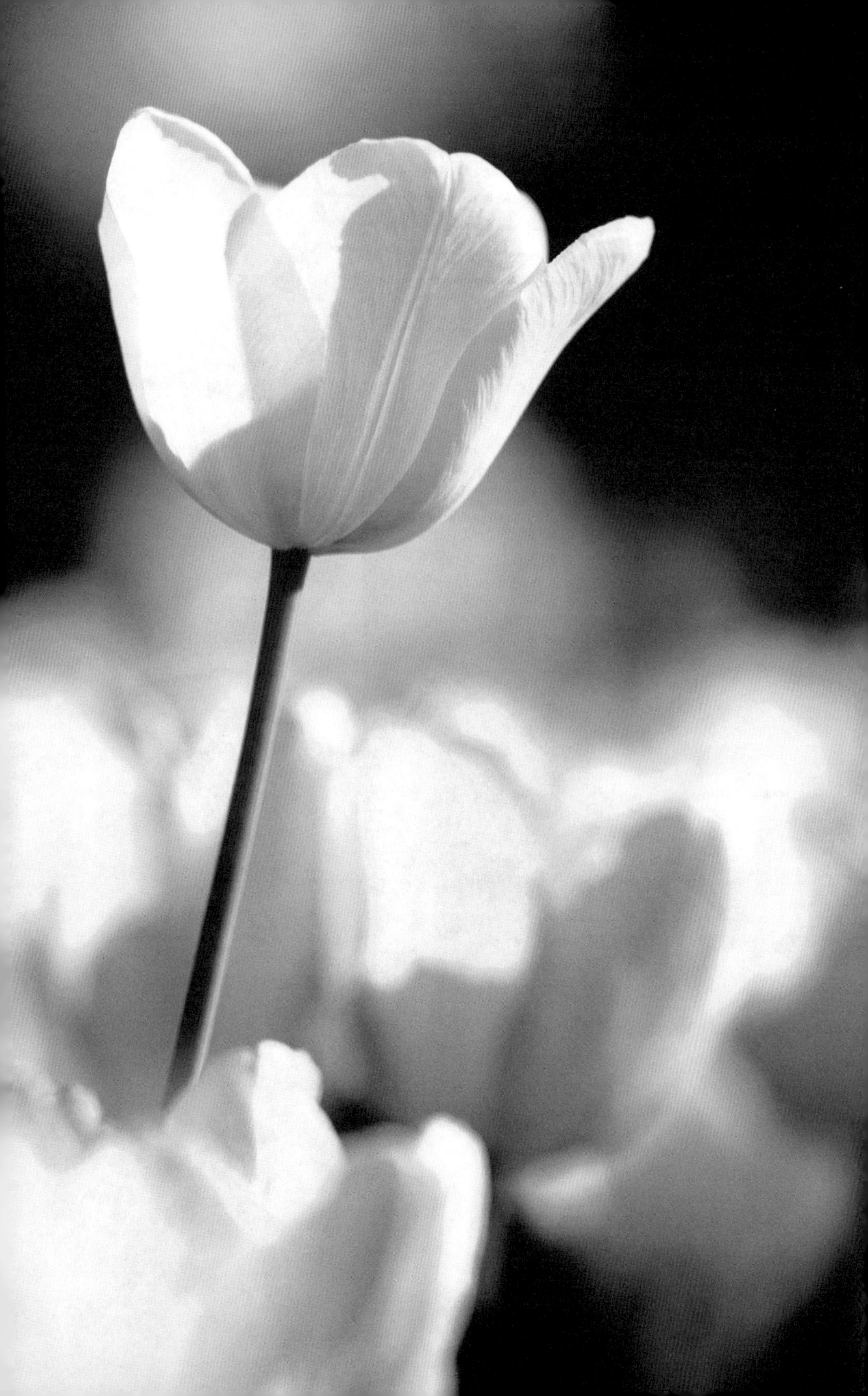

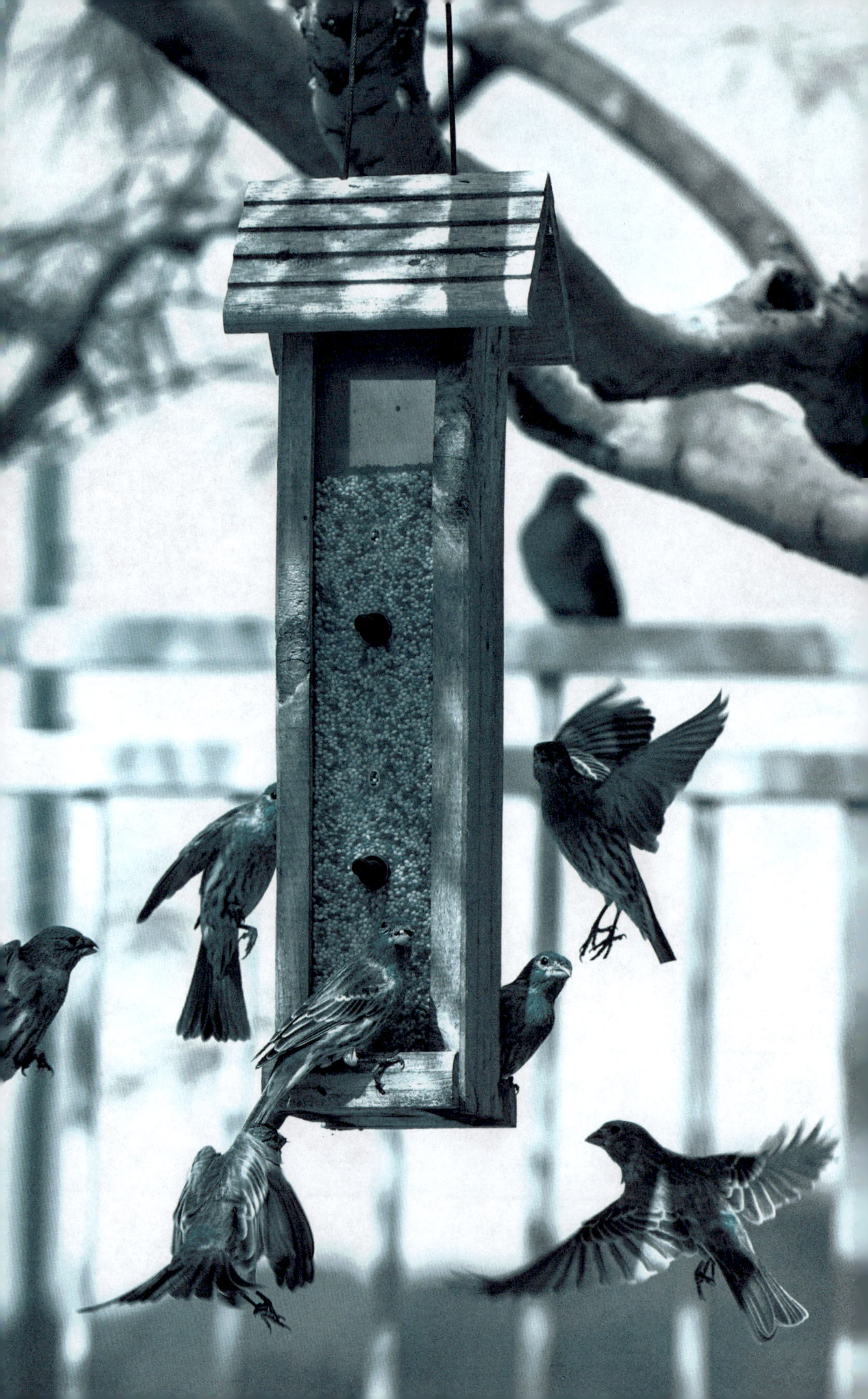

Razão além da razão

Uma de minhas grandes lutas tem sido demonstrar, por meio da Pedagogia do Afeto e da Pedagogia do Cidadão Ecumênico[1], **que existe uma Razão além da preconizada pelo Iluminismo**. E que Razão é essa? Aquela aclarada pelo Amor Celeste, que, pela intuição — a competência de Deus em nós —, conduz seguramente a criatura **ao Bem**, isto é, à **Ciência do Criador. Naturalmente, nos referimos ao conhecimento livre de preconceitos e dogmatismos medíocres**.

---

[1] **Pedagogia do Afeto e Pedagogia do Cidadão Ecumênico** — Vanguardeira proposta pedagógica criada por Paiva Netto, que apresenta um modelo novo de aprendizado, tendo por base a Espiritualidade Ecumênica, aliando coração e intelecto. Essa linha educacional é aplicada com sucesso na rede de ensino e nos programas socioeducacionais desenvolvidos pela Legião da Boa Vontade. Ambas *"fundamentam-se nos valores oriundos do Amor Fraterno, trazido à Terra por diversos luminares, destacadamente Jesus, o Cristo Ecumênico, o Divino Estadista"*, conforme afirma o educador Paiva Netto. Na Pedagogia do Afeto, o enfoque é sobre as crianças de até os 10 anos de idade, e a Pedagogia do Cidadão Ecumênico é direcionada à educação de adolescentes e adultos.

Mestres do Ensino

Nenhum país conquista verdadeiro progresso longe dos esforços educativos de seus mestres. De suas lições pedagógicas, quando iluminadas pelo Amor Divino, surge a claridade, que direciona a criatura por acertados caminhos.

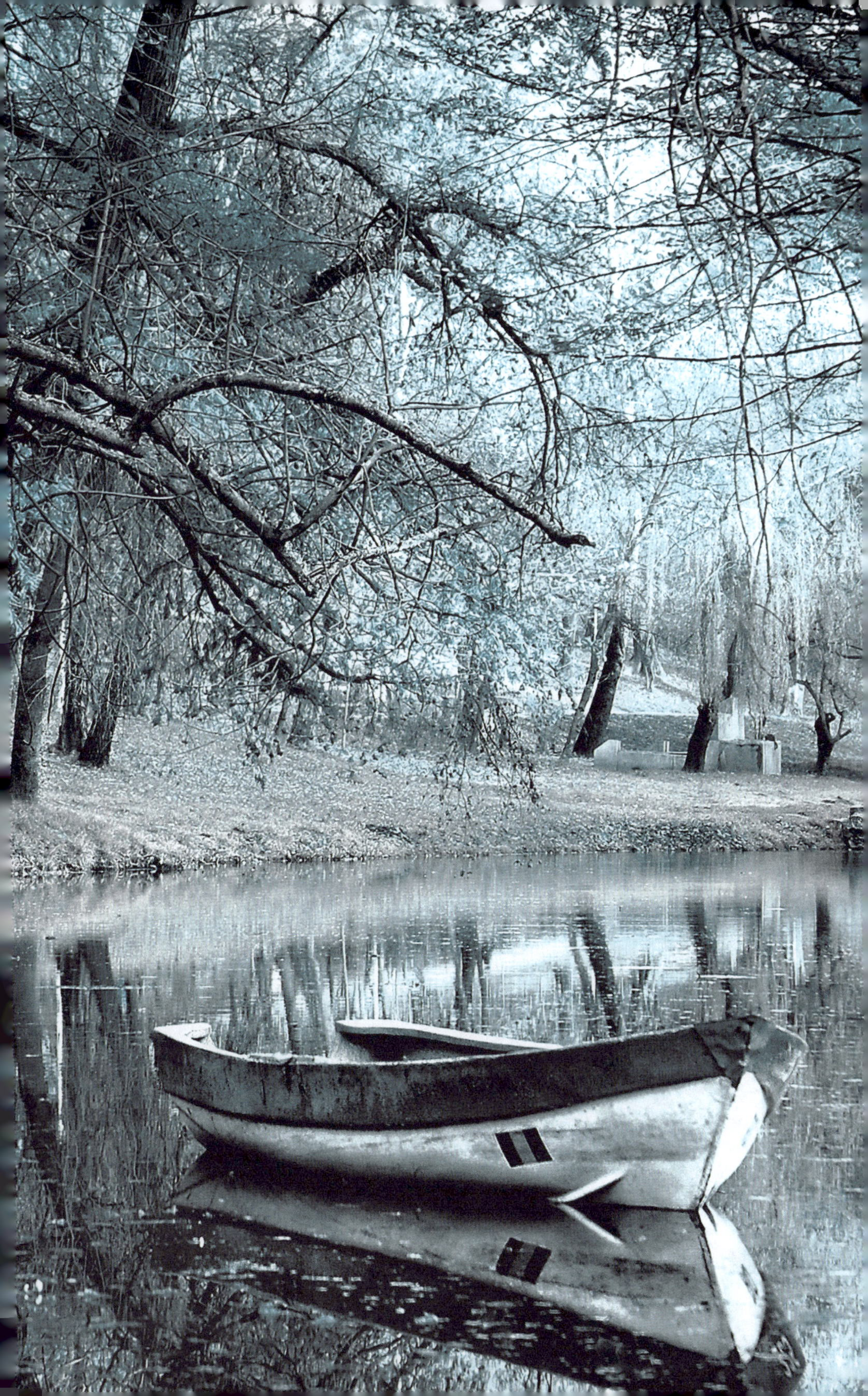

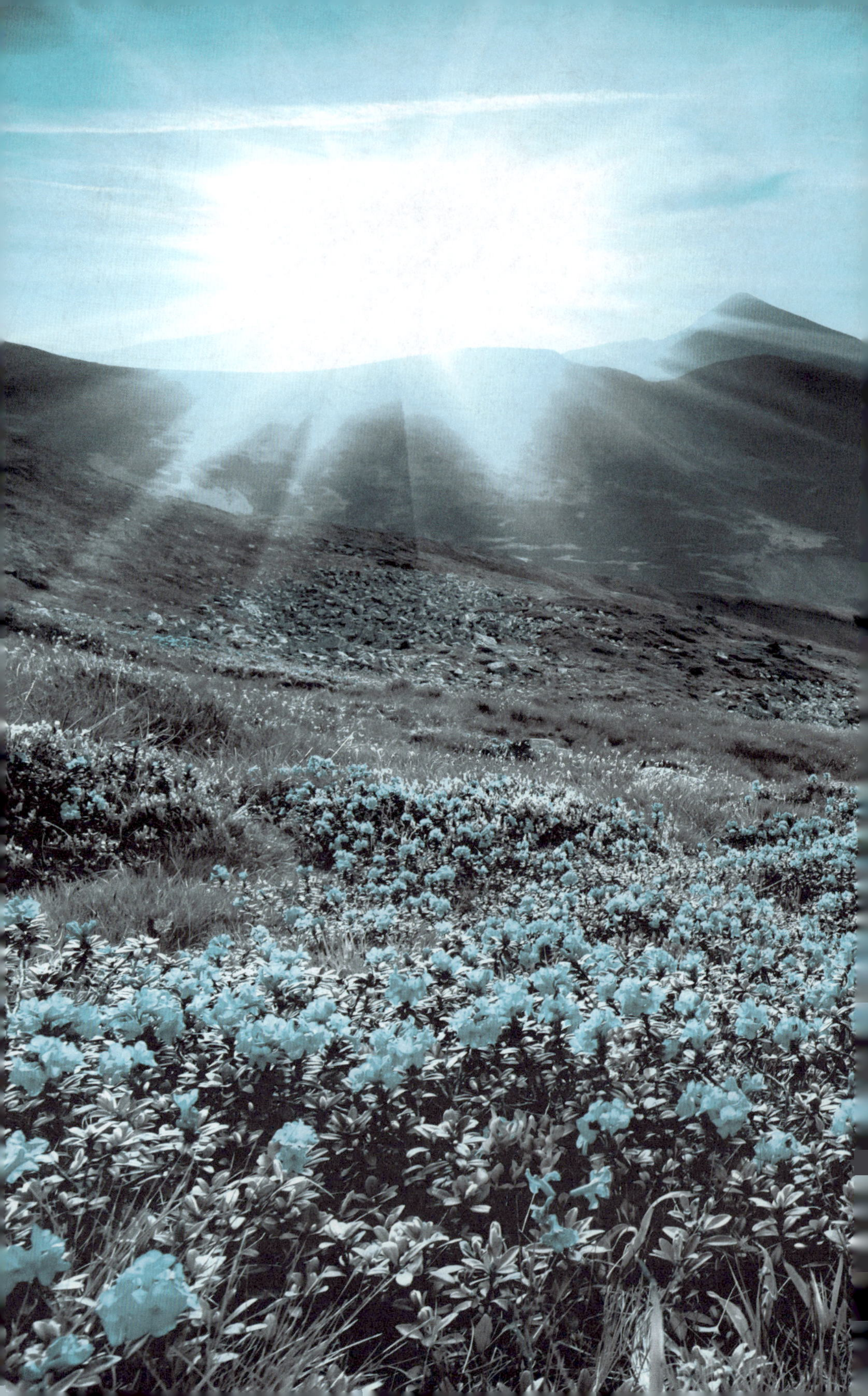

Mirem-se no Pedagogo do Universo

A responsabilidade de um educador ultrapassa o entendimento comum. **Em seu verbo**, encontra-se o sábio poder de transformar destinos para o Bem. A inspiração adotada tem de ser sempre a melhor possível. Por exemplo, a do Pai Celestial, Criador e Pedagogo do Universo, cujo método de aprendizado está na própria Natureza, que nos cerca e da qual somos integrantes.

A INTREPIDEZ FEMININA

Há exemplos de extraordinárias mulheres em todos os cantos do mundo, desde as mais destacadas às mais simples, a começar pela mais singela das mães. Uma delas é "a doceira de Goiás", no vasto interior do Brasil. Trata-se da exímia poetisa **Cora Coralina** (1889-1985). Aos 75 anos de idade, apenas contando com instrução primária, publicou seu primeiro livro.

Disse a saudosa Cora:

— *Feliz aquele que transfere o que sabe e aprende o que ensina.*

É o talento do povo bem instruído e espiritualizado **que transforma miséria em riqueza**! A fortuna de um país situa-se, antes de tudo, no coração solidário e na consciência esclarecida de sua gente — valorizando a mulher e dignificando o homem. Neles se encontra a capacidade criadora. É assim em todas as nações.

Benjamin Franklin (1706-1790) há muito se levantara para esclarecer:

— *A verdadeira sabedoria consiste em promover o bem-estar da Humanidade.*

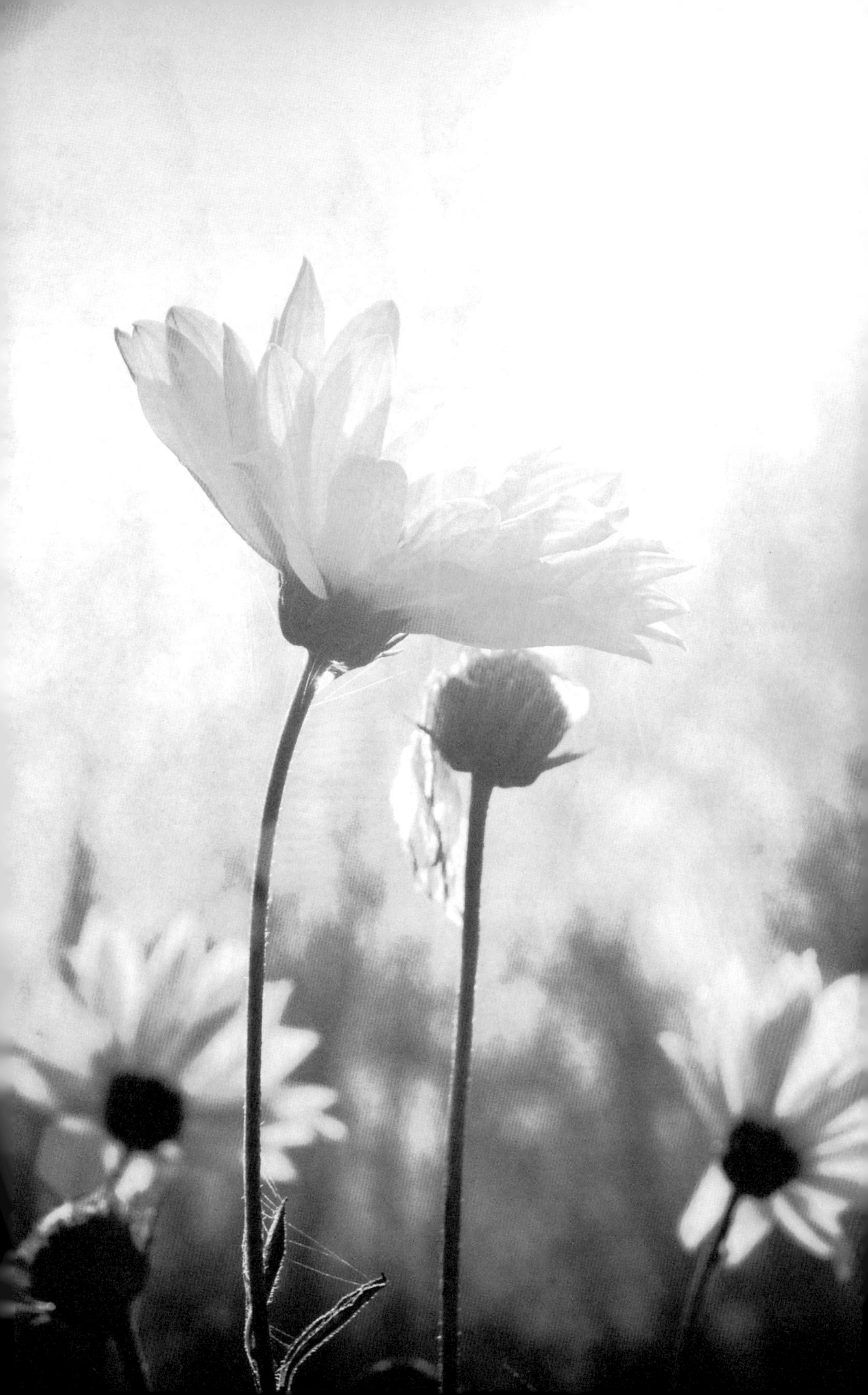

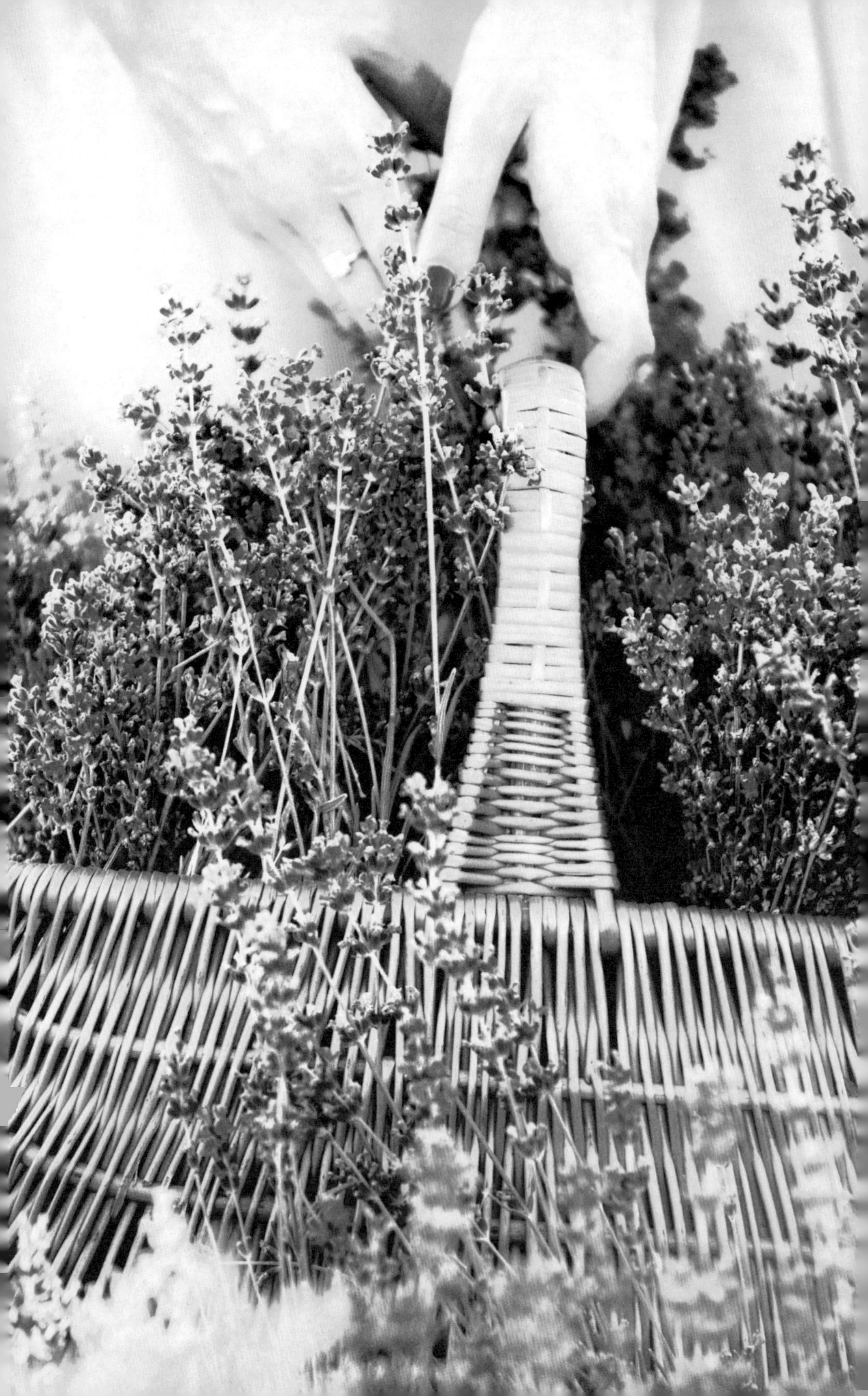

Tudo é questão de mentalidade

Aprecio bastante um pensamento da famosa fotógrafa alemã, radicada nos Estados Unidos, **Ruth Bernhard** (1905-2006):

— *Devo morrer jovem, independentemente da idade em que esse evento ocorra.*

Essa reflexão vem ao encontro do que sempre digo aos moços das Instituições da Boa Vontade (IBVs)[1],

---

[1] **Instituições da Boa Vontade (IBVs)** — Formadas pela Legião da Boa Vontade (LBV); pela Religião de Deus, do Cristo e do Espírito Santo; pela Fundação José de Paiva Netto; pela Fundação Boa Vontade; e pela Associação Educacional Boa Vontade.

independentemente de quantos anos possuam: **Jovem é aquele que mantém o ideal no Bem**. Portanto, a contagem cronológica de vida não define realmente se você é moço ou idoso, apesar de alguns desafios naturais à idade. Existem jovens velhos e velhos jovens. Tudo é questão de mentalidade!

Por isso, quando falamos em moços na Seara da Boa Vontade, não levamos em conta seu tempo de existência. Referimo-nos, isto sim, a toda criatura que não perdeu o **ideal fraterno**. São todos aqueles que desejam progredir pelos caminhos da Paz, aqui na Terra ou já estando na Pátria da Verdade, afinal ninguém morre. Lá o progresso igualmente continua. Uma breve explicação: assinalei o substantivo "ideal" com o adjetivo "fraterno", tendo em vista o fato de que há "ideais" que não devem ser seguidos, como os que exaltam a violência, a intolerância e o preconceito.

E, ao me dirigir aos que preferem as trilhas da concórdia neste mundo cheio de brutalidades, não faço alusão aos covardes nem aos ociosos, uma vez que procurar ser pacificador exige coragem, que o diga Gandhi (1869-1948).

Se há muitos jovens do corpo em nossa lide, e fico satisfeito com isso porque a cultura se prolonga por meio deles, há também muitos integrantes da Melhor Idade que são joviais no Espírito e bastante ativos. Ora, ora!

Destacados personagens da História fizeram revolução em idade avançada.

Recorro à *Antologia da Boa Vontade* (1955) para ilustrar, de forma categórica, meu ponto de vista sobre o real significado de juventude:

*"Quem, durante a existência, soube cultivar, lado a lado, Espírito e corpo não pode e nem deve aos 60 anos julgar-se velho. Considere-se, por exemplo, que '****Kant****, o famoso filósofo, escreveu aos 74 anos a sua* Antropologia, *a sua* Metafísica, *a sua* Ética; *também aos 74,* ***Tintoretto*** *pintou uma tela de mais de 20 metros por quase 10, o célebre* Paraíso; *ainda aos 74, escreveu* ***Verdi*** *a sua ópera* Otelo, *aos 80, a sua obra-prima* Falstaff *e, aos 84, três imorredouras páginas religiosas:* Ave-Maria, Stabat Mater *e* Te Deum; ***Catão****, aos 80, começou a estudar grego;* ***Lamarck****, aos 78, publicou a* História Natural dos Invertebrados; ***Goethe****, só aos 80, completou sua obra-prima, o* Fausto; ***Tennyson****, aos 80, escrevia a sua célebre obra* Crossing the Bar; ***Fontenelle****, um dos enciclopedistas, dizia, aos 90, que nunca sentira a menor falha em sua memória ou em seu raciocínio; e o quadro histórico* Batalha de Lepanto *foi pintado por* ***Ticiano****, aos 88 anos de idade!'"*

É bom refletirmos sobre isso.

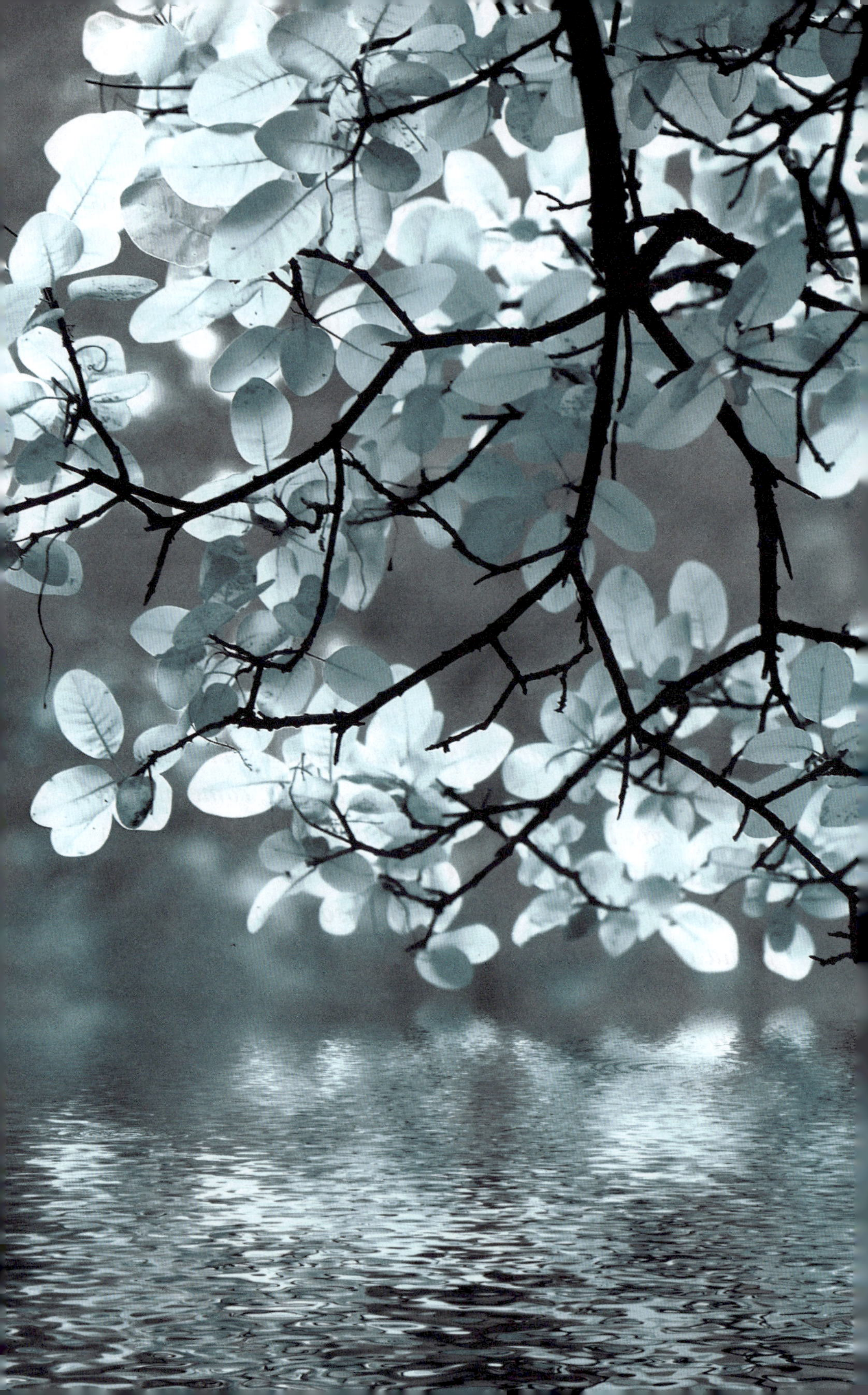

Família, Felicidade, Fé e Boas Obras[1]

Minha mãe, **Idalina Cecília** (1913-1994), e eu costumávamos cantar algumas melodias que se encontram hoje no ar pela Super Rede Boa Vontade de Rádio: *Granada*, *Marche des Grenadiers*, *La Mer*, *Douce France*, *Só nós dois no salão e esta valsa*, entre outras. A vida era alegre, feliz!

Tive uma infância e uma juventude de lutas, mas sempre fomos afortunadamente aquinhoados nas coisas espirituais. Daí a nossa satisfação no viver juntos. Simplesmente nos amávamos.

É o exercício leal do Novo Mandamento de Jesus entre nós. Ele

---
[1] Escrito num bate-papo pela internet.

cria essa vivência, que tanto desejamos seja o natural para todas as criaturas espirituais e humanas.

Lícia Margarida (1942-2010), minha afetuosa irmã, e eu elevamos o pensamento a Jesus, nosso Senhor, suplicando-Lhe as maiores bênçãos para aquela que dedicou toda a sua feliz vida de casada com **Bruno Simões de Paiva** (1911-2000), nosso sempre lembrado pai, a nos ofertar o que de melhor guardava em seu coração e em sua mente. Nossos sentimentos de gratidão a tão esforçada mãe e a tão generoso pai nos iluminam e nos fortalecem na Fé em Deus, no Cristo, no Espírito Santo e na vontade firme de, jamais desistindo, honrar o Ideal que abraçamos: o do Novo Mandamento do Divino Mestre, o Amor Universal:

> — *Amai-vos como Eu vos amei. Somente assim podereis ser reconhecidos como meus discípulos, se tiverdes o mesmo Amor uns pelos outros. (...) Não há maior Amor do que doar a própria vida pelos seus amigos. (...) Porquanto, da mesma forma como o Pai me ama, Eu também vos amo. Permanecei no meu Amor* (Evangelho de Jesus, segundo João, 13:34 e 35; e 15:13 e 9).

Nossa mãe, Idalina, nos ensinou a ser solidários, fraternos, e a compreender que sempre há o lado melhor da Vida, porque *"Deus é Amor"* (Primeira Epístola de João, 4:8 e 16), **portanto Caridade**. E, com Seu Amor Excelso, Ele anseia intensamente que amorosos e generosos sejamos, sem que nunca aceitemos a convocação da covardia.

Em tempo algum Lícia, que já se encontra no Mundo Espiritual, e eu nos esqueceremos de que — ao nos levantar, nos deitar, na hora do almoço e do jantar — mamãe conosco orava as preces que pacientemente repetia desde que começamos a balbuciar as primeiras palavras em nossas atuais reencarnações.

O socorro que enfrenta a madrugada

Gratos, mamãe! Jamais olvidaremos o seu abençoado Amor por nós e pelas criaturas que sofrem. A senhora gostava bastante de livros. E, enquanto não o sabíamos, todas as noites os lia para nós. Meu pai assim também o fazia quando a senhora não estava, pois saía para atender, como enfermeira prática, tantas vezes a altas horas da noite, gente que lhe pedia socorro. Esse fato certamente premiou com muita luz a sua bela Alma.

Na porta de nossa casa, era comum alguém buscar auxílio. E a senhora nunca deixou que saísse sem amparo, por mínimo que fosse. Essa sua atitude de Caridade até hoje alimenta os nossos sentidos.

Desse espírito da Caridade autêntica, ensinada e exemplificada pelo Divino Taumaturgo, Jesus, é que vem a nossa Fé Realizante, a nossa decisão para a vitória Dele, que é a de todas as Suas criaturas, e o nosso entusiasmo ao tratarmos de assuntos dos Universos; portanto, de questões não restritivas.

Que todos meçam suas responsabilidades na Terra, não perdendo de vista que não existem apenas Universos materiais; porém, espirituais e divinos!

Onde estiverem — a senhora, dona Idalina Cecília; o papai, Bruno; e minha adorável Lícia —, recebam o meu ósculo respeitoso, nestas palavras que dirijo a vocês, hoje vivendo na Pátria Espiritual. Vejam bem o que disse: VIVENDO!!! Porque prosseguem existindo, como todos os entes queridos que tenhamos e as demais filhas e filhos de Deus em todos os Universos. **Os mortos não morrem! Todos continuamos vivos. A morte não interrompe a Vida. Deus, que é Eterno, privilegiou as Suas criaturas com a existência perene, durante a qual vamos aprendendo ininterruptamente.**

Unidos, portanto, no Amor do Mandamento Novo de Jesus — *"Amai-vos como Eu vos amei. (...) Não há maior Amor do que doar a própria vida pelos seus amigos"* (Evangelho, segundo João, 13:34 e 15:13) —,

José de Paiva Netto; o pai dele, seu Bruno Simões de Paiva; a mãe, dona Idalina Cecília; e sua irmã, Lícia Margarida.

prosseguiremos para a frente e **para o Cristo**, até à Volta Gloriosa Dele!

Seguros estamos na Divina Segurança das seguras mãos de Jesus!

Quem confia em Jesus não perde o seu tempo, porque Ele é o Celeste Amigo que não abandona amigo no meio do caminho.

Quanto mais perto de Jesus, mais longe dos problemas!

Transcendente valor da Família

Em nossos pensamentos diários, observemos sempre se estamos dando o justo valor à família. Um país melhor, mais feliz, e, por consequência, uma Humanidade equilibrada dependem dos núcleos familiares bem constituídos, devidamente prestigiados por seus integrantes e valorizados pela comunidade. A importância da família transcende a compreensão mais comum. Nela, a vida humana encontra o seu refúgio. **É na família que devem florescer os sentimentos mais ternos e sublimes do ser humano.**

Ensinamento do Espírito **Áulus**[1]:

— A família física pode ser comparada a uma reunião de serviço espiritual no espaço e no tempo, cinzelando corações para a imortalidade.

---

[1] **Áulus** — Mentor Espiritual citado pelo Espírito **André Luiz**, em *Nos Domínios da Mediunidade*, na psicografia de **Chico Xavier** (1910-2002).

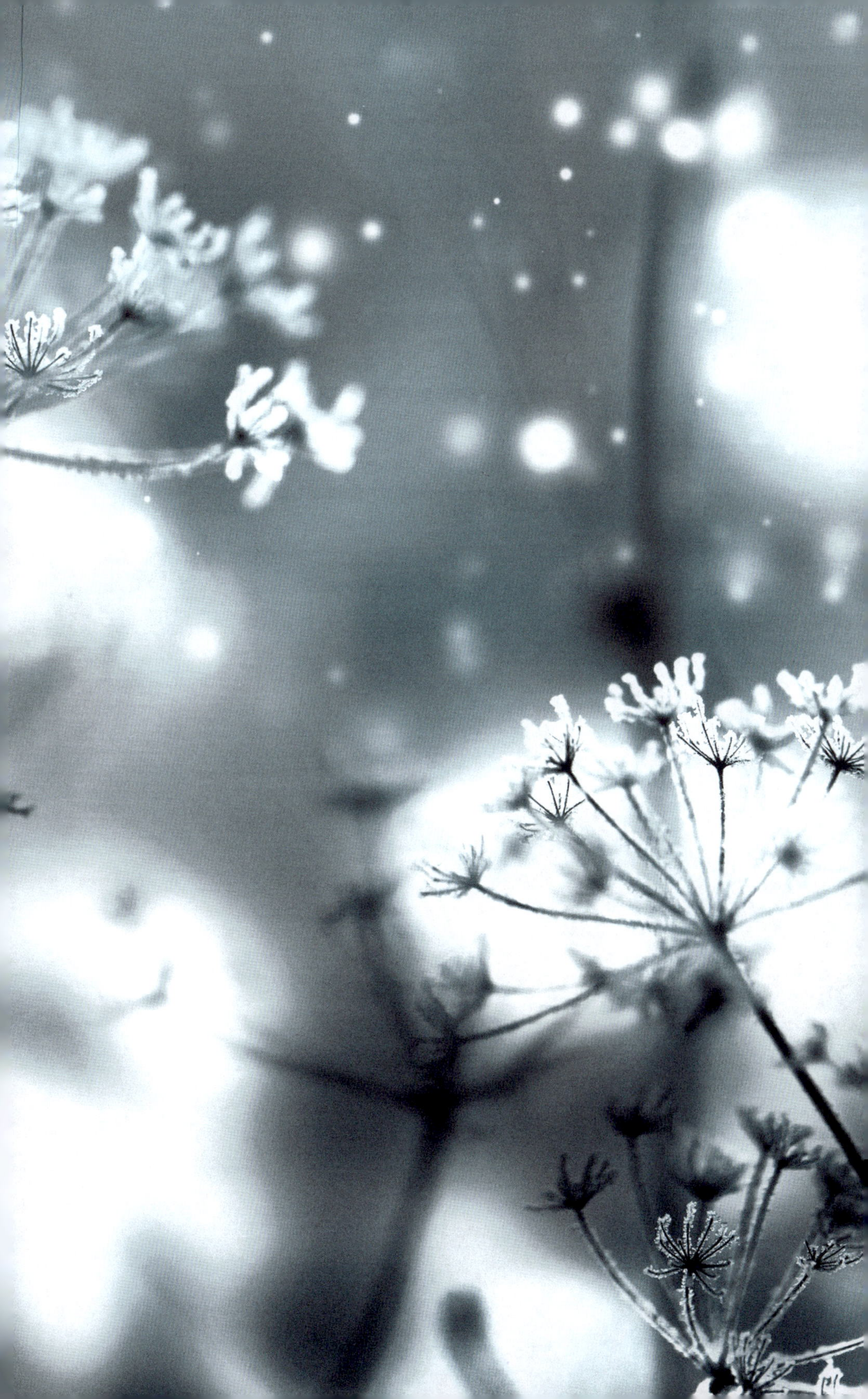

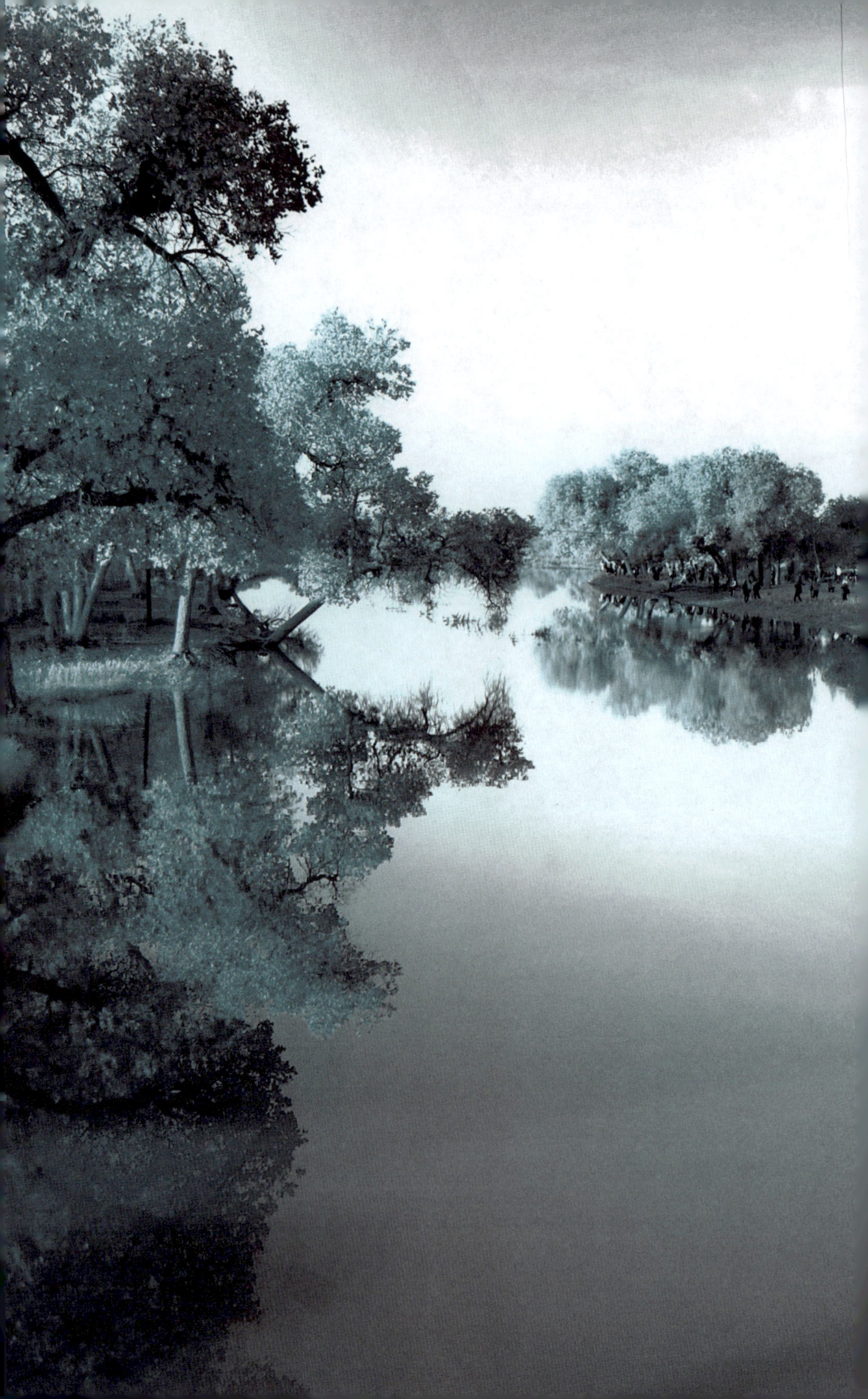

Saudar além dos Irmãos — I

As criaturas não sobrevivem adequadamente no isolamento. A confraternização geral é um legítimo anseio que ignora fronteiras e segue unindo, apesar dos pesares, etnias, filosofias, religiões, pátrias, enfim, **seres espirituais e humanos**. Em Sua passagem pela Terra, Jesus, o Cristo Ecumênico, o Divino Estadista, testemunhou, a todo momento, que esse é o caminho. Uma de Suas Solidárias Lições ilustra bem isso:

> — Porque, se amardes os que vos amam, que recompensa tereis? Não fazem os publicanos também assim? Se saudardes unicamente os vossos irmãos, que fazeis de mais? Não fazem os gentios também o mesmo? (Evangelho, segundo Mateus, 5:46 e 47).

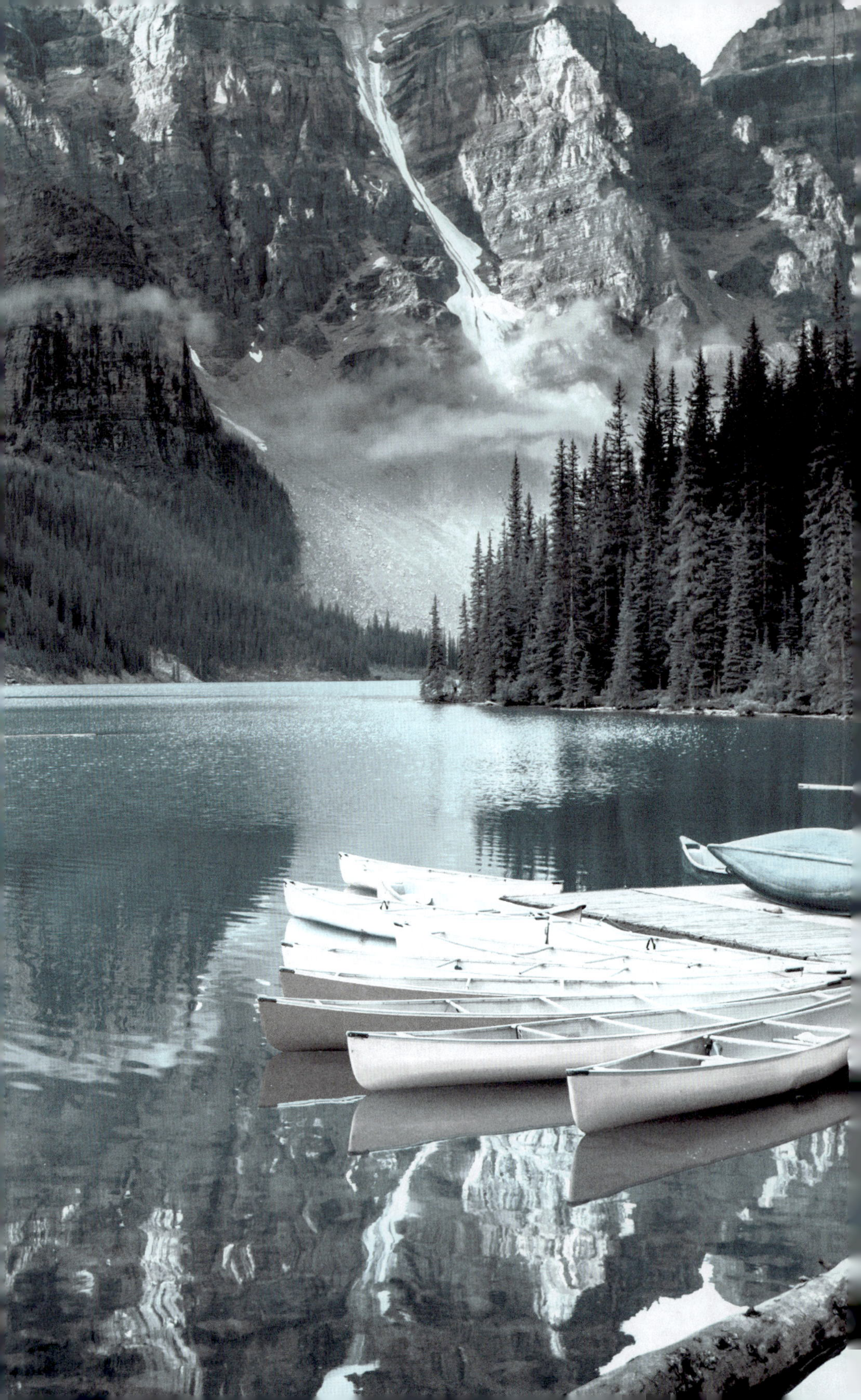

Saudar além dos Irmãos — II

Com muita propriedade, ensinou o saudoso dr. **Bezerra de Menezes** (1831-1900), em *Evangelho do Futuro*, publicado como folhetim no periódico *Reformador*, de 1905 a 1911, sob o pseudônimo de Max:

> — *O bem tem grande força de expansão! (...) Um povo que tem fé cria-se numa atmosfera moral em que bebe a força para o cumprimento de todos os deveres, a mais expansiva força das alegrias da Alma, desde a vida terrena.*

Busquemos, pois, a convivência planetária firmada no Amor Fraterno e no respeito mútuo, sem esquecer a mais elevada concepção de Justiça, que promana de Deus.

Exaltação aos bem-aventurados e a Cidadania do Espírito

No **Sermão da Montanha de Jesus**[1], o Cristo Ecumênico, **o Estadista Sublime** (Evangelho, segundo Mateus, 5:1 a 12), vemos a exaltação aos bem-aventurados, isto é, àqueles que compreenderam, ao longo das eras, que, cumprindo com seus deveres de ser humano e de cidadão ecumênico, têm plenamente garantidos os seus direitos, a partir de uma esfera que nem todos ainda podem conceber: **a espiritual**.

---

[1] **O Sermão da Montanha de Jesus** — Leia As Bem-Aventuranças do Cristo, constantes em Seu Evangelho-Apocalipse, na p. 281 deste livro.

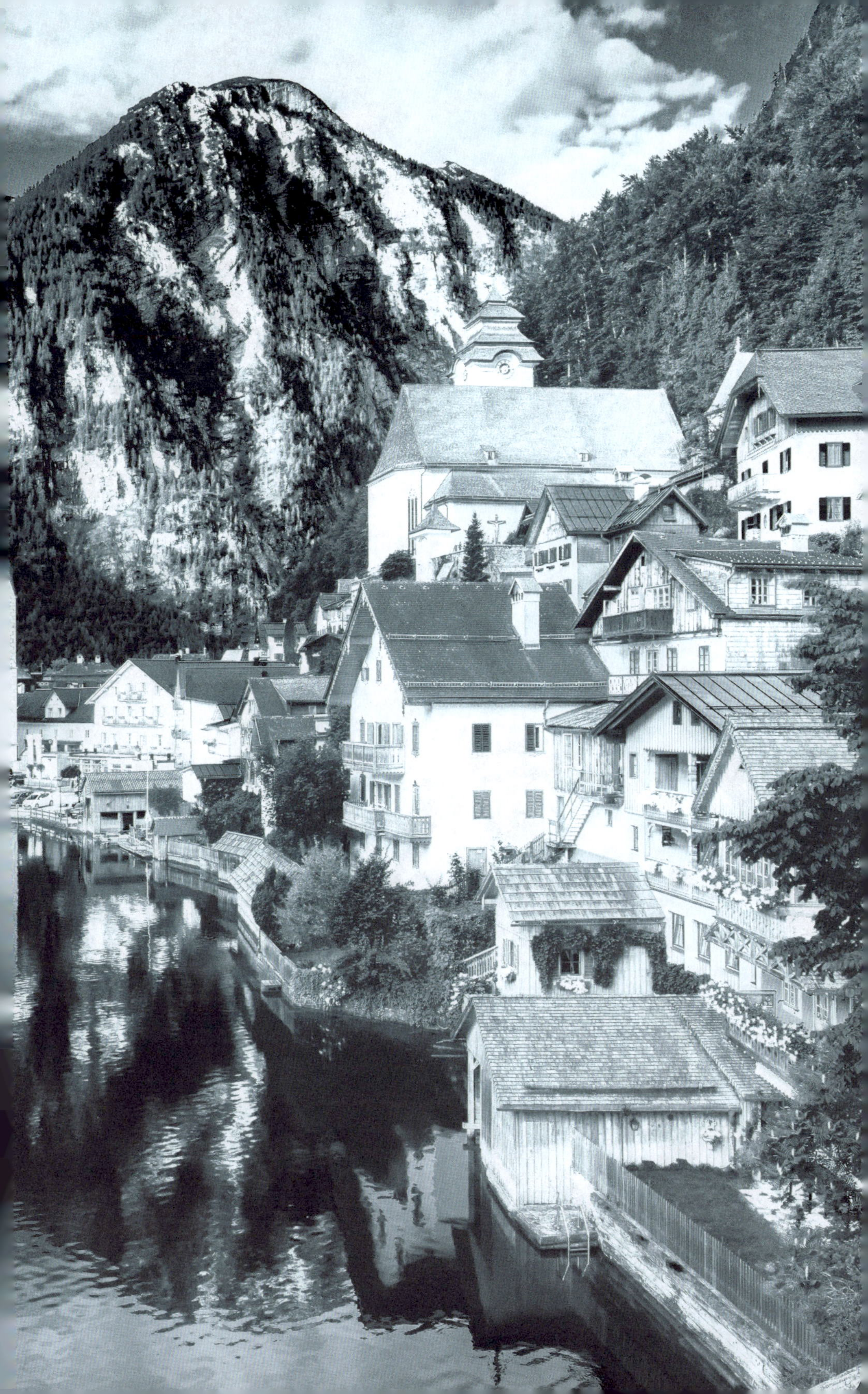

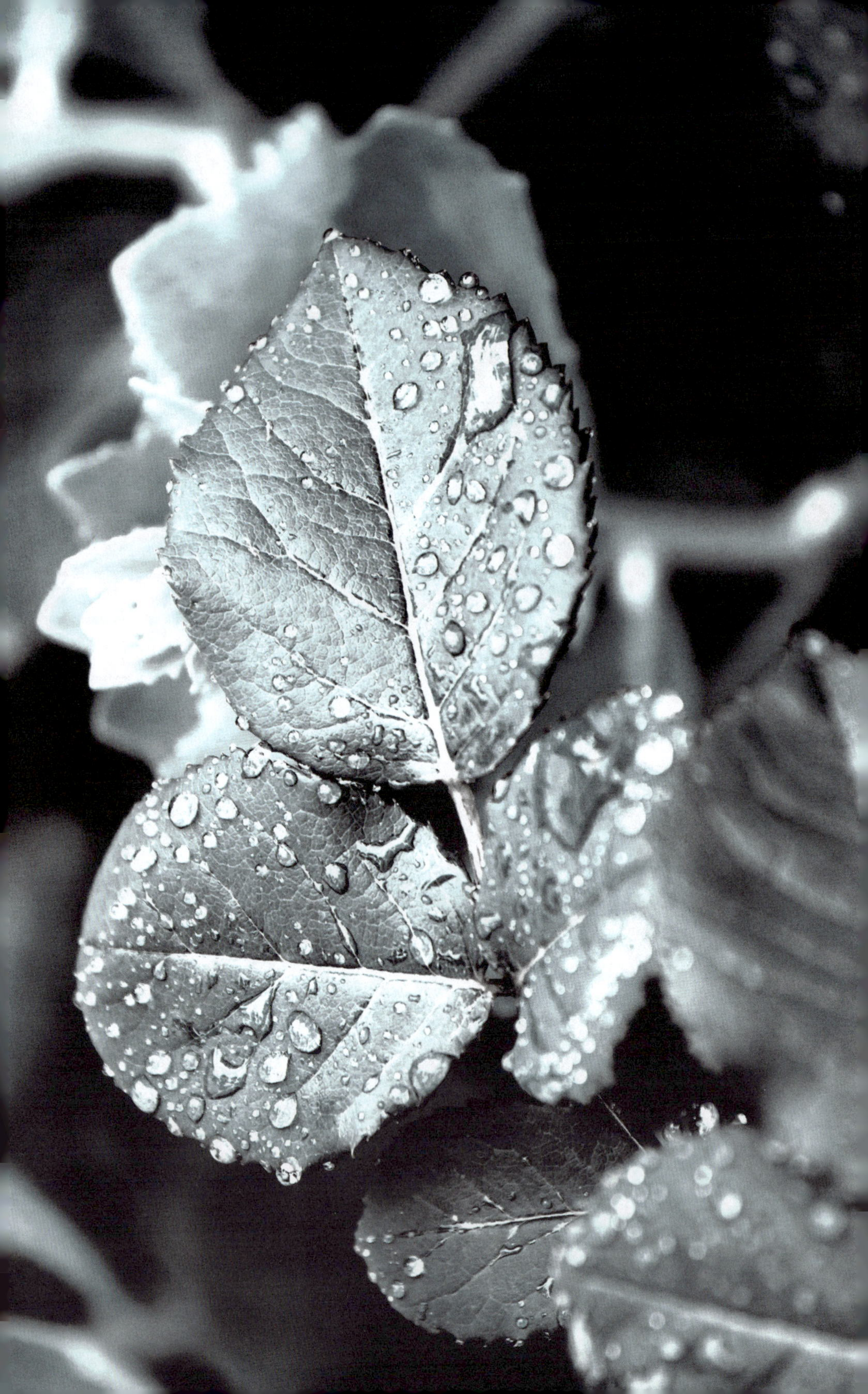

Natal de Jesus e Direitos Humanos

O Natal não é época de esquecer os problemas, mas, sim, de pedir a Inspiração Divina para resolvê-los. **A sua ambiência deve ser a da Fraternidade sem fronteiras**, agora mais do que nunca, imprescindível **para que, de fato, surja a Cidadania Planetária**, que positivamente saiba defender-se da exploração mundial endêmica. Não apenas o corpo humano adoece; o organismo sociedade, também.

A Declaração Universal dos Direitos Humanos foi adotada, pela Organização das Nações Unidas (ONU), no dia 10 de dezembro de 1948.

Bastante se avançou desde a promulgação da Magna Carta da ONU. Todavia, há muito a ser feito para impedir que, em pleno século 21, mulheres, homens, meninas e meninos continuem sendo vendidos como mercadoria, tragédia que vem afetando a massa de refugiados que fogem de conflitos étnicos, da fome, da seca, da miséria; que crianças prossigam trabalhando em fornos de carvão ou em outras atividades cujas condições são subumanas e que se tornem cegas por carência de vitamina A; que a certeza da impunidade arraste pessoas ao absurdo de roubar doações destinadas aos flagelados por desastres naturais. Sem contar a tortura institucionalizada, que se dissemina pelo planeta. E mais: que tormento maior que a fome — espiritual e material —, além das multidões de analfabetos ou semialfabetizados, dos quais a perspectiva de uma existência decente é mantida distante?

Lei da Solidariedade Universal

Na contramão da insensatez humana, vislumbramos, na vivência do Mandamento Novo de Jesus — *"Amai-vos como Eu vos amei. (...) Não há maior Amor do que doar a própria vida pelos seus amigos"* (Evangelho, segundo João, 13:34 e 15:13) —, o denominador comum capaz de, fraternalmente unindo, iluminar os corações. É a religião da amizade, do bom companheirismo[1], destacado por João Evangelista, no Apocalipse do Cristo, 1:9. É a Lei da Solidariedade Universal; portanto, espiritual, moral e social. Asse-

---

[1] **Bom companheirismo** — João Evangelista é destacado por Paiva Netto como exemplo de perseverança e de bom companheirismo. Foi exilado na Ilha de Patmos — local em que recebeu o Apocalipse de Jesus — justamente por sua demonstração de amizade verdadeira a todos aqueles que, obstinados, testemunhavam Jesus, mesmo sob implacável perseguição de Seus infelizes inimigos. Diz o Evangelista-Profeta, no Livro da Revelação, 1:9: *"Eu, João, irmão vosso e companheiro na tribulação, no reino e na perseverança, em Jesus, encontrei-me na ilha chamada Patmos, por causa da Palavra de Deus e do **testemunho de Jesus Cristo**".*

verou **Giuseppe Mazzini** (1805-1872), patriota e revolucionário italiano:

— A vida nos foi dada por Deus para que a empreguemos em benefício da Humanidade.

E **Augusto Comte** (1798-1857), o filósofo do Positivismo, concluiu:

— Viver para os outros é não somente a lei do dever, mas também da felicidade.

A vivência do revolucionário espírito de Caridade, sinônimo de Amor, é essencial, a começar pelos governantes. Os que sofrem violência que o digam.

COMPARTILHAR O PÃO

> *— Eu sou o Pão da Vida. Quem vem a mim de modo algum terá fome, e quem em mim crê jamais terá sede! (...) Eu sou o Pão Vivo que desceu do Céu. Se alguém dele comer, viverá eternamente (...)*
> (Evangelho de Jesus, segundo João, 6:35 e 51).

No mundo, existe ainda muita violência, mas não podemos deixar morrer a vibração de esperança que mantém os corações unidos.

No espírito do Natal Permanente de Jesus[1], além da mesa farta e da alegre presença dos familiares e amigos, **compartilhemos, durante todos os dias do ano, o pão da Boa Nova do Divino Mestre**, que alimenta os corações com Paz e Fraternidade Ecumênica, veredas seguras pelas quais ansiamos caminhar.

---

[1] **Natal Permanente de Jesus** — Desde os primórdios da LBV, na década de 1940, realçamos a necessidade imperiosa de viver-se o Natal Permanente de Jesus, que é o Natal diário para a fome (espiritual e física) do povo, que também é diária. O saudoso fundador da Instituição, Alziro Zarur (1914-1979), lançou o famoso lema: *"Salve o Natal Permanente da Legião da Boa Vontade, por um Brasil melhor e por uma Humanidade mais feliz!"*

Humanidade Distraída

Os séculos transcorreram, com alegrias e tristezas, derrotas e vitórias, além dos constantes chamamentos do Mundo Espiritual Superior a uma vida melhor para todos os povos. Porém, os ambientes de tirania e de ambição continuaram surdos aos apelos de Deus. Por isso, ainda hoje, não ouvem os prantos do Cristo sobre a Humanidade desatenta:

— Jerusalém, Jerusalém, que matas os profetas e apedrejas os que te foram mandados! Quantas vezes quis Eu [Jesus] juntar os teus filhos, como a galinha protege os seus pintinhos debaixo das asas, e tu não o quiseste! (Evangelho, segundo Mateus, 23:37).

Quantas Bênçãos Divinas desperdiçamos enquanto andamos distraídos! Entretanto, a Claridade do Cristo continua descendo como bálsamo para o Espírito de todos, mesmo para os que têm desprezado a mensagem Dele, mas principalmente para aqueles que estão perseverando até ao fim, consoante a Sua promessa aos fiéis de Esmirna:

— Sê fiel até à morte, e Eu te darei a Coroa da Vida (Apocalipse de Jesus, 2:10).

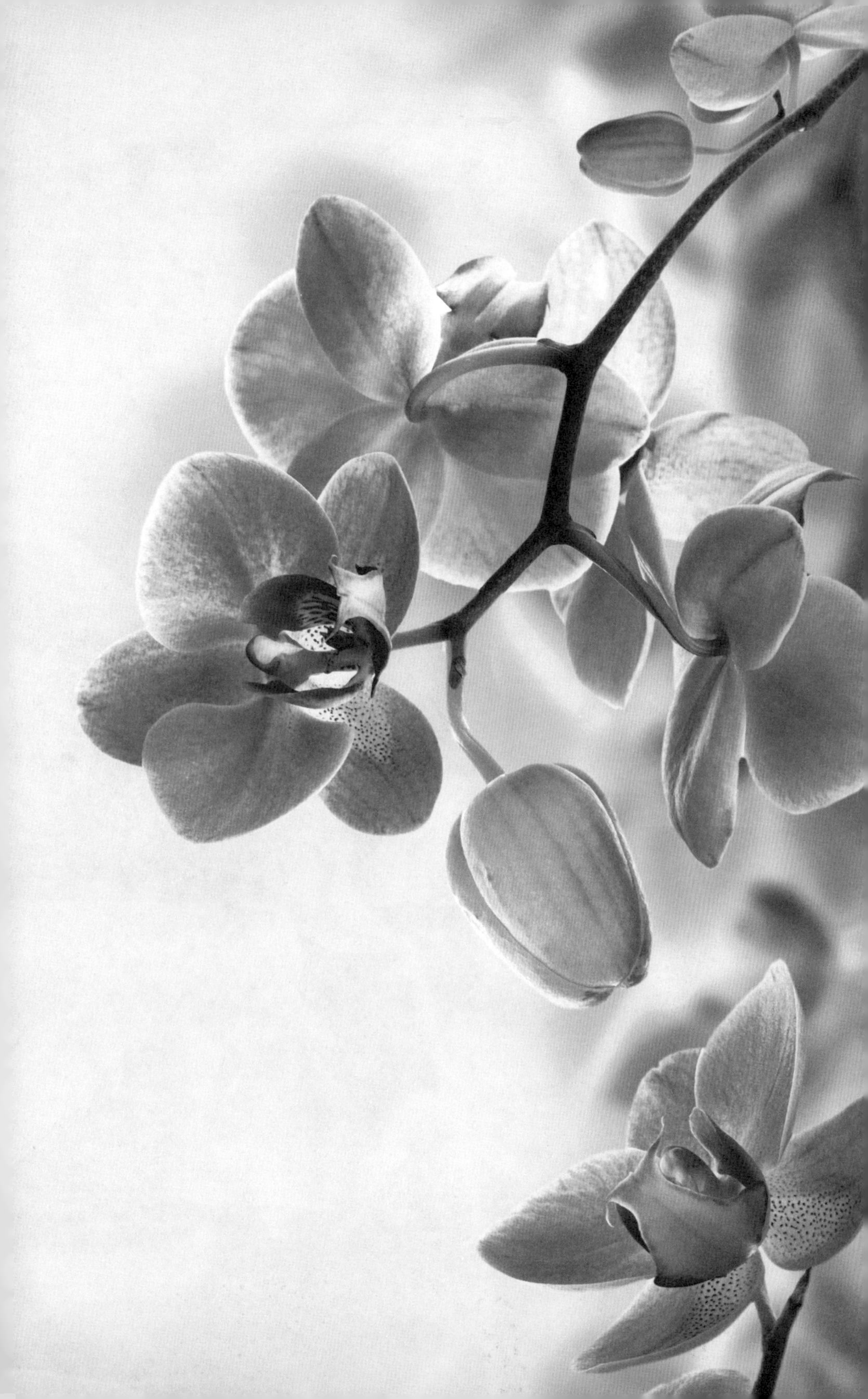

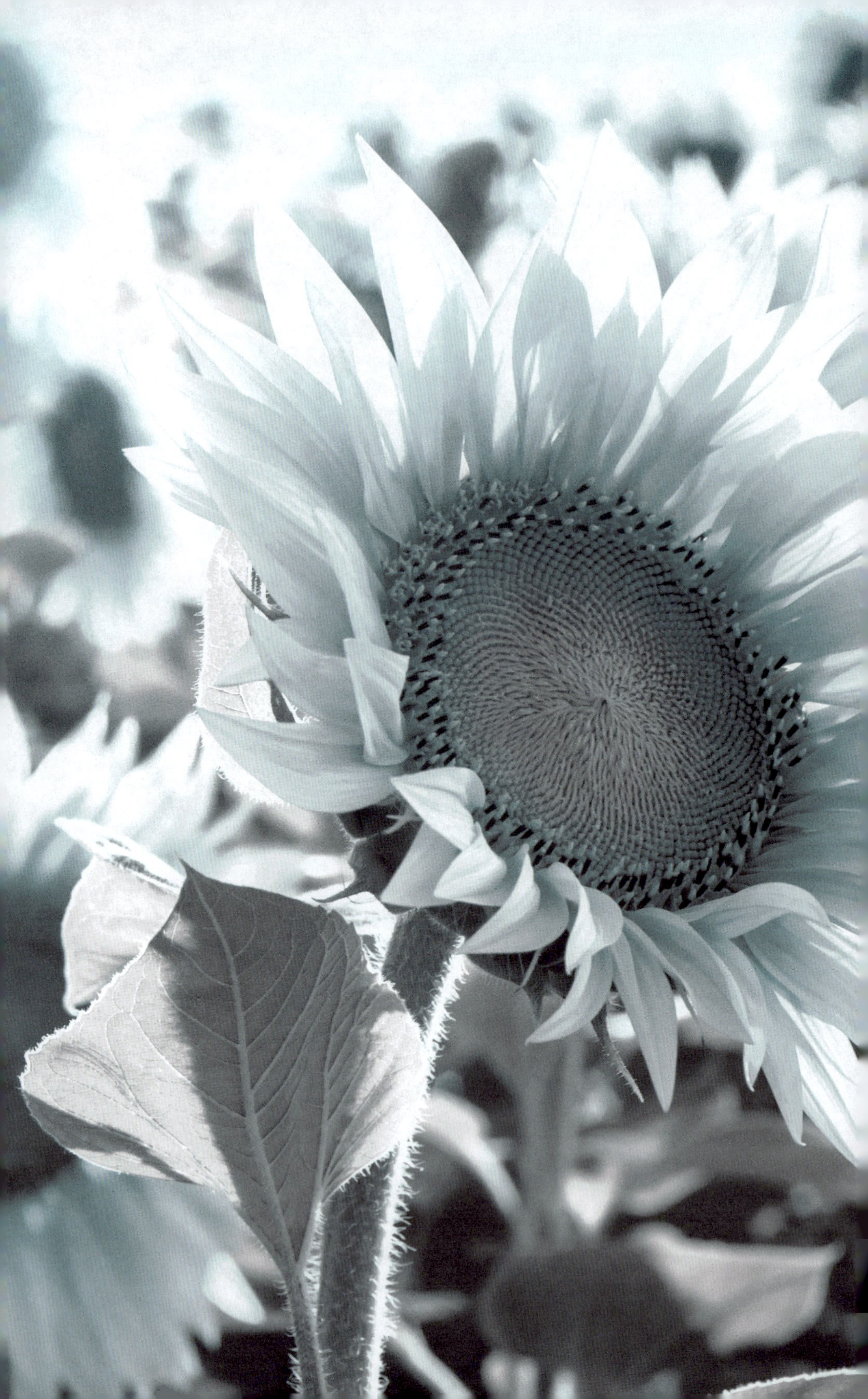

O Sol da Caridade, Jesus

Diante da imensidão dos Universos de Deus, os ideais de vaidade e de domínio humanos não possuem futuro.

Ao serem atravessadas as águas do "rio da morte", desfazem-se as quimeras de uma Ciência quando sem entranhas, bem como os terrores de crenças quando carregadas de preconceitos e intolerâncias, além de todo espírito de concorrência desalmada e do conceito bélico, que separam as pátrias. Isso até que o **Sol da Caridade**, que é **Jesus**, espante as trevas da ignorância insolente e, abrindo a visão espiritual dos seres humanos, faça--os inferir que **apenas o exercício das Divinas Leis da Fraternidade Ecumênica e da Solidariedade Social trará Paz à Terra**. Nesse tempo, o ensino sublime do Evangelho-Apocalipse do Mestre Amado terá finalmente acalmado os corações, que encontrarão no **Regaço de Deus** o descanso para os seus Espíritos desorientados. É a época tão almejada por todos os missionários do Bem, momento em que a Humanidade terá entendido que **de nada adianta ilustrar a mente, se o coração for esquecido e que é delírio completo desejar o progresso da sociedade, se os princípios da confiança e do respeito forem** *avis rara* nas relações interpessoais.

Admoesta o Professor Celeste:

— *De que adianta ao homem conquistar o mundo inteiro e perder a sua Alma?* (Boa Nova de Jesus, consoante Marcos, 8:36).

Fundamental e sábia reflexão do Rabi da Galileia, uma vez que não ansiamos percorrer caminhos equivocados, que inevitavelmente resultarão em retrocesso, em virtude de nossa indiferença ao conhecimento do Espírito — que não está jungido à religião ou à irreligião de quem quer que seja. Daí ser o lema da LBV, há tanto proclamado, promover Desenvolvimento Social e Sustentável, Educação e Cultura, Arte e Esporte, **com Espiritualidade Ecumênica**, para que haja Consciência Socioambiental, Alimentação, Segurança, Saúde e Trabalho para todos, no despertar do Cidadão Planetário.

E aqui reforço a expressão **Espiritualidade Ecumênica**, porquanto esta é **o berço dos mais generosos valores que nascem da Alma, a morada das emoções e do raciocínio iluminado pela intuição, a ambiência que abrange tudo o que transcende ao campo comum da matéria e provém da sensibilidade humana sublimada, a exemplo da Verdade, da Justiça, da Misericórdia, da Ética, da Honestidade, da Generosidade, do Amor Fraterno**.

Ora, que as mais elevadas aspirações, que carregamos em nosso íntimo esclarecido, possam expandir os horizontes do pensamento e consigam com espírito de iniciativa e com criatividade enfrentar os graves desafios mundiais de nosso tempo, traduzindo-se em resultados efetivos que beneficiem toda a Humanidade, que, unida, insiste em sobreviver às mais borrascosas situações.

Segurança em Deus

Permaneceremos seguros onde e sempre que estivermos com Deus. **O Pai Celestial é o Divino Sentimento de Caridade, que alimenta e nutre a nossa existência.** Em seu "Discurso no Colégio Anchieta" (1903), grafou Rui Barbosa:

— Deus é a necessidade das necessidades, Deus é a chave inevitável do Universo, Deus é incógnita dos grandes problemas insolúveis, Deus é a harmonia entre as desarmonias da criação.

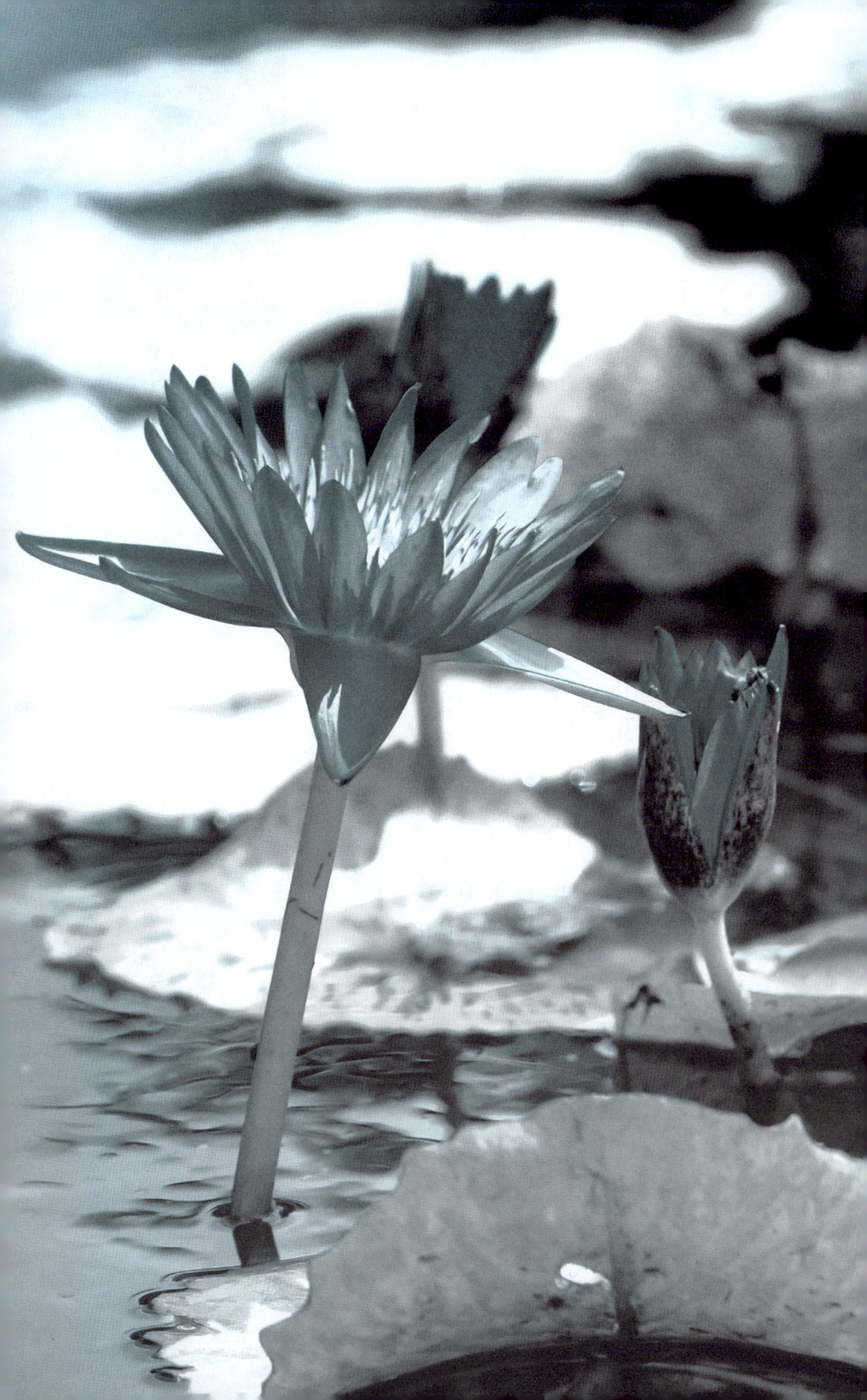

PAZ DURADOURA

É essencial destacar as propostas e as ações de real entendimento fraterno entre os povos. Diferente rota para as nações será a do remédio amargo. Por isso mesmo, não percamos a Esperança diante do sofrimento. Perseveremos trabalhando *"por um Brasil melhor e por uma Humanidade mais feliz"*, consoante propôs o saudoso Alziro Zarur. Eis a direção da vitória. E não se trata de argumento simplório, mas, sim, do acertado roteiro da Paz duradoura. Foi o exemplo que nos ofereceu Jesus, Bússola de nossa mais legítima esperança, como afirmo em minha obra *Jesus, o Libertador Divino*.

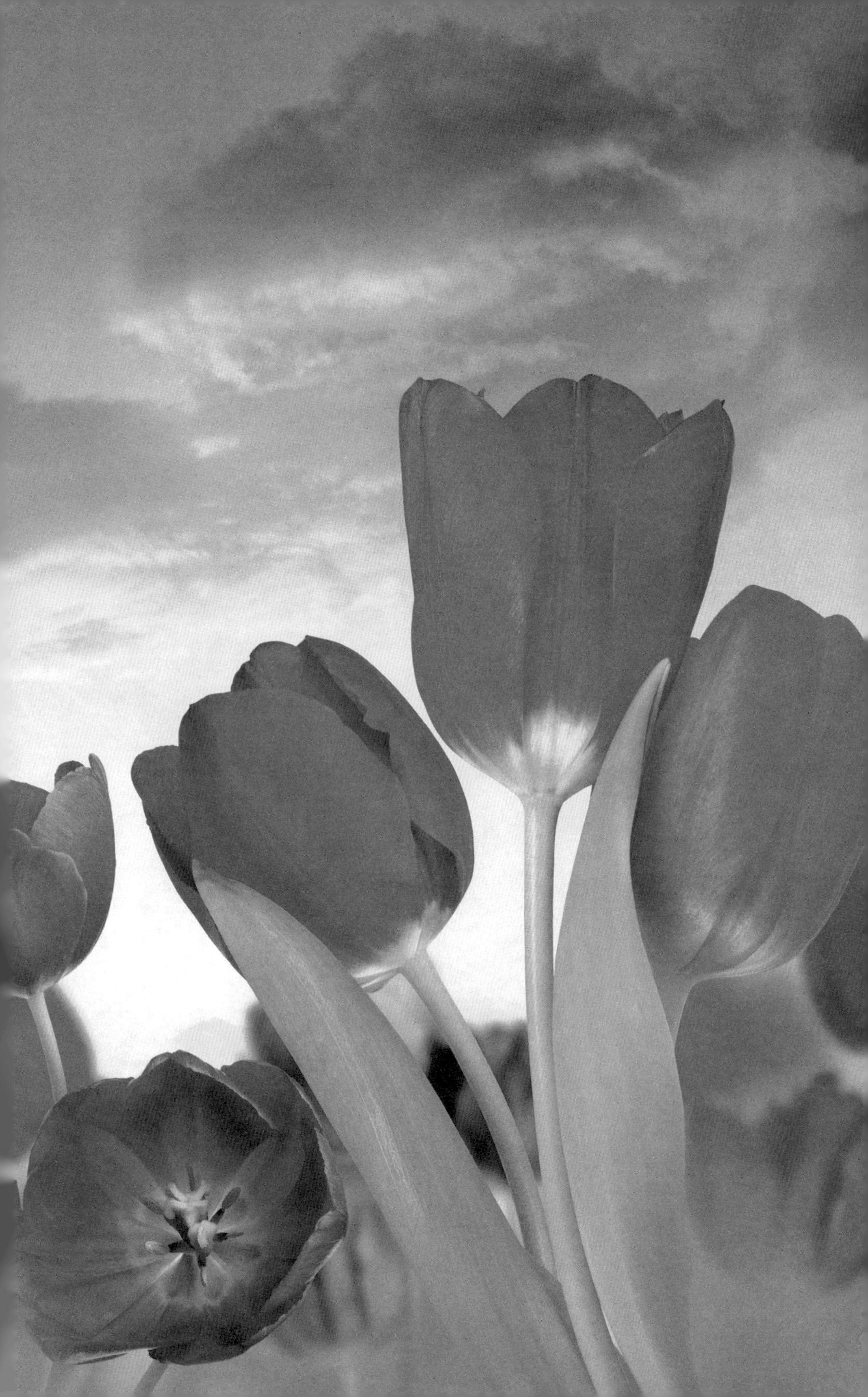

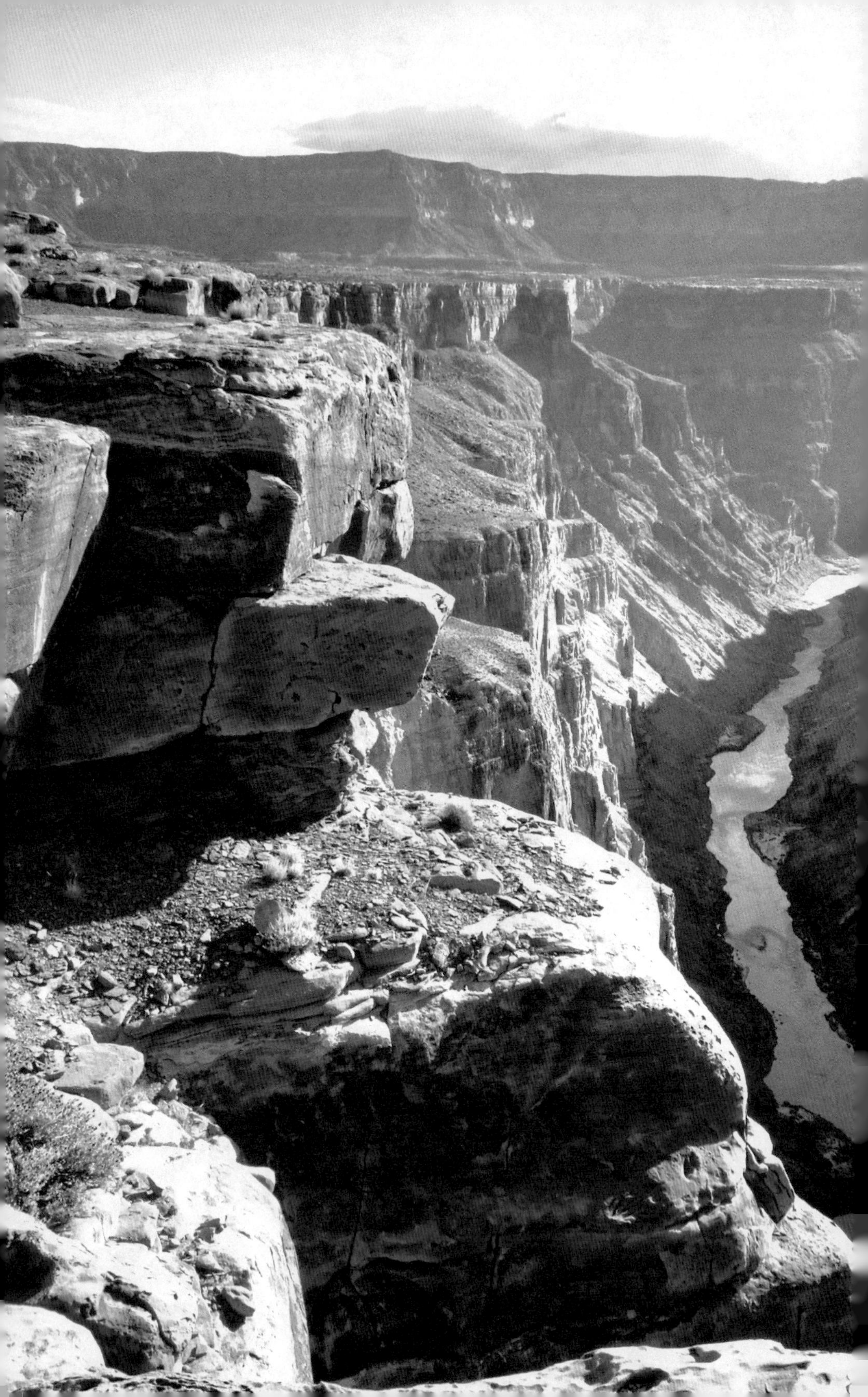

General Osório e o Repúdio ao Ódio

O conflito armado é um caminho doloroso, que, muitas vezes, tem sido a escolha infeliz das nações na Terra. E não desagrada apenas os civis. Militares também mostram sua insatisfação. É o que observamos nestas palavras do marechal do Exército brasileiro **Manuel Luís Osório** (1808-1879), o Marquês do Herval, mais conhecido em sua época como General Osório:

— *Meu maior desgosto é ver a Pátria em luta e achar-me num campo de batalha. Para mim, a data mais feliz seria aquela em que soubesse festejarem os povos — os civilizados pelo menos — a sua confraternização queimando os seus arsenais.*

Eisenhower e a guerra

É fato histórico determinante o desembarque das tropas aliadas nas praias da Normandia, na França, ao alvorecer de 6 de junho de 1944, no transcurso da Segunda Guerra Mundial, naquele que entrou para a História como o Dia D. Para essa vitoriosa invasão da Europa, foi decisiva a habilidade do comandante supremo aliado, **Dwight David Eisenhower** (1890-1969), presidente dos Estados Unidos no período de 1952 a 1960, pelo Partido Republicano. Com a autoridade de sua árida experiência, ele afirmou, durante discurso em Ottawa, no Canadá, em 10 de janeiro de 1946:

> *— Detesto a guerra como somente um soldado que dela tenha participado pode detestar, como apenas alguém que tenha presenciado sua brutalidade, sua futilidade, sua estupidez. (...) Os governos podem lidar sabiamente com os problemas que surgem em nossa busca conjunta de paz, mas no final serão os cidadãos de todos os países que deverão banir a guerra. Até que os povos do mundo compreendam e respeitem os interesses de seus vizinhos, a vitória nos escapará. Até que os povos do mundo abracem a crença democrática de que a dignidade do indivíduo é a base do sucesso das nações, o mundo não encontrará uma Paz duradoura.*

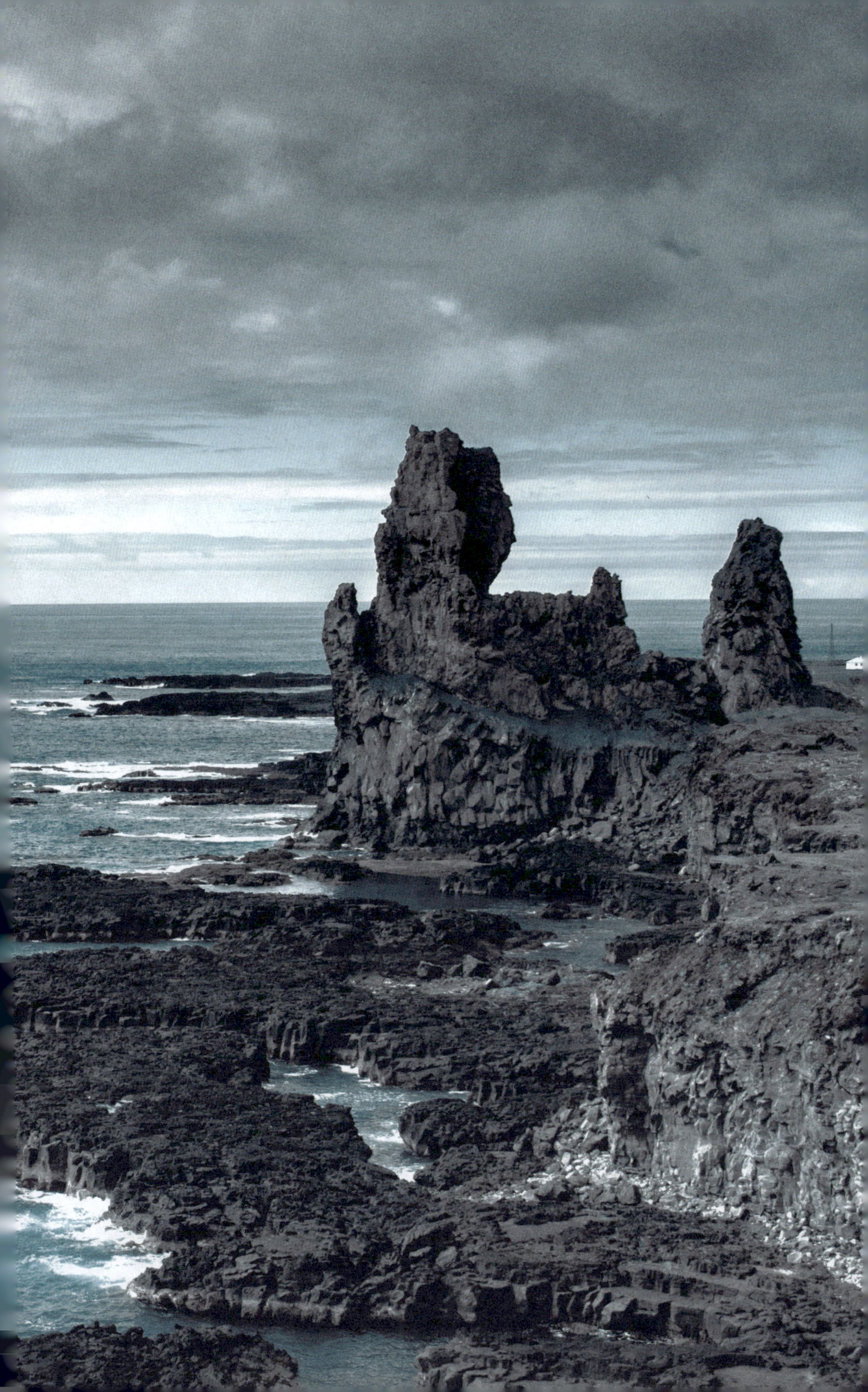

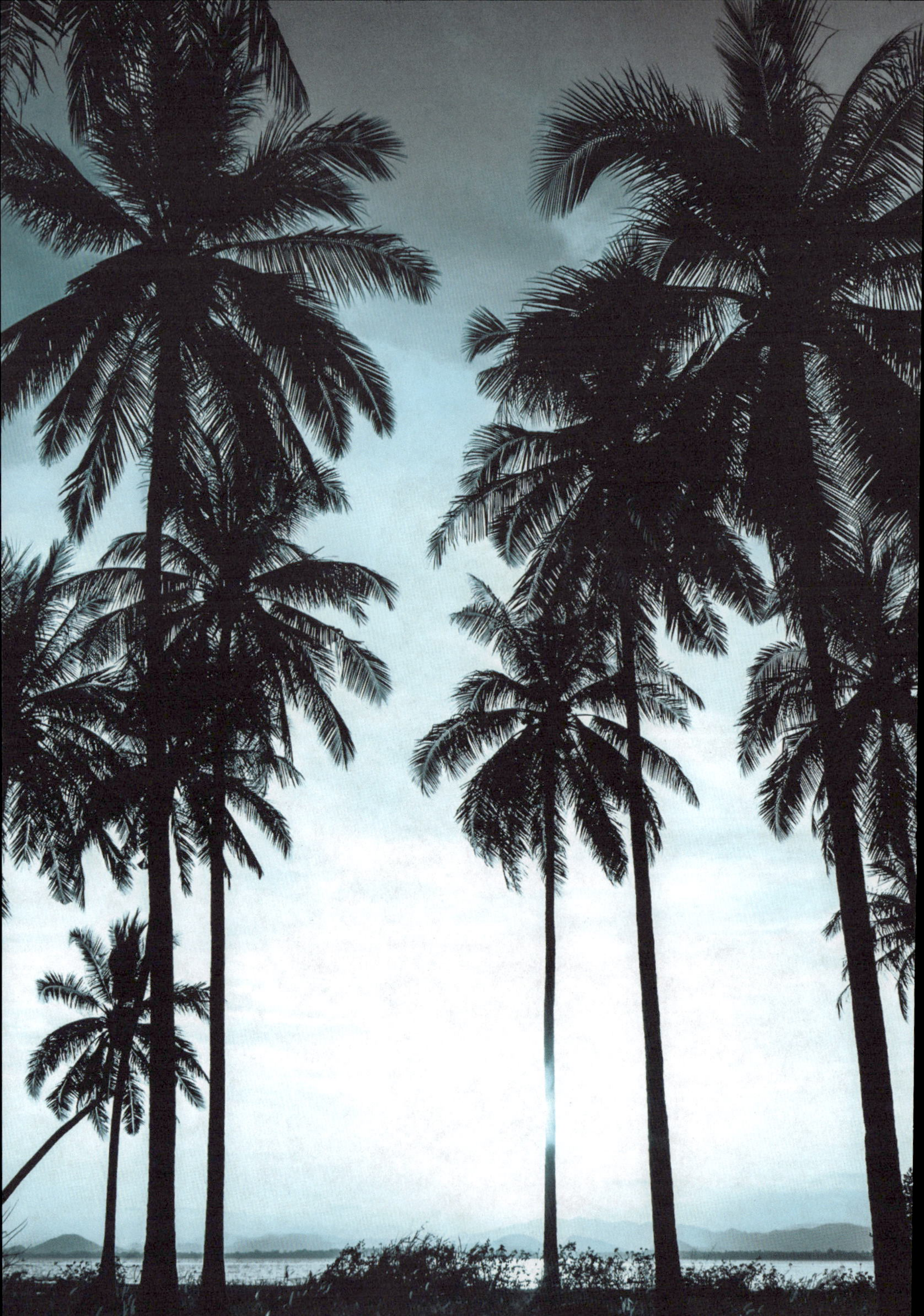

SCHWEITZER, ÁTOMO E ÉTICA

O dr. **Albert Schweitzer**[1] (1875-1965), especialista alemão em doenças tropicais, Prêmio Goethe de Literatura (1928) e Prêmio Nobel da Paz (1952), alimentava as mesmas preocupações quanto aos horrores da guerra. O escritor **Sérgio Diogo Giannini**, no seu livro *Santos Médicos — Médicos Santos*, conta que o autor de *Filosofia da Civilização* se revoltou enormemente com a utilização do átomo para fins bélicos. Clamou pela ética e pela moral aos cientistas, aos governantes e a todos aqueles envolvidos com o problema. Falando como médico, ressaltou:

— Unicamente aqueles que nunca presenciaram o nascimento de um bebê deformado, nunca presenciaram o profundo desespero de sua mãe, é que podem ficar indiferentes e permitir o risco da realização de testes nucleares. Considero, como o renomado geneticista **Jean Rostand**[2], *que esses testes significam* "Le crime dans l'avenir", *vale dizer, o crime projetado para o futuro.*

---

[1] **Albert Schweitzer** (1875-1965) – Filósofo, médico, musicólogo e intérprete de **Bach**, por mais de 50 anos cuidou dos doentes em Lambarene, antiga África Equatorial Francesa. Afirmava ele: *"O exemplo não é a principal coisa na vida; é a única coisa"*. O conhecido missionário era tido por **Einstein** como "*o maior homem vivo*" de sua época. Gandhi já havia sido assassinado.
[2] **Jean Rostand** (1894-1977).

Bertrand Russell e o espírito de tolerância

Há de existir um caminho que não leve a Terra à destruição pelas armas ou pelo criminoso descaso com suas populações ou com ela mesma.

O Prêmio Nobel de Literatura (1950) **Bertrand Russell** (1872-1970), um dos mais influentes filósofos ingleses do século 20, além de historiador, escritor, matemático, lógico e pacifista, sugere uma atitude acertada:

> *— Todo mundo pode fazer algo para criar, ao seu redor, um ambiente de bondade em vez de raiva, de razoabilidade em vez de histeria, de felicidade em vez de miséria. Da soma de tais ações decorre um mundo bom ou um mundo mau.*

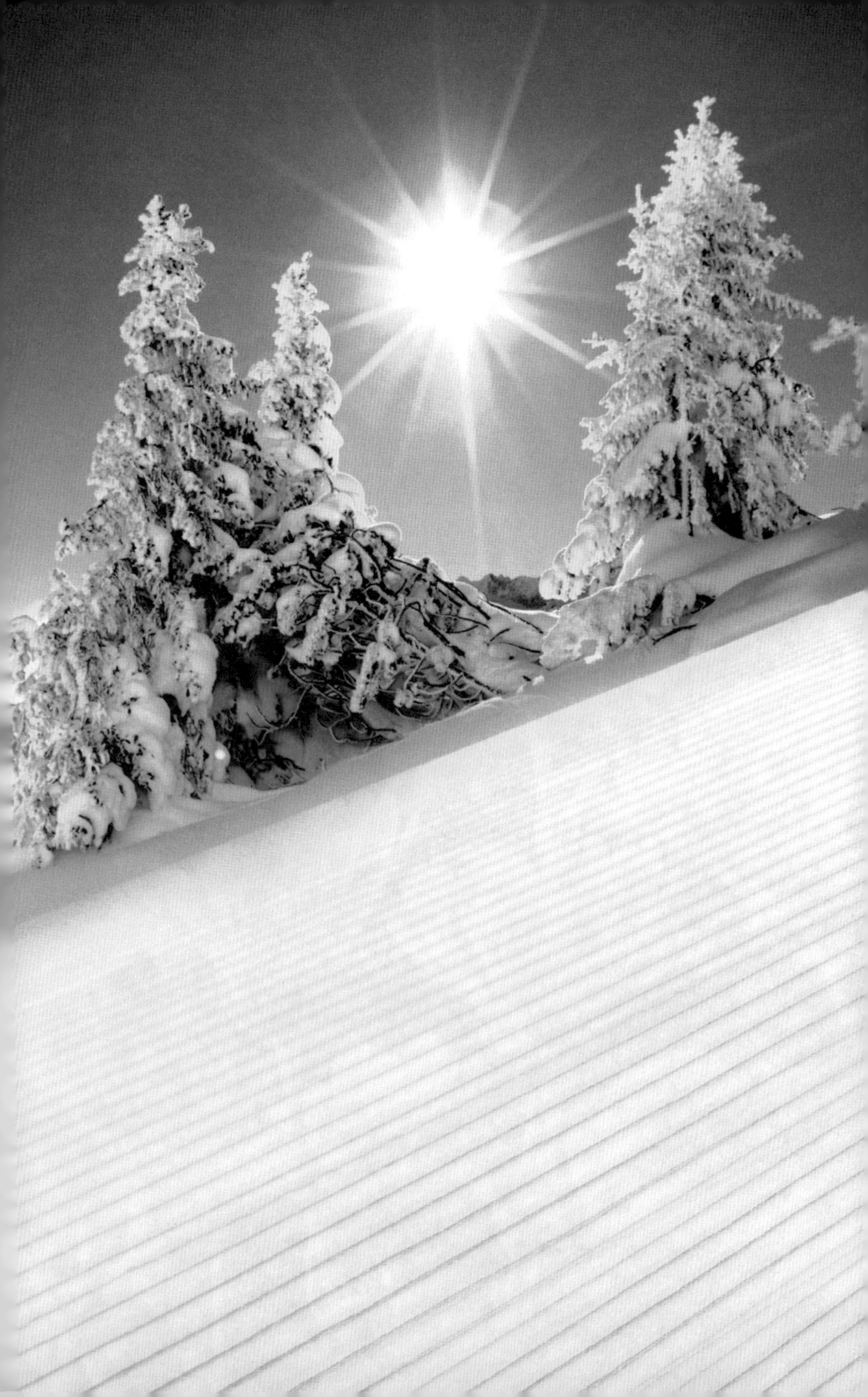

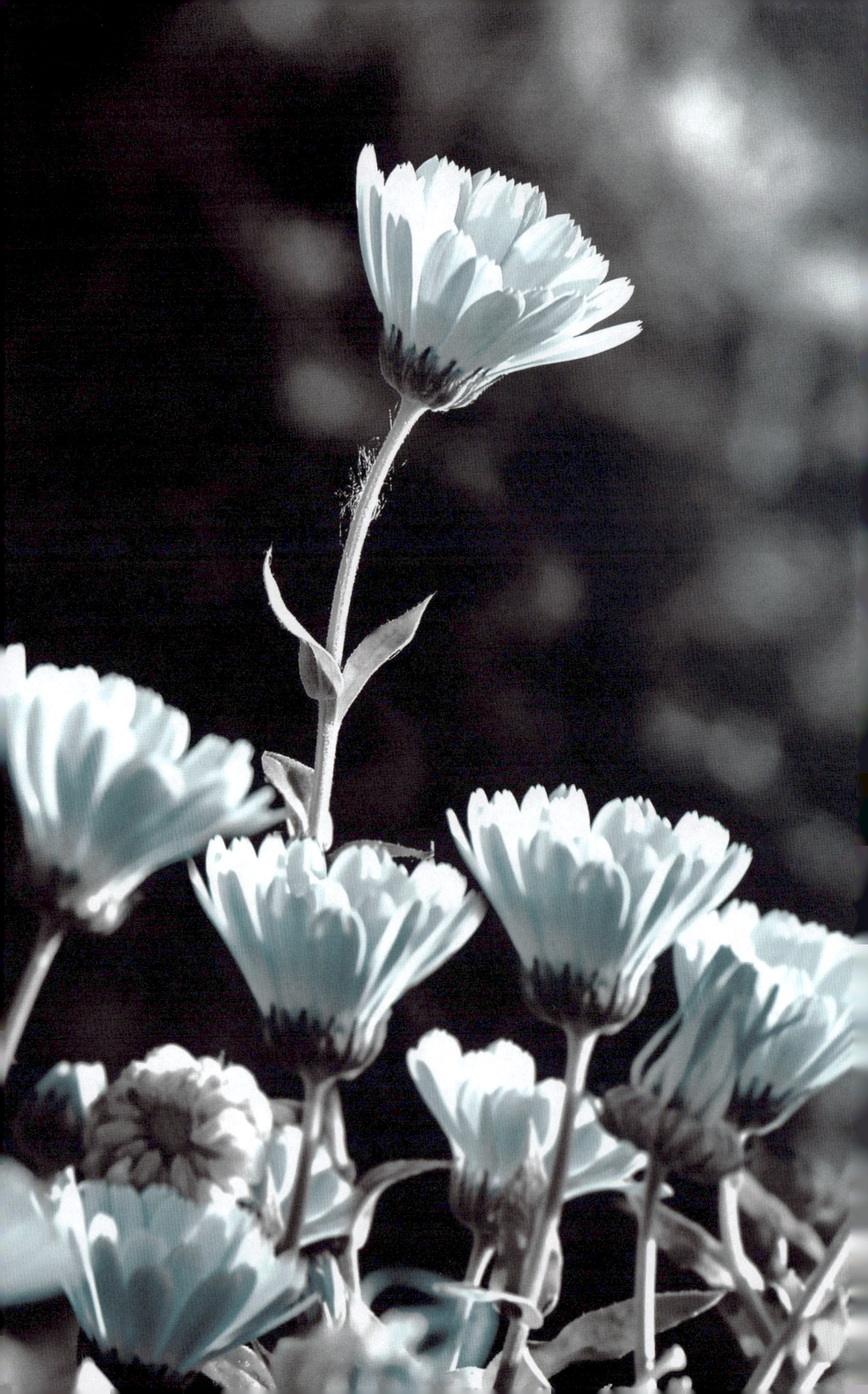

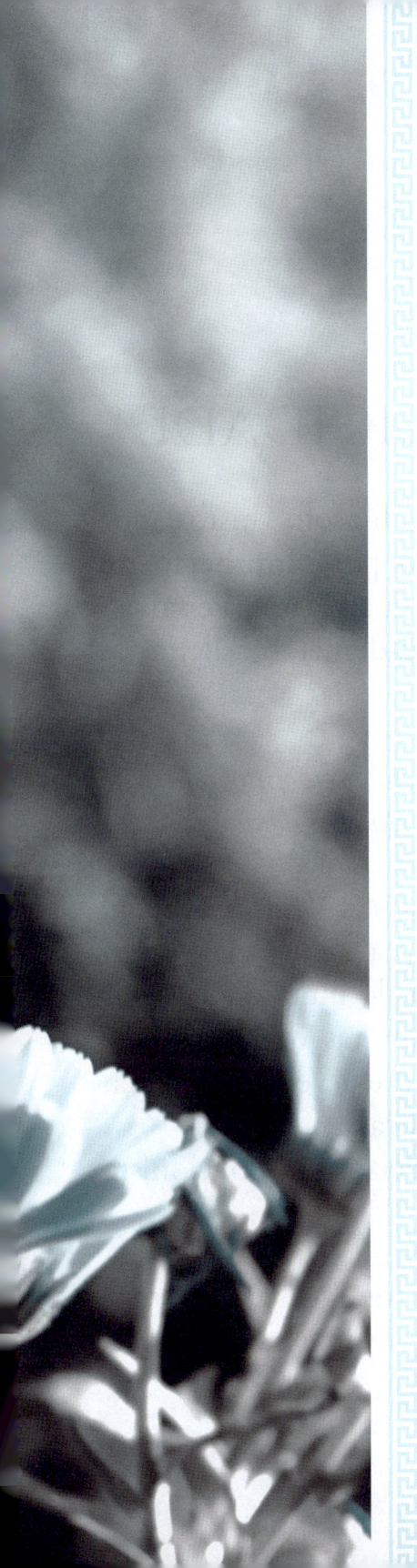

Impedir tragédias

O Amor, que é Deus (Primeira Epístola de João, 4:16), é capaz de realizar os mais extraordinários milagres e de impedir inúmeras tragédias.

Sede de simplicidade

Ernest Renan (1823-1892), filósofo, historiador e livre-pensador francês, citado por **Humberto de Campos** (1886-1934) em "Carta a **Gastão Penalva**" (1887-1944), seu colega da Academia Brasileira de Letras (ABL), preconizava que

— o cérebro queimado pelo raciocínio tem sede de simplicidade, como o deserto tem de água pura.

Isso igualmente ocorre em relação à Verdade Divina, da qual o Espírito humano não pode abrir mão, tanto que, quando ele estiver exausto de inutilmente lutar contra a própria libertação — muitas vezes sem perceber que assim está agindo —, ela, a Verdade Divina, virá iluminá-lo com a sua luz delicada e serena.

Observemos a lição que nos deixou o Abolicionista Celeste:

— Conhecereis a Verdade [de Deus]*, e a Verdade* [de Deus] *vos libertará* (Evangelho, segundo João, 8:32).

Vale recordar que Jesus esteve visivelmente entre nós por apenas 33 anos. Contudo, consoante o prosador grego **Luciano de Samósata** (125-192) anotou:

— A vida humana vale mais por sua intensidade de aprendizado do que por sua extensão.

Desde que ela cesse unicamente na hora marcada por Deus, pois, conforme ensinava Alziro Zarur:

— O suicídio não resolve as angústias de ninguém.

O Espírito-medida

Façamos o Bem, porque o tempo continuará passando.

Como já lhes disse: **Estamos corpo, mas somos Espírito**. Isso nos leva a concluir que **Protágoras** (aprox. 490-415 a.C.), filósofo grego da escola sofista, não alcançou a amplitude universal da essência da criatura quando concluiu que *"o homem é a medida de todas as coisas"*.

Com o pensamento elevado ao nosso Divino Mestre, caminhemos mais adiante e digamos que **o Espírito Eterno**, que habita o corpo humano, **ele, sim, é a medida de todas as coisas**, porquanto **é Cidadão Celeste**.

Mulheres e homens, jovens, crianças e Espíritos, Almas Benditas da Boa Vontade de Deus, o nosso esforço é levar ao povo as fórmulas divinas do Amor e da Verdade, da Humildade e da Esperança, da Justiça e da Paz, que emanam dos ensinamentos do Educador Sublime, Jesus. É o Pão Espiritual, que nos empenhamos em dividir com todos. Quando tivermos conscientemente aceitado e vivenciarmos isso, não na superfície, mas no imo de nossa Alma, estaremos prontos para proclamar a Política de Deus ao Espírito Imortal do ser humano.

O segredo é confiar em Jesus, o Grande Amigo que não abandona amigo no meio do caminho! Eis o início de todo o Bem. Conforme dizia o velho Goethe (1749-1832), *"no princípio, a ação"*. O valor se prova com o trabalho.

Logo, se plenamente nos guiarmos pelos Preceitos Espirituais, revelados pelos porta-vozes do Altíssimo, presentes nas mais variadas culturas, as lamentações de **Jeremias** sobre Jerusalém encontrarão seu término, e *"haverá um só Rebanho para um só Pastor"*, que é o Cristo (Evangelho de Jesus, segundo João, 10:16).

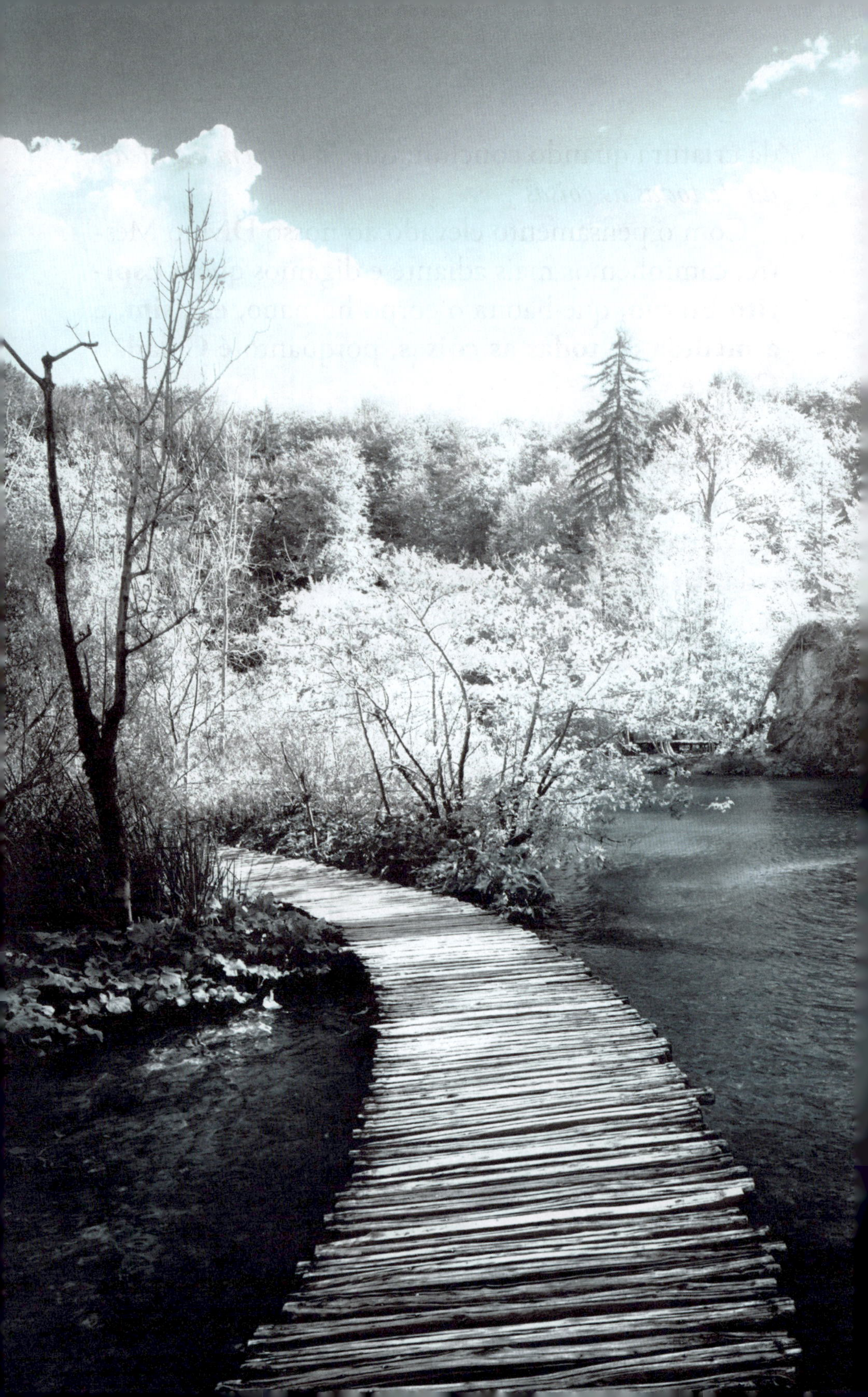

Espírito, Amor, Pão e Estudo

Sem o sentido de Fraternidade Ecumênica, acabaríamos com o planeta, mantendo nossos cérebros brilhantes, mas os corações opacos. A almejada reforma da sociedade não virá em sua plenitude se o Espírito Eterno da cidadã (ou do cidadão) não for levado em alta conta. O mundo precisa de progresso — sim e sempre — que lhe dê pão e estudo; todavia, necessita igualmente do indispensável alimento do Amor e, por conseguinte, do respeito.

A Solidariedade, a Generosidade, a Compaixão e a Fraternidade são justamente combustíveis que motivam a ação diligente de todos os atores sociais idealistas da comunidade internacional.

Perene Gratidão

A gratidão é um sentimento de Amor que não se apaga da Alma.

É notável o testemunho daquele homem samaritano que caiu aos pés de Jesus em agradecimento por ter sido curado da hanseníase pelo Médico Celeste:

— *Então, perguntou-lhe o Cristo: Não foram dez os limpos? E onde estão os nove? Não houve, porventura, quem voltasse para dar glória a Deus, senão este estrangeiro? E disse-lhe o Mestre Amado: Levanta-te e vai. A tua fé te salvou.*

Jesus (Lucas, 17:17 a 19)

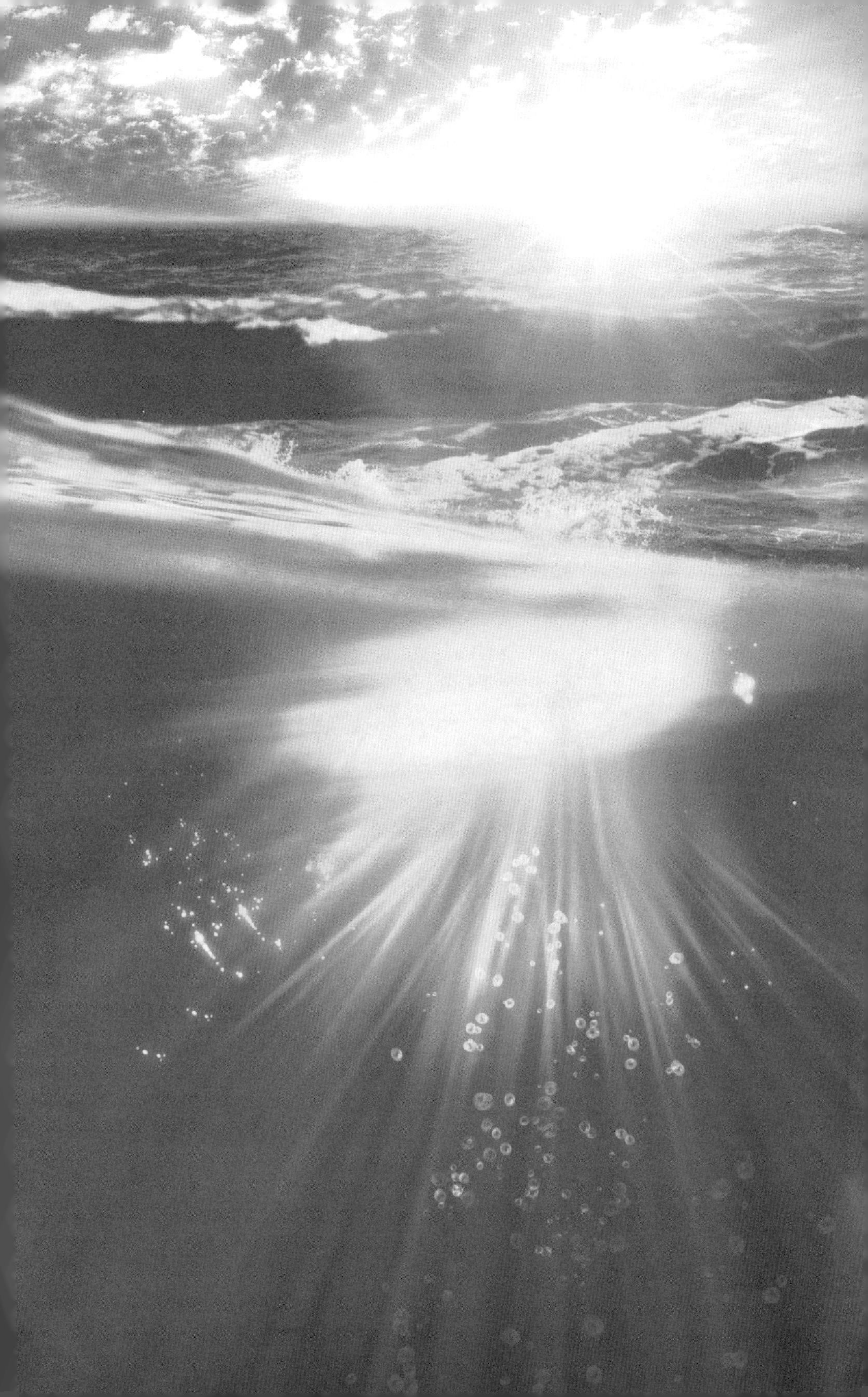

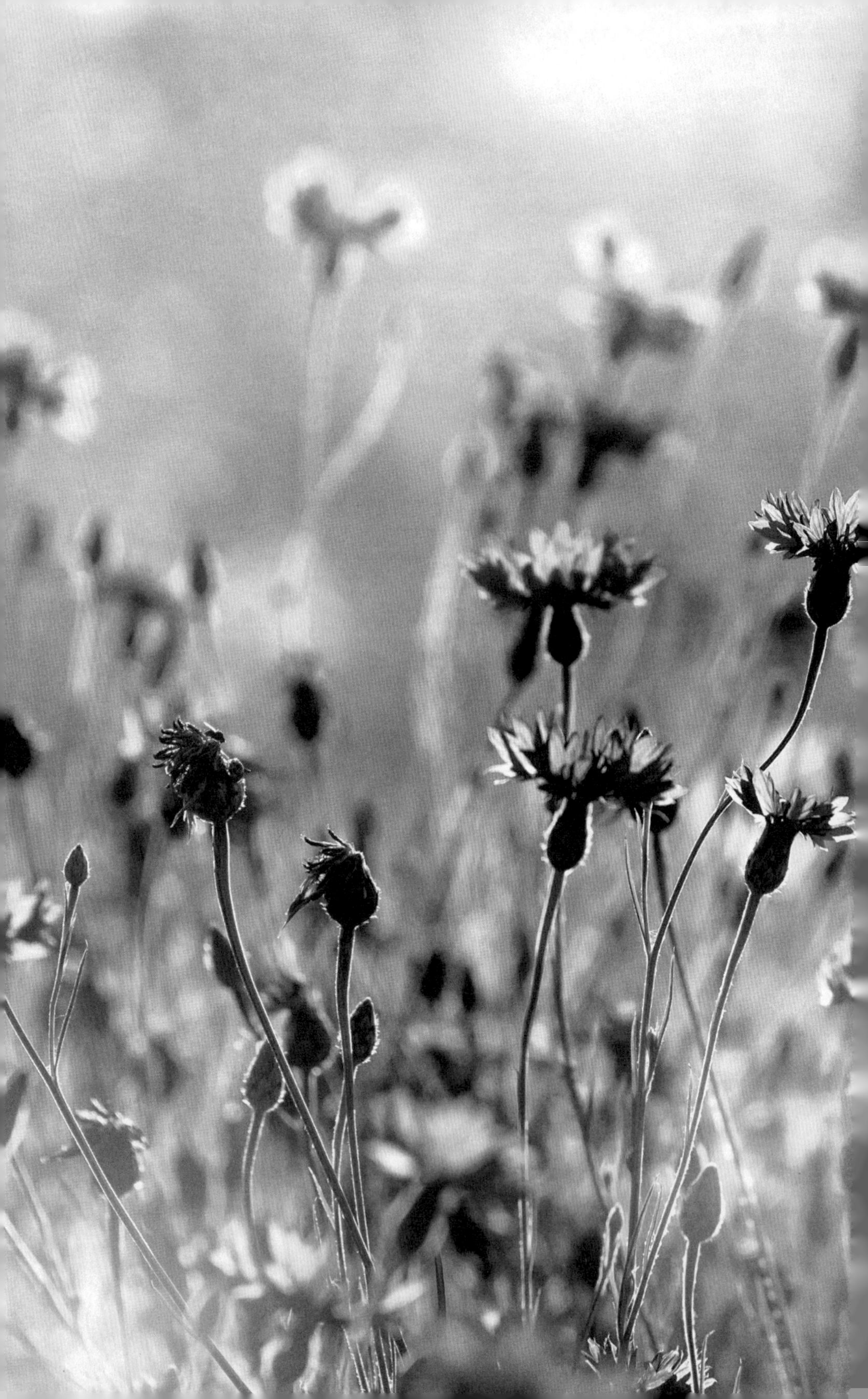

A Boa Semeadura

— (...) *Ajuntai para vós outros tesouros no céu, onde traça nem ferrugem corrói e onde ladrões não escavam nem roubam; porque, onde está o teu tesouro, aí estará também o teu coração.*

Jesus (Mateus, 6:20 e 21)

Como é bom semear o Bem! Os resultados sempre florescem e fortalecem os corações.

Lavoura da Vida

A Boa Vontade Divina é a semente indispensável ao cultivo do Amor Fraterno, da Justiça, da Sabedoria e da Verdade. A partir dela se pode colher, na lavoura da vida, o espírito da Paz.

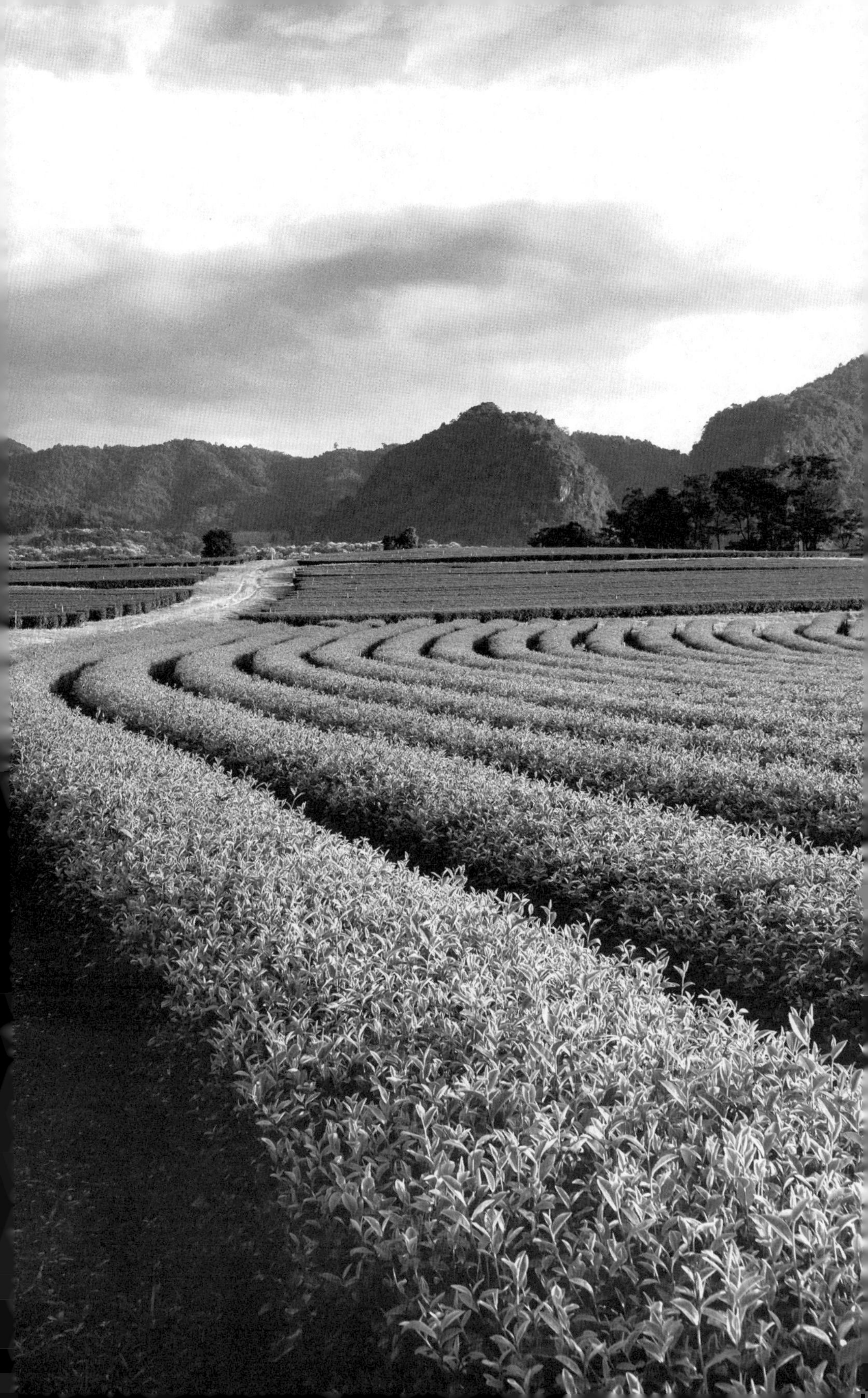

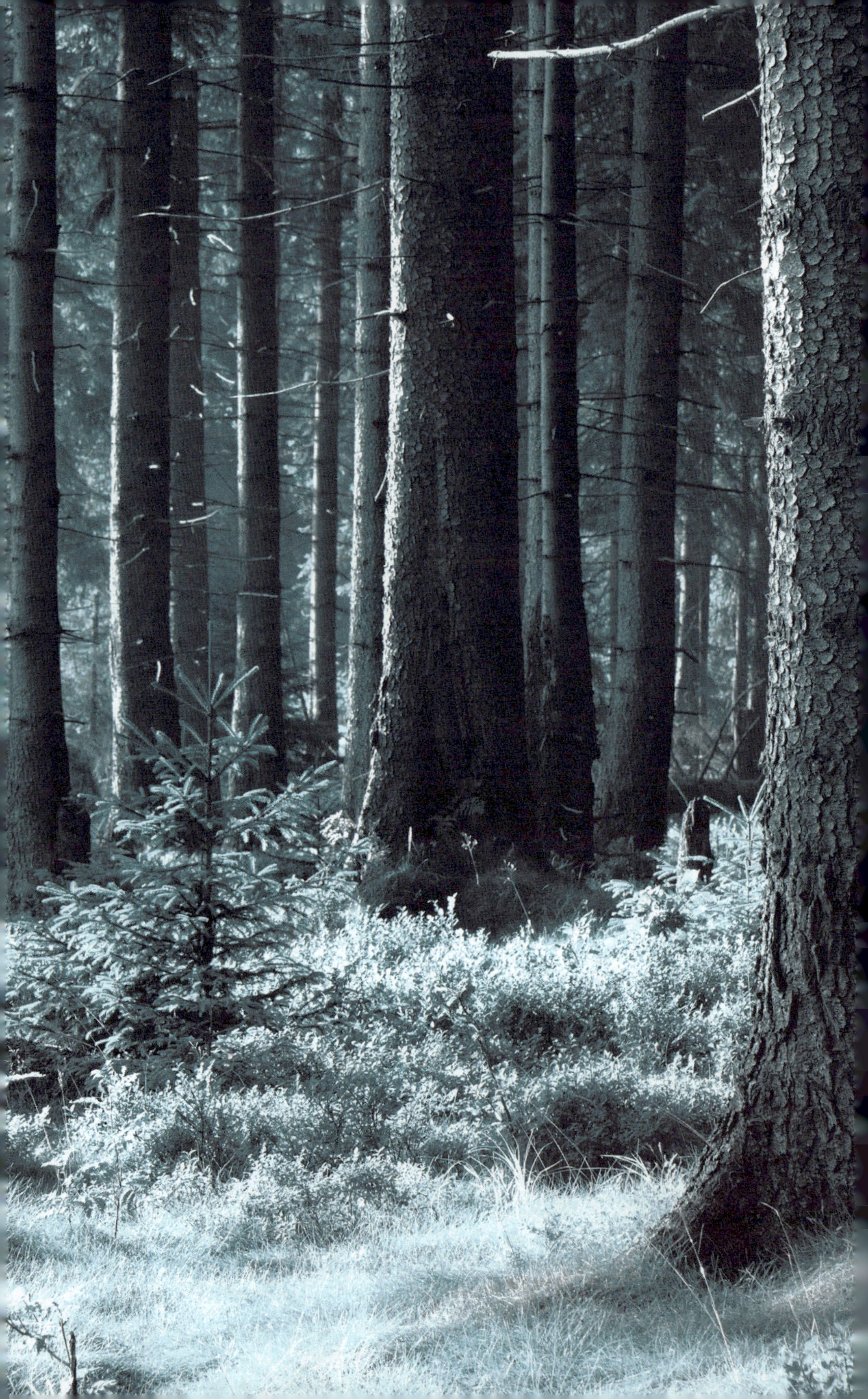

Fertilizante da coragem

A luta é o fertilizante da nossa coragem, para demonstrarmos a nossa capacidade e o nosso desejo de realizar por Jesus. Enquanto Ele existir, nós prosseguiremos trabalhando. **Ora, Jesus é eterno!** Assim, nós eternamente estaremos cooperando pela formação da Sociedade Solidária Altruística Ecumênica.

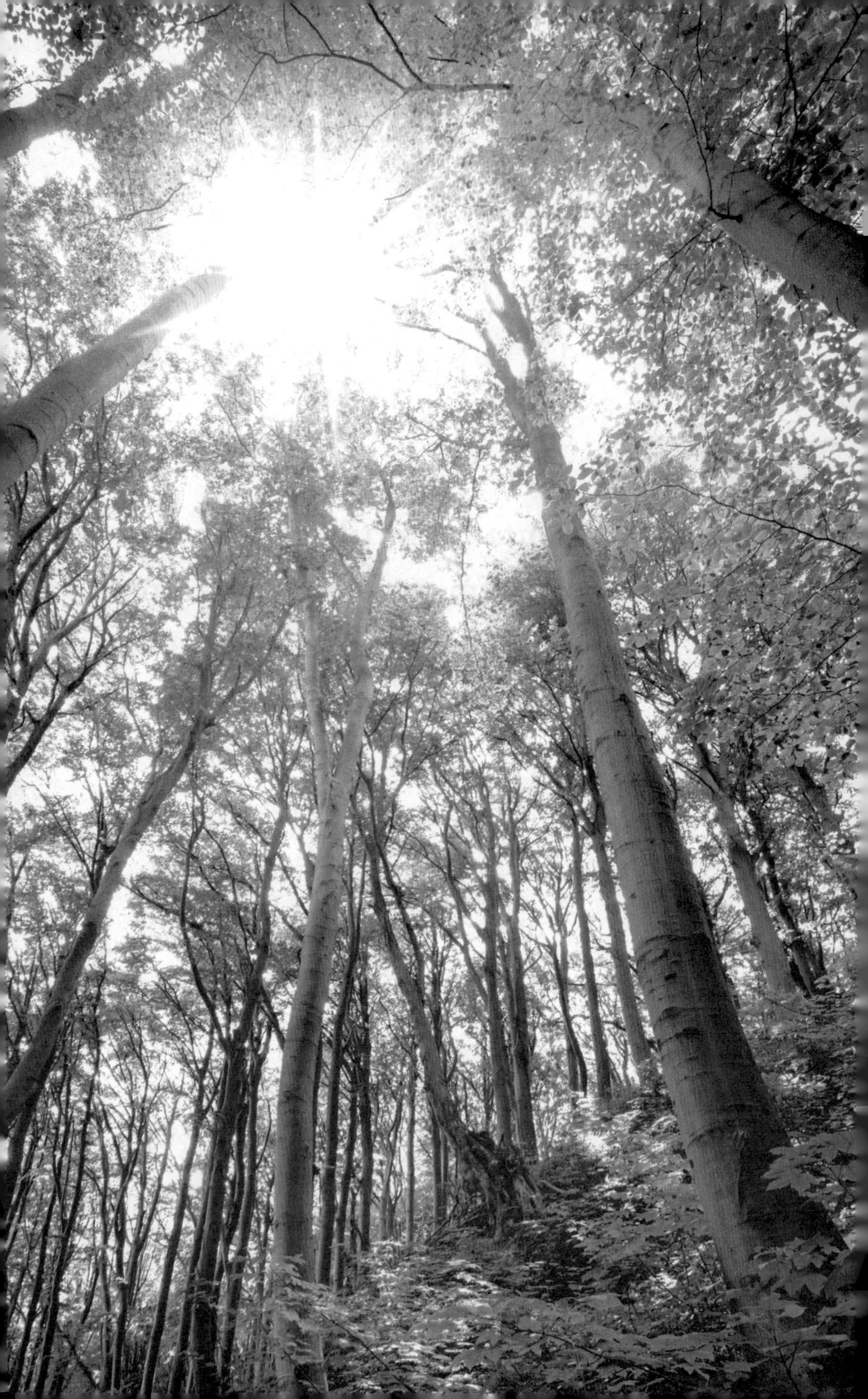

Um ensinamento do Divino Ativista do Bem

Diante dos fatos mundiais, não somente telúricos, sempre vale a pena ler as palavras de **Jesus, o Divino Ativista do Bem**, sobre o verdadeiro espírito de Solidariedade em Seu Evangelho, segundo Mateus, 25:31 a 46:

Juízo Final

31 Quando voltar o Filho de Deus na Sua majestade, e todos os Anjos com Ele, então sentará no trono da Sua glória.

32 Todas as nações serão reunidas na Sua presença, para Ele separar uns dos outros, como o pastor separa dos cabritos as ovelhas:

33 porá as ovelhas à Sua direita, mas os cabritos, à esquerda.

(Naturalmente, não se trata de esquerda ou direita política.)

34 Então, dirá o Rei aos que estiverem à Sua direita: — Vinde, benditos de meu Pai! Entrai na posse do reino que vos está preparado desde a criação do mundo.

*35 Porque **tive fome, e me destes de comer; tive sede, e me destes de beber; era forasteiro, e me hospedastes;***

*36 **estava nu, e me vestistes; enfermo, e me visitastes; preso, e me fostes ver**.*

37 Então, os justos hão de perguntar: — Senhor, quando foi que Te vimos com fome e Te demos de comer? Ou com sede e Te demos de beber?

38 E quando Te vimos forasteiro e Te hospedamos? Ou nu e Te vestimos?

39 E quando Te vimos enfermo ou preso e Te fomos visitar?

*40 O Rei, respondendo, lhes dirá: — Em verdade vos digo que, **sempre que o fizestes a um destes meus pequeninos Irmãos, vós o fizestes a mim mesmo**.*

*41 Então, o Rei dirá também aos que estiverem à Sua esquerda: — **Apartai-vos de mim, malditos**, para o fogo eterno, preparado para satanás e seus anjos!*

42 Porque tive fome, e não me destes de comer; tive sede, e não me destes de beber;

43 sendo forasteiro, não me hospedastes; estando nu, não me vestistes; enfermo e preso, e não me fostes ver.

44 E eles Lhe perguntarão: — Senhor, quando foi que Te vimos com fome, com sede, forasteiro, nu, enfermo ou preso e não Te assistimos?

*45 Então, o Rei lhes dirá: — Em verdade vos digo que, **sempre que o deixastes de fazer a um destes pequeninos, a mim mesmo é que o deixastes de fazer**.*

46 E irão estes para o castigo eterno, mas os justos para a Vida Eterna.

Que extraordinária lição de Fraternidade, de Solidariedade, de Compaixão e de Generosidade, a ser com persistência seguida, não apenas nas horas de dor pungente; porém, por todo o percurso da vida particular e em sociedade! Situa-se entre os mais altos graus da Política verdadeira: a de Deus, do Cristo e do Espírito Santo.

Lugar da Salvação

> — *Crê no Senhor Jesus Cristo e serás salvo, tu e tua casa*
> (Atos dos Apóstolos de Jesus, 16:31).

Na hora da tribulação, os salvos estarão onde a salvação se fizer presente. E em que lugar podemos procurá-la nos tormentosos tempos de conflagração? Zarur deu-nos a resposta:

— **O Novo Mandamento de Jesus** — *"Amai-vos como Eu vos amei"* (Evangelho, segundo João, 13:34) — **é a salvação da Humanidade**.

Como a dizer: ao habitar o coração da criatura humana, o Amor do Cristo de Deus a tornará o seu próprio refúgio, a sua salvação verdadeira!

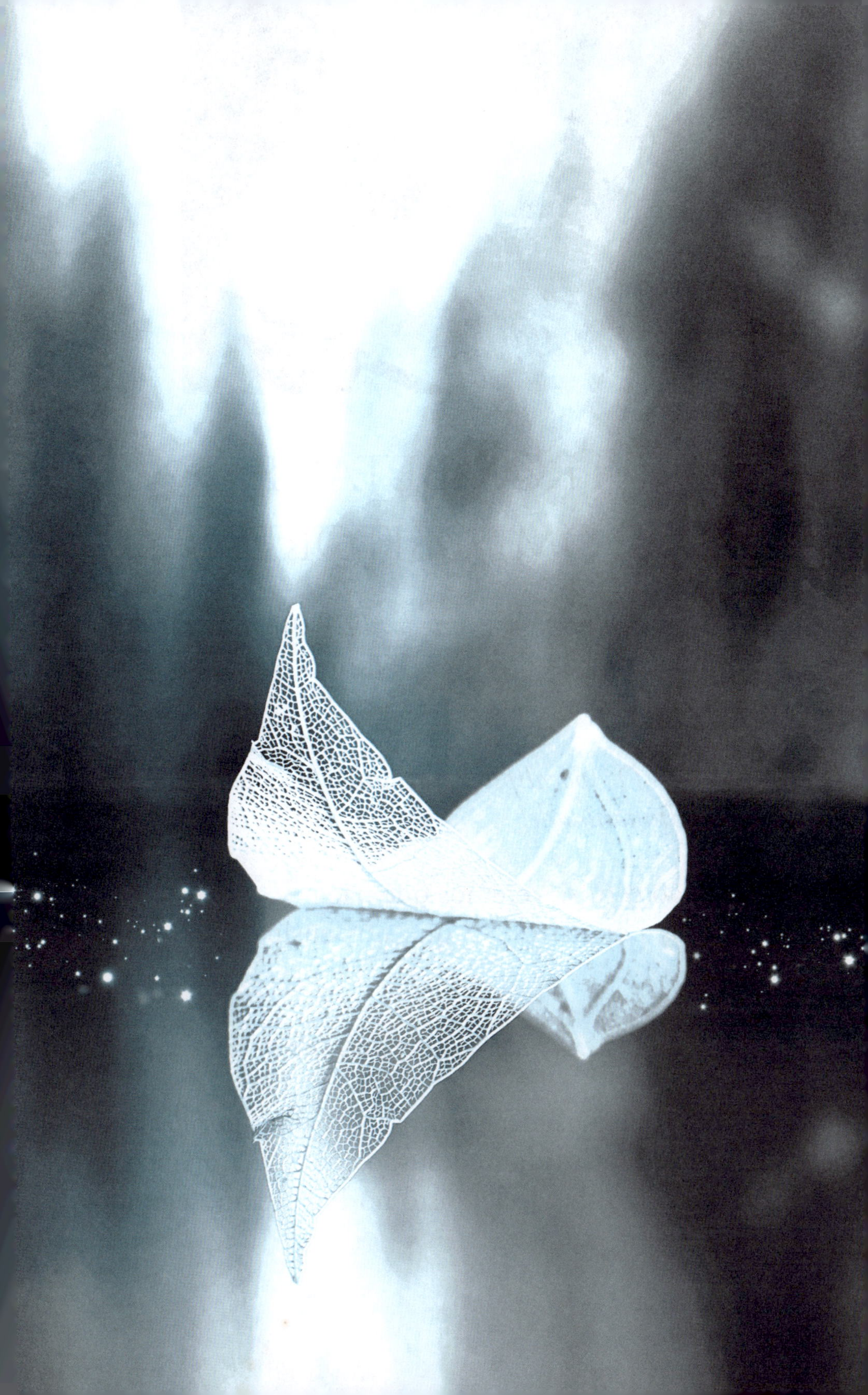

Trombetas e Compositores

Em *Apocalipse sem Medo* (2000), no capítulo "Trombetas e compositores", afirmo que até hoje há quem exclame:

— *O Apocalipse é o desamor de Deus para com a Humanidade!*

Estarão certos? Veremos que não.
Vamos por partes. O que nos ensina a sabedoria antiga?

— *O pensamento é o alfaiate do destino.*

Com os nossos ideais e atos, acabamos por desvendar a nossa **intimidade**. Jesus, o Cristo Ecumênico, o Divino Estadista, declara isto no Evangelho, segundo Lucas, 6:45:

> *— O homem bom do bom tesouro do coração tira o bem, e o mau do mau tesouro tira o mal; porque fala a boca do que está cheio o coração.*

Diante disso, os **Anjos das Sete Trombetas** — que, na atualidade, em análise simples, significam fatos políticos e fatos político-guerreiros — quando as tocam, não o fazem aleatoriamente. Estão externando o que os Sete Selos (Apocalipse, capítulos 6 e 8) revelam acerca do nosso sentimento, expresso na partitura musical que, **com as nossas atitudes**, compusemos.
Nós é que produzimos a trágica ou bela melodia que os Anjos executarão.
O Apocalipse **é, portanto, traçado por nós**, quando respeitamos ou infringimos as normas do Criador.
Em *A Divina Comédia* — Paraíso, Canto XXII —, **Dante Alighieri** (1265-1321) poeticamente ilustra a Justiça de Deus:

> *— Nunca se apressa a espada celestial, / nem se atrasa, a não ser pela opinião / de quem a invoca ou teme, por sinal.*

Por sua vez, Alziro Zarur sentencia:

> *— A Lei Divina, julgando o passado de homens, povos e nações, determina-lhes o futuro.*

Direitos, deveres e Apocalipse

Se pensarmos apenas em direitos e esquecermos os deveres, amanhã seremos cobrados pelos deveres e esquecidos pelos direitos.

Não queiramos que o Pai Celestial seja forçado a nos tratar como crianças quando fazemos questão de ser adultos. Cabe aqui, feito uma luva, este pensamento do escritor francês e Nobel de Literatura (1937) **Roger Martin du Gard** (1881-1958):

— *Não há ordem verdadeira sem a Justiça.*

E Rui Barbosa — jurista, político, diplomata e orador brasileiro notável —, em sua "Oração aos moços", observou:

— *De quanto no mundo tenho visto, o resumo se abrange nestas cinco palavras:* **não há justiça sem Deus.**

Se, conforme afirmamos anteriormente, as Trombetas do Apocalipse de Jesus expressam a melodia composta por nossas ações, é evidente que, no tocante aos dignificadores atos que realizamos, serão apresentadas composições musicais maravilhosas. Elas se destinarão àqueles que fizeram por merecer um mundo melhor prometido nas Escrituras Sagradas. A renovação de tudo virá logo adiante, no breve Tempo Divino (Livro da Revelação, capítulo 21).

É importante ressaltar: sempre viveremos, porque a Eternidade é real, e a Lei das Vidas Sucessivas, Ordenação Divina. Zarur conceituava:

— *A Reencarnação é a Chave da Profecia.*

É preciso, pois, afinar os corações dos povos no diapasão de Deus, que é Amor (Primeira Epístola de João, 4:8).

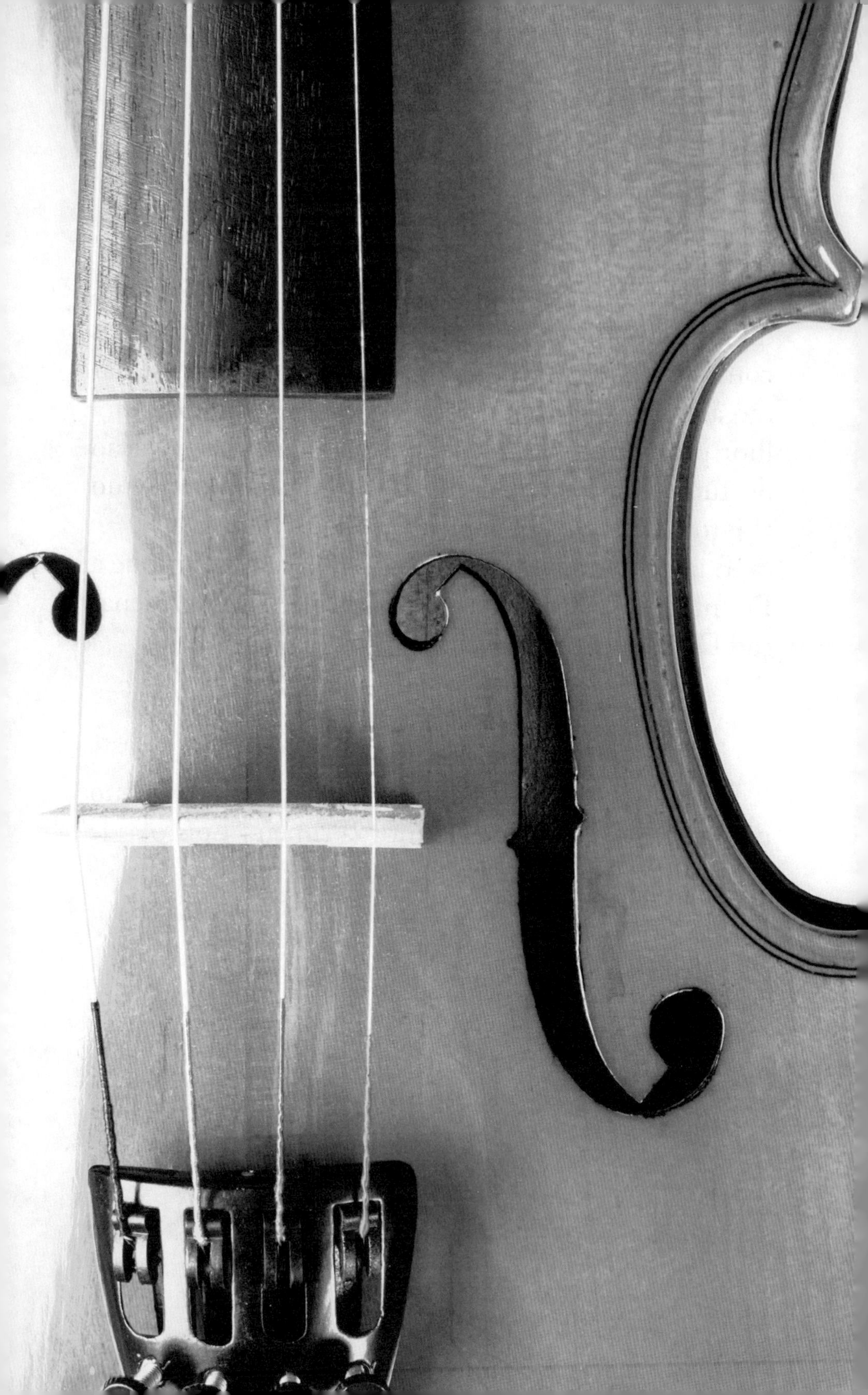

Melodia da Alma

A música elevada é o Amor que espalhamos por intermédio de atos de Compreensão, de Solidariedade, de Compaixão, de Fraternidade, de Generosidade e de Entendimento. Tudo isso é melodia. Ter Amor no coração é ser musical. Você quer viver com melodia na Alma? Ame!

Arte e Sacerdócio

Os artistas de Deus são também sacerdotes quando cantam ou interpretam a Paz, alimentando no Amor Divino a Alma do povo.

A todos, pois, dedico esta bela definição do Preceptor Espiritual Áulus:

— A Arte é a mediunidade do Belo, em cujas realizações encontramos as sublimes visões do futuro que nos é reservado.

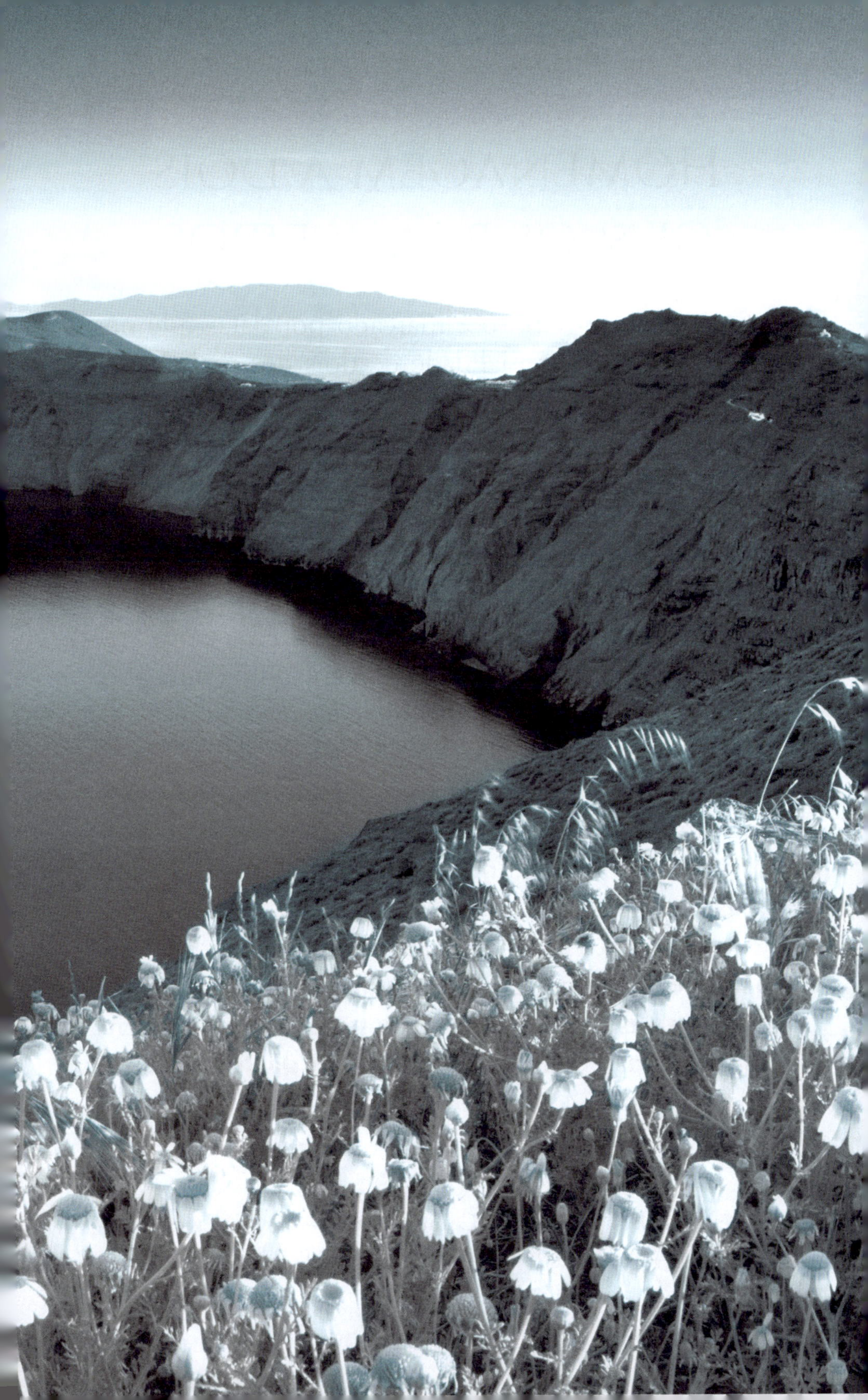

Homenagem a dois gênios brasileiros

O mês de novembro é marcado por datas que nos fazem recordar a genialidade de dois dos mais famosos compositores de nosso país: o carioca **Heitor Villa-Lobos** — falecido em 17 de novembro de 1959, a cuja memória prestei tributo, na edição 220 da revista BOA VONTADE (de dezembro de 2007) — e **Claudio Santoro**, ilustre manauara, nascido em 23 de novembro de 1919, autor de *Sinfonia da Paz*, gravada, sob sua regência, pela Orquestra Estadual e Coro Stepanov de Moscou, na Rússia. Essa aplaudida obra abre a minha pregação do Evangelho de Jesus na Super Rede Boa Vontade de Comunicação[1].

A boa música é um elo inquebrantável que une a criatura ao Criador. Villa-Lobos e Santoro são, portanto, sacerdotes que nos inspiram a **conversar com Deus.**

O pulsar da Vida, o Bem, a Solidariedade, a Generosidade, o Respeito e a Caridade são melodias sublimes, sons, ritmos que afinam nossos pensamentos, palavras e ações pelo diapasão da Justiça e do Amor Divinos.

---

[1] **Super Rede Boa Vontade de Comunicação** — Para outras informações, acesse www.boavontade.com ou consulte a p. 304.

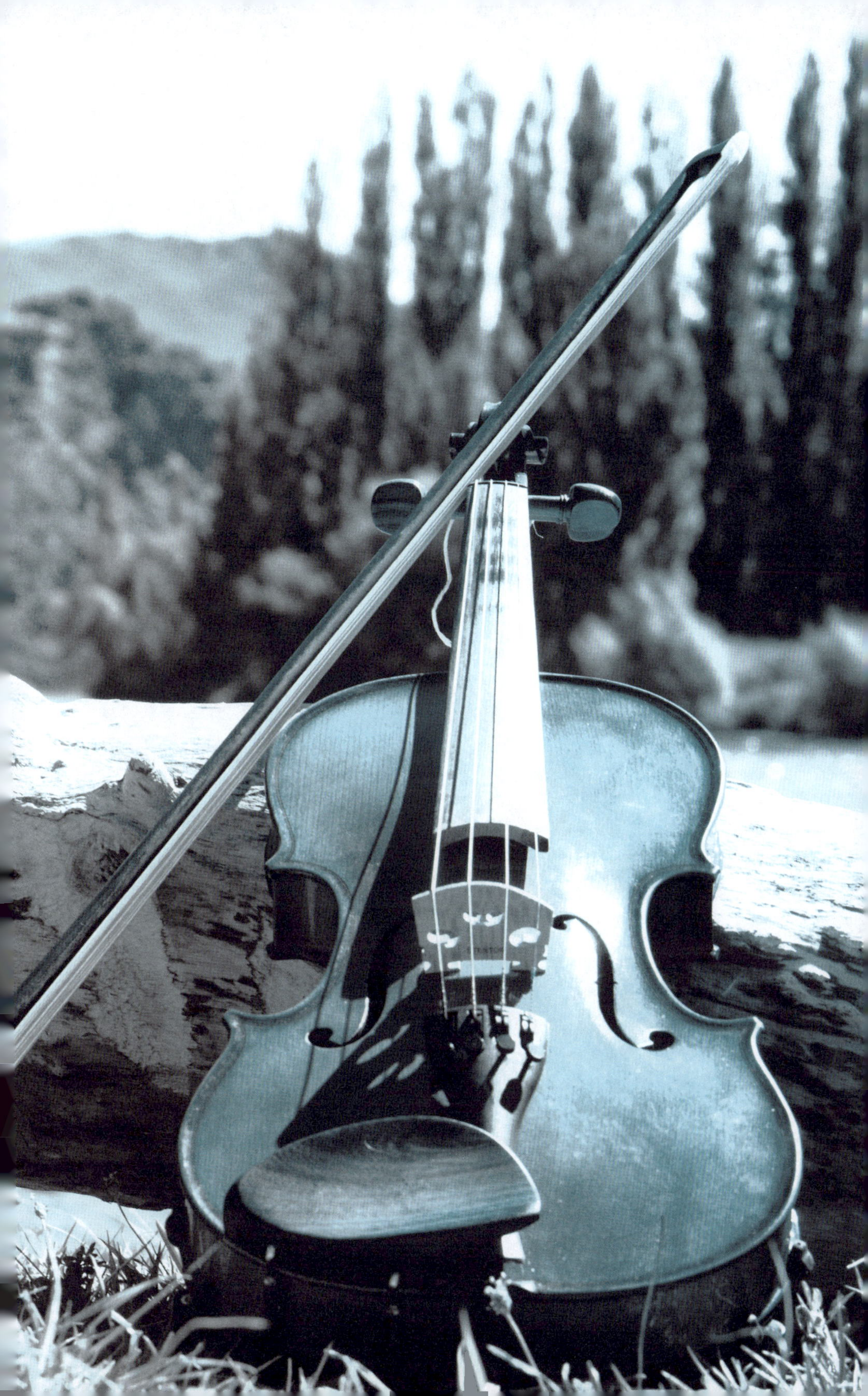

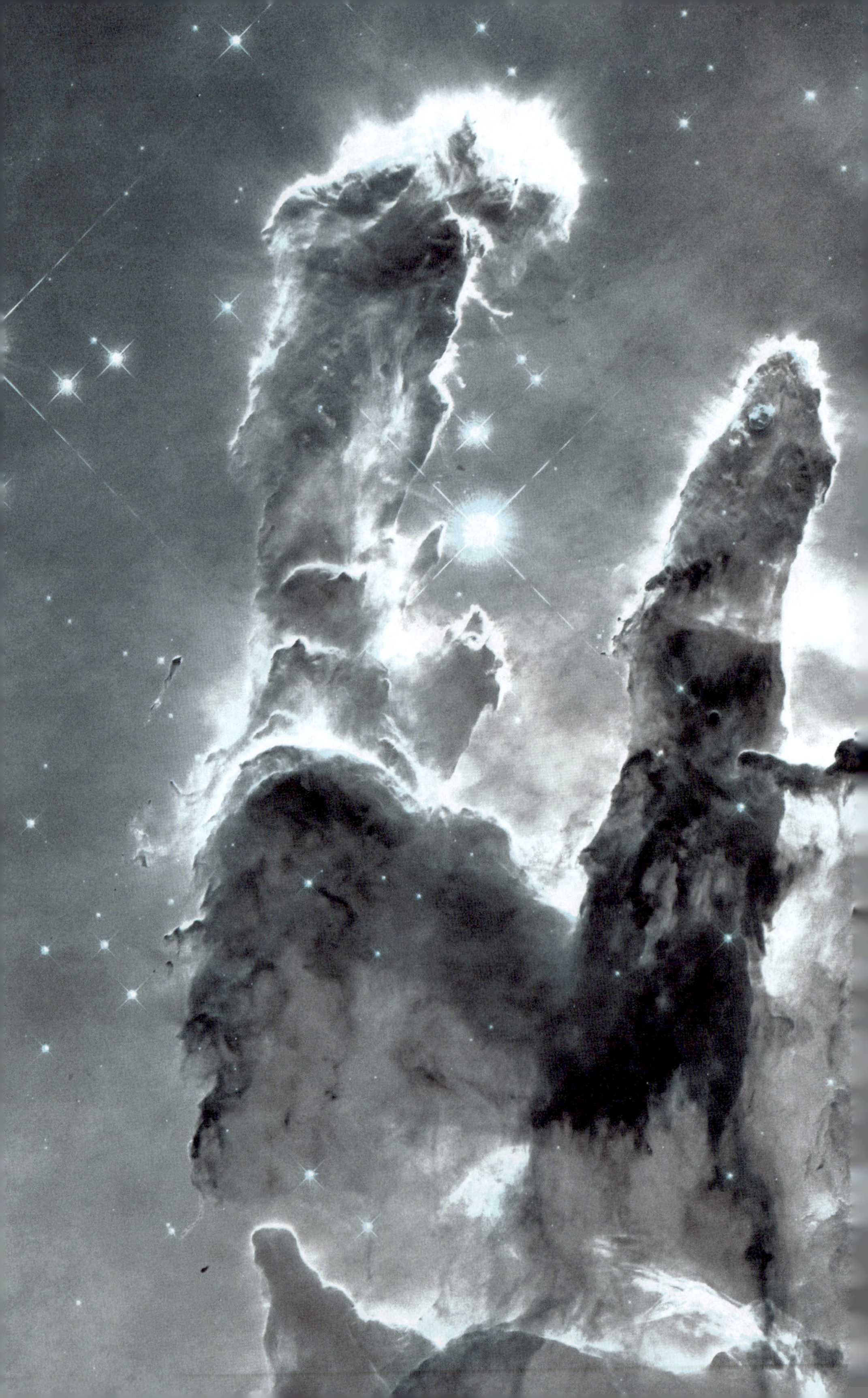

O Cosmos é Música

Como admirador dos gênios da cultura planetária e reconhecendo que a música tem um papel transcendente na elevação do Espírito Eterno do ser humano, sempre que posso me utilizo do tesouro melódico para estabelecer analogia entre ele e os Augúrios Divinos, de modo que seja facilitado o entendimento do povo a respeito do **código aparentemente indecifrável do Apocalipse de Jesus**. O escritor e crítico literário **José Geraldo Nogueira Moutinho** (1933-1991), em *Musicália*, esclarece que *"a música absorve o caos e o ordena"*.

Em *Apocalipse sem Medo* (2000), no capítulo "Apocalipse e Universalismo", afirmo que **Arturo Toscanini** ensinava, *mutatis mutandis*, que ouvir música não é escutar notas. De fato, porquanto se deliciar com a grande arte de **Verdi, Tchaikovsky, Wagner, Borodin, Schumann, Debussy, Ravel, Villa-Lobos, Grieg, Claudio Santoro, Sibelius, Irving Berlin, Gershwin, Grofé, Chiquinha Gonzaga, Noel Rosa, Cartola, Caymmi, Tom, Vinicius, Gal, Bethânia, João Gilberto, Caetano, Gilberto Gil, Nana Caymmi, Elis, Chico Buarque, Toquinho, Jair Rodrigues, Guerra Peixe, Carlos Gomes, Radamés Gnattali, Lyrio Panicali, padre José Maurício, Francisco Braga, Lorenzo Fernandez, Augusto** e **Alberto Nepomuceno, Guerra Vicente, Barbra Streisand, Louis Armstrong, Carmen Miranda, Elba Ramalho, Elza Soares, Alcione, Beth Carvalho, Leci Brandão, Sandra de Sá, Simone, Ângela Maria** e tantos mais é integrar-se no sentimento da mensagem melódica que o compositor quis transmitir ao ouvinte.

Assim é com o Apocalipse do Cristo: seu recado não está na *"letra que mata"* (Segunda Epístola de Paulo aos Coríntios, 3:6), mas no espírito de salvação, que, por meio do Amor de Quem fraternalmente adverte, desce do Criador à criatura.

O que procuro destacar, na pregação ecumênica do Evangelho-Apocalipse de Jesus, é a **parcela de Deus que habita em todo ser humano**, seja ele religioso ou ateu; amarelo, branco, negro ou mestiço; civil ou militar; analfabeto ou letrado; da direita, esquerda ou centro ideológicos, ou mesmo apartidário.

Se o homem não for ao encontro da Solidariedade, na vivência particular ou coletiva, onde iremos parar?

O Cosmos é música, que, na definição de **Paul Claudel** (1868-1955), *"é a alma da geometria"*. Logo, temos de achar os sons que, com abrangência universal, nos confraternizem. Para isso, existe a **Mensagem de Deus**, a qual frontalmente se contrapõe à intolerância indesculpável.

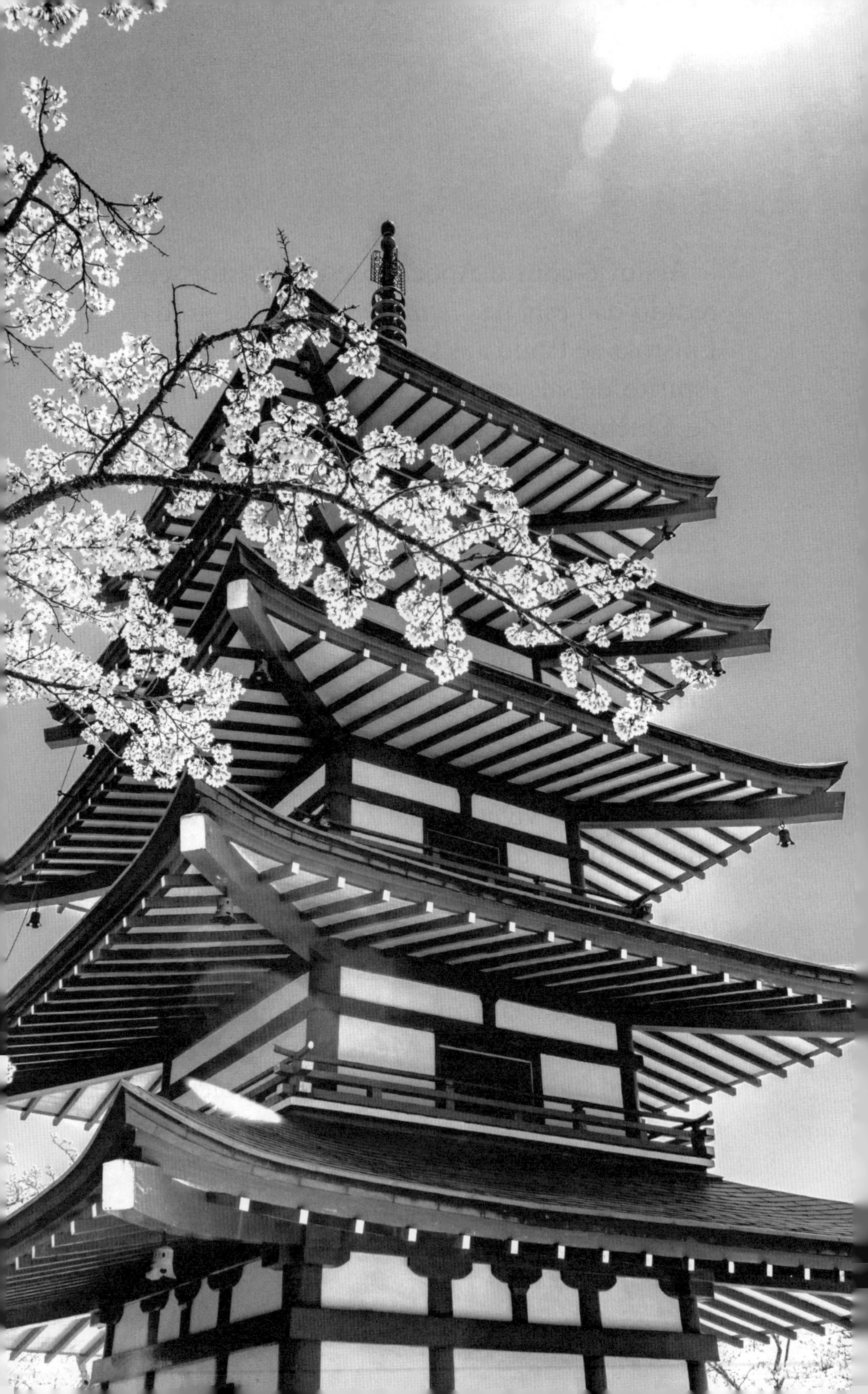

O mundo nasceu com música

Há muitos conceitos sobre a música. Refletindo a respeito dos períodos em que se vem decisivamente manifestando pelas eras, podemos concluir que ela existe desde antes dos tempos. De fato, é instrumento desta grande obra-prima do Pai Celestial: o Universo, ou os Universos.

Ao lermos os capítulos iniciais do Gênesis mosaico, sentimos a forte harmonia nascida do surgimento dos rios, das árvores, dos animais, da separação das terras, da expansão dos mares e da própria formação do nosso Espírito Eterno. A partir daí, é possível estabelecer diversos e significativos momentos em que a música se casa com a história das muitas civilizações e correntes de pensamento que dão vida ao planeta. Uma nota musical pode salvar muitas vidas. **A música elevada é um instrumento da Fortaleza chamada Deus!**

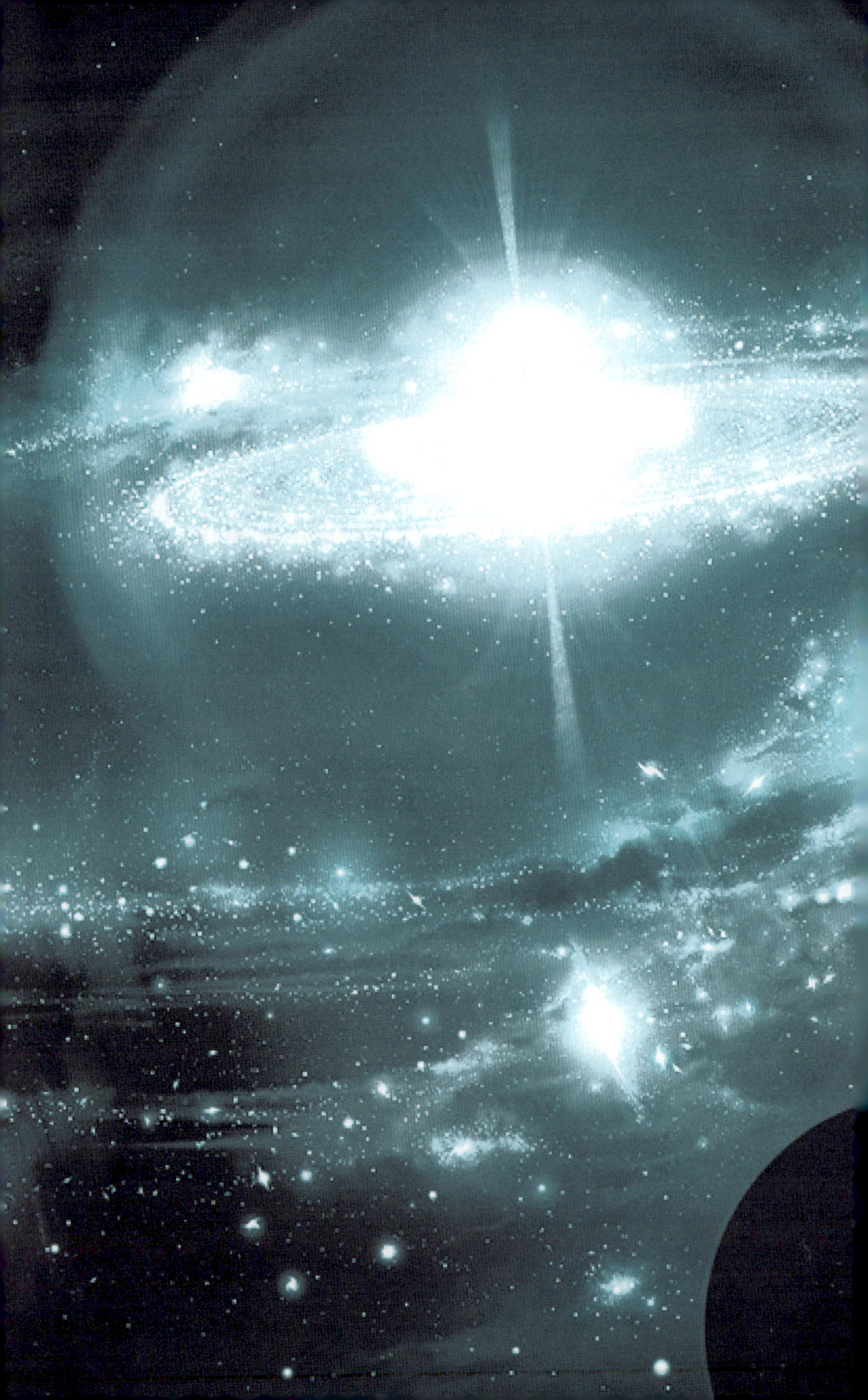

O *BIG BANG* É O OPERACIONAL DIVINO

Considerando o sentido de Eternidade, o Universo nunca foi criado, jamais teve princípio nem terá fim, porque ele sempre existiu e existirá em Deus. Isso não significa dizer que o Universo é Deus, mas que, em potencial, sua existência sempre foi uma realidade. Qualquer acontecimento, digamos que representado pelo *big bang*, do dr. **George Gamow** (1904-1968), é apenas o Operacional Divino para determinada ocasião. Muitos Universos já existiram, porque a presença de Deus é permanente, como o moto-contínuo, cuja equação procurada é o Amor, que é justamente o próprio Deus (Primeira Epístola de João, 4:8).

Para que se faça mais bem entendido aos que me honram com sua atenção, em meus livros *Reflexões da Alma* (2003) e *É Urgente Reeducar!* (2010), apresentei algumas de minhas modestas concepções do Criador, desenvolvendo raciocínio nestes termos:

(...) Um dos maiores óbices a serem vencidos pelos seres humanos na grande trajetória para a **compreensão de Deus**, sob o ponto de vista da Ciência, é deliberar a respeito de que estão pesquisando: sobre **Que ou Quem?** Ou sobre o **Deus Quem e/ou Quê?** (não o quê, como uma lata na rua, ou um pedaço de papel rasgado), todavia um **Quê Divino**, o qual, quando a Ciência O decifrar, lhe abrirá horizontes em dimensões múltiplas da Sabedoria e da Moral quintessenciadas. (...)

Em tudo isso, uma condição conciliatória se faz primordial: o raciocínio humano não pode ficar limitado ao que foi, até agora, descoberto em laboratório, concluído pelos cálculos ou pela Fé que não ousa se deparar com a Razão. Como propunha Allan Kardec:

— *Fé inabalável é aquela que pode encarar frente a frente a Razão, em todas as épocas da Humanidade.*

O *Talmud*, livro sagrado dos judeus, é muito claro ao demonstrar a necessidade de homens e mulheres da Fé e da Razão serem humildes ao procurar e proclamar a Verdade:

— *O profeta orgulhoso perde as suas profecias; o sábio orgulhoso, a sua sabedoria.*

Ecce Deus e a morte do "deus humano"

Em *Crônicas e Entrevistas* (2000), particularmente no capítulo *"Ecce Deus!"*, lembro que **Friedrich Nietzsche** (1844-1900), autor de *Ecce Homo! (Eis o Homem!)*, *Assim falava Zaratustra*, entre outros livros, concluiu que Deus havia morrido... Muita gente ficou abismada com sua afirmativa. Porém, sabendo ou não, o velho Friedrich valentemente combatia o deus antropomórfico; portanto, criado à imagem e semelhança do homem aturdido, isto é, o deus que persegue, que se vinga, que mata, o deus sem senso algum. Esse — Nietzsche tem toda a razão — está morto! Já virou cadáver há muito tempo e não sabe...

Deus é Amor Solidário

Pois bem. Quando chamo a atenção para **Deus, Quem e/ou Quê ou Que ou Quem**, faço-o no sentido de, com humildade, expor aos homens e às mulheres céticos que **Ele pode situar-se superiormente à nossa mais capacitada consciência do Saber**. Ainda persiste o grande problema de tentar reduzi-Lo à contingência humana, com suas limitações e enfermidades psíquicas. Parece ser mais fácil a alguns, apesar de seu estágio de pré-conhecimento das coisas transcendentais, apequená-Lo do que batalhar por elevar-se à Esfera Sublime de Sua Vivência. Entretanto, como *"Deus é Amor"*[1] Solidário, **todas as fronteiras que até agora separaram a criatura do Criador ruirão, e o oceano do Amor Fraterno e da Sabedoria Ecumênica banharão terras e céus**.

---

[1] *"Deus é Amor"* — Primeira Epístola de João, 4:8 e 16.

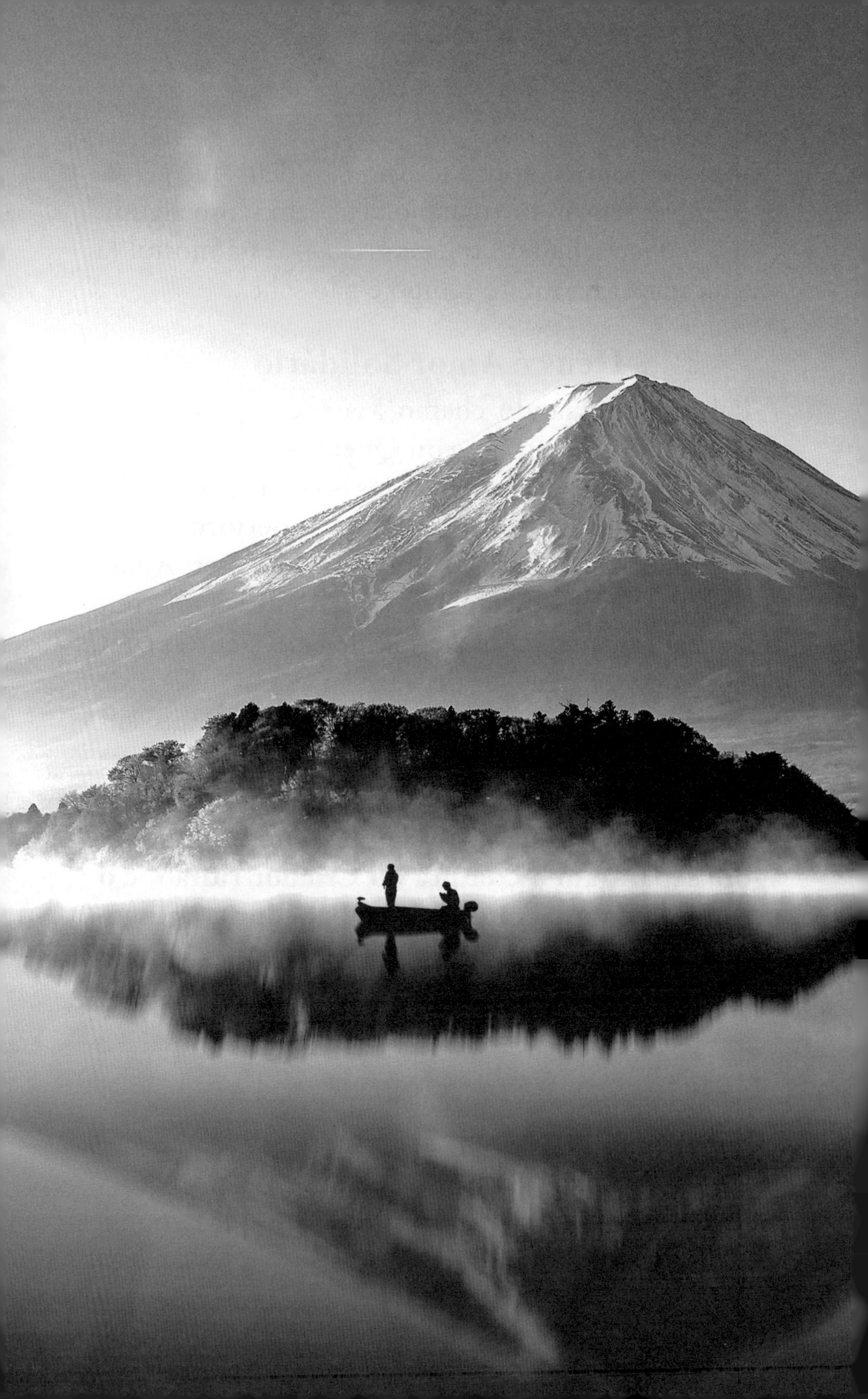

Outras reflexões acerca de Deus

O ser humano, que é limitado, tenta enquadrar a imensidão de Deus em suas próprias fronteiras. Todavia, o Pai-Mãe Universal, Criador do Cosmos, não é a criatura. Não O confundamos, já dissemos, com o deus antropomórfico, criado à nossa imagem e semelhança. Aliás, esse é o grande obstáculo à compreensão do Deus Divino, cantado em versos pelo saudoso poeta Alziro Zarur, cujas principais estrofes — as mesmas que se acham transcritas numa das paredes do Salão Nobre do Templo da Boa Vontade, em Brasília/DF, Brasil — trazemos a seguir:

Poema do Deus Divino

O Deus que é a Perfeição, e que ora eu tento
Cantar em versos de sinceridade,
Eu nunca O vi, como em nenhum momento
Vi eu o vento ou a eletricidade.

Mas esse Deus, que é o meu eterno alento,
Deus de Amor, de Justiça e de Bondade,
Eu, que O não vejo, eu O sinto de verdade,
Como à eletricidade, como ao vento.

E O sinto na ânsia purificadora,
Na manifestação renovadora
Do Belo, da Pureza, da Afeição.

Com Ele falo em preces inefáveis,
Envolto em vibrações inenarráveis,
Que me trazem clarões da Perfeição.

Pois creio é nesse Deus imarcescível
Que ampara a Humanidade imperfeitíssima:
Deus de uma Perfeição inacessível
À humana indagação falibilíssima.

....
....
....

Bondade – que os pecados não consomem –
Do Espírito Divino aos filhos seus:
Deus sempre desce até Seu filho, o homem,
Quando o homem sobe até seu Pai, que é Deus!

Pois creio é nesse Deus imarcescível
Que ampara a Humanidade imperfeitíssima:
Deus de uma Perfeição inacessível
À humana indagação falibilíssima.

Ele é algo infinitamente superior, acima do nosso contemporâneo entendimento acerca de Sua Grandeza.

Deus é maior que as restrições que queiramos Lhe impor.

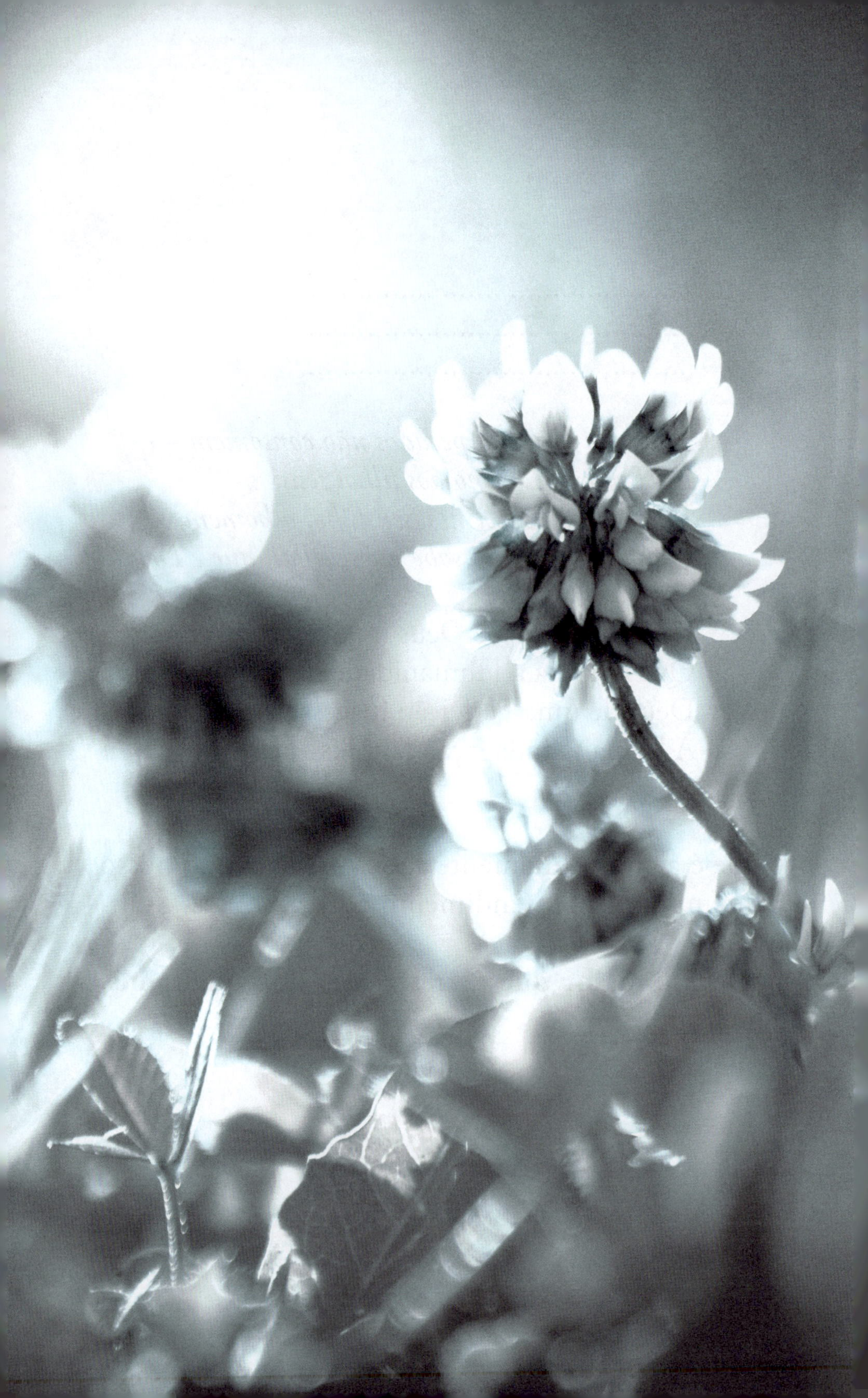

Milagres existem. Só que, perante a Lei de Deus, não são milagres

No início da década de 1980, respondendo à pergunta de um jovem repórter, declarei-lhe que milagres existem. Só que, perante a Lei de Deus, não são milagres.

Um dia, o **Mecanismo Celeste** que os rege será desvendado pela Ciência humana.

Nessa ocasião magnífica, mais comovente será o entendimento dele. **E os milagres se multiplicarão, porque seremos mais bem versados em sua legislação excelsa.**

O próprio Jesus afirma, em Seu Evangelho, segundo João, 14:12:

— *Em verdade, em verdade vos digo que aquele que crê em mim também fará as obras que Eu faço, e as fará maiores do que estas, porque Eu vou para meu Pai* [*e vós permanecereis na Terra*].

A EXISTÊNCIA DE DEUS

O Mecanismo das Leis Divinas, que regem a vida no Cosmos, pode ser visto como um **milagre** pela nossa atual compreensão, que segue em desenvolvimento.

Numa época, mesmo que distante, desvelaremos a Sua Essência Sublime.

Quando em definitivo aliarmos mente e Fé, razão e Amor Fraterno, isso se tornará realidade. Seremos testemunhas, então, de **um milagre novo**, que **promoverá a Sociedade Ideal**, a realmente **Generosa**, por consequência **Solidária**, **Altruística** e **Ecumênica**. Porquanto, esse é o supremo objetivo da Fé Realizante. Teremos finalmente entendido que o Amor, ou a falta dele, define o caráter dos Espíritos, dos seres humanos, dos povos e das nações.

Fato sobrenatural

Ora, o singular fato de vivermos em nosso planeta já é acontecimento, digamos, sobrenatural, que os maiores cientistas ainda não deslindaram ao certo.

Enquanto os cultores da razão perscrutam os caminhos do Conhecimento Superior, continuemos exercendo o milagre do trabalho, orando e vigiando, consoante determina Jesus no Seu Evangelho, segundo Marcos, 14:38, e Mateus, 26:41:

— *Vigiai* [trabalhai] *e orai, para não cairdes em tentação. O Espírito, na verdade, está pronto, mas a carne é fraca.*

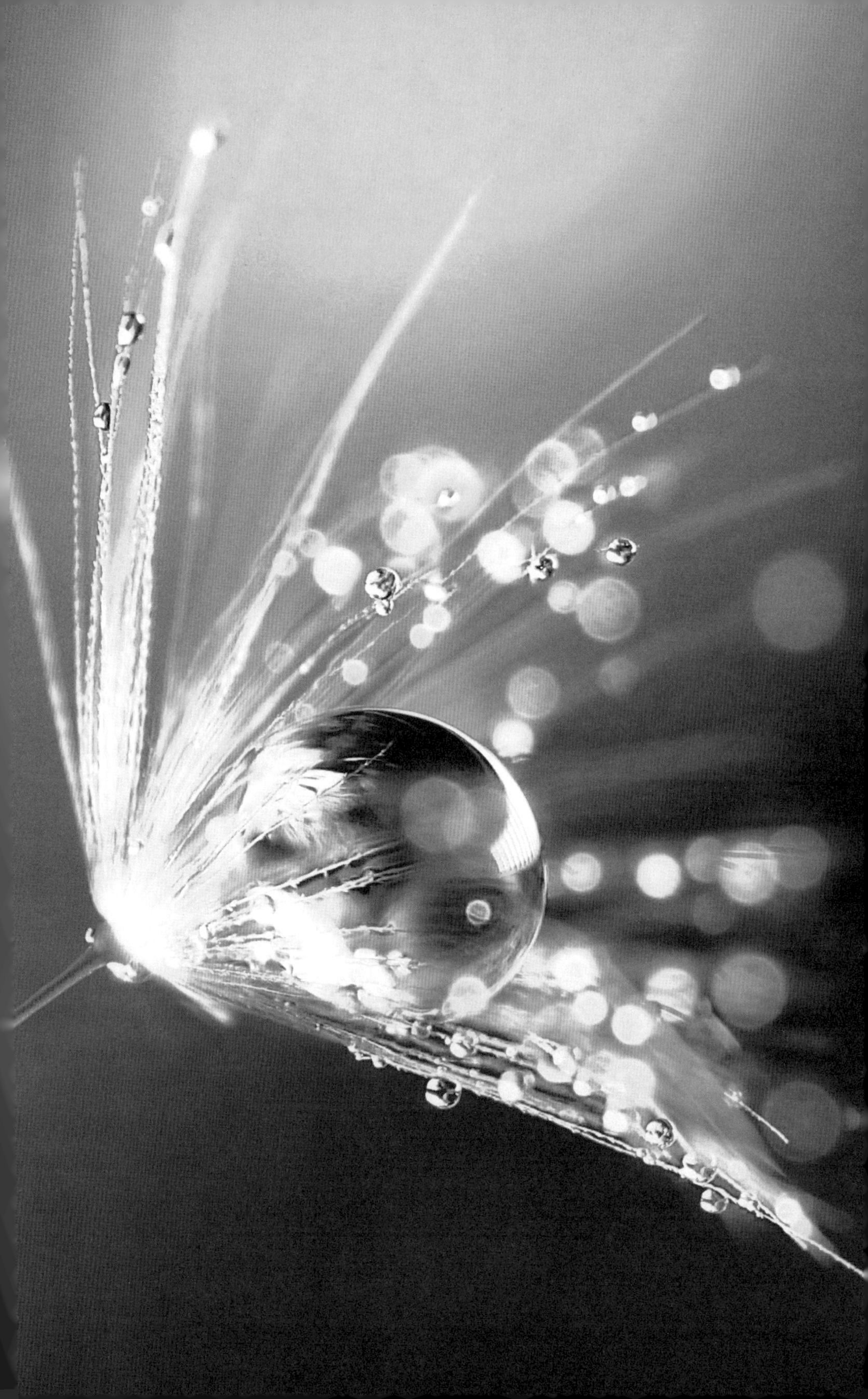

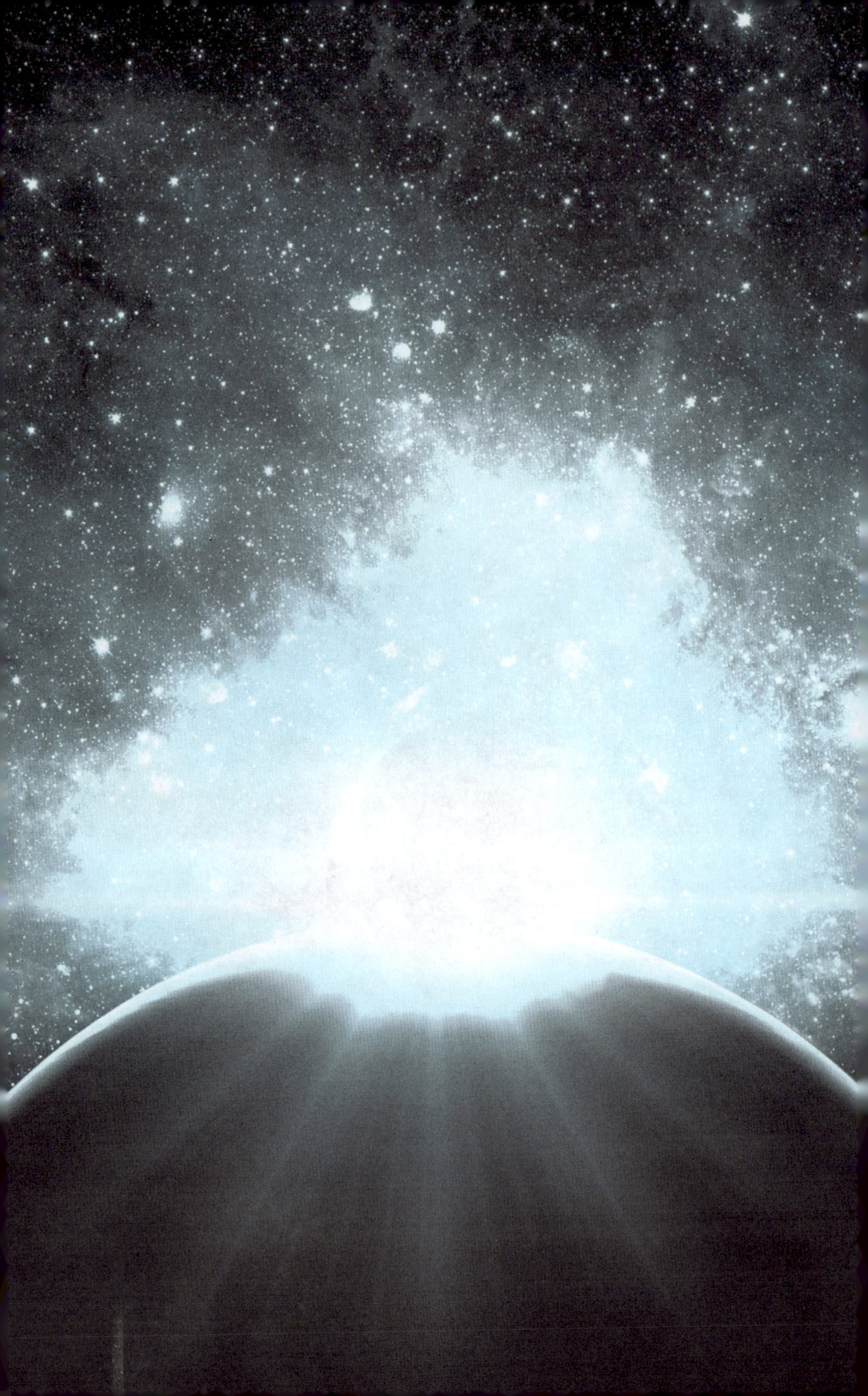

Mecanismo das Concessões Celestes

Cumpramos bem a nossa missão prometida a Jesus antes de reencarnar e teremos sempre a proteção Dele, por pior que seja a difícil contingência momentânea. O mal, às vezes, pode — como dizer? — assustar. Contudo, **eterno só o Bem**, que é Deus. Conforme aprendemos neste axioma:

— *Deus ajuda a quem se ajuda.*

No entanto, como o Pai Celestial a todos ampara, por uma extensão da Sabedoria Divina, que ainda ignoramos em toda a sua amplitude, mais adequado seria exclamar:

— *Deus ajuda a quem MELHOR se ajuda!*

Claro que não de forma egoísta. O egocêntrico pode valer-se dessa conceituação e aplicá-la aos seus interesses mais mesquinhos, indispondo-se, assim, contra o Mecanismo das Concessões Celestes. A Lei de Deus não se deixa engambelar e fatalmente concede *"a cada um de acordo com as suas próprias obras"*, como nos ensina Jesus (Evangelho, consoante Mateus, 16:27).

Desserviço dos mistificadores

Nosso trabalho visa à sublimação da Religiosidade, que não se posiciona como concorrente das religiões nem se apresenta na forma de uma trave na garganta dos que consideram o ensino religioso um retrocesso. Infelizmente, existe esse velho perigo, tendo em vista a lamentável luta secular pela hegemonia desencadeada por algumas crenças. Abro parênteses para reforçar que de nenhum modo compactuamos com qualquer postura opressiva, intolerante ou segregadora no campo sagrado da Fé e em outras áreas. Promovemos, isso sim, a convivência pacífica e ecumênica como bom futuro para todos.

Prosseguindo em nosso raciocínio, devemos compreender que a Espiritualidade é algo inerente aos indivíduos. Brado há décadas: **estamos corpo, mas somos Espírito**. Conforme escrevi em um artigo na *Folha de S.Paulo*, de 9 de agosto de 1987, e mais tarde no livro *Mãezinha, deixe-me viver!* (1989), não se pode eternamente impedir a manifestação daquilo que nasce com o ser humano, mesmo quando ateu: **o sentido de Religiosidade**, que se expressa das mais variadas formas altruísticas. Para além do debatido determinismo histórico[1], trata-se, acima de tudo, do Determinismo Divino[2], de que nos falava Alziro Zarur. Antes que fatalmente a Ciência conclua em laboratório a perenidade da Vida, cumpre à Religião, jogando no lixo preconceitos e tabus milenares, **não temer falar, com maior objetividade, sobre o prosseguimento do Espírito após a morte, e pesquisar o Mundo Invisível para valer**.

O espírito de Religiosidade sobrevive à descrença dos irmãos céticos e, o que é mais difícil, ao desserviço dos mistificadores.

---

[1] **Determinismo histórico** — De acordo com o *Oxford Dictionary of Media and Communication*: "1– A crença de que os processos históricos têm certa inevitabilidade, com base em algum fator fundamental. Sua aplicação varia de um fatalismo pessimista que nega a liberdade humana de escolha (o que o 'determinismo suave' permite) até a noção iluminista otimista menos rígida do progresso como algo inevitável (...). 2– (relativismo histórico). A visão de que nossas ideias são determinadas pela nossa situação histórica" (tradução livre).

[2] **Nota de Paiva Netto**
Determinismo Divino — No *Livro de Deus*, registrei a resposta de Zarur à seguinte pergunta que lhe foi feita:
"***P*** *– Se tem de acontecer tudo o que está profetizado na Bíblia (Antigo e Novo Testamentos), o senhor não acha que isso prova a ausência do livre-arbítrio?*
Zarur *– Bem a propósito trago-lhes este trecho da Proclamação da Boa Vontade, que abria, nos primórdios da LBV, a Campanha da Boa Vontade no rádio: Os fatalistas, com o seu derrotismo permanente, estão completamente enganados. Existe, na verdade, o destino ou determinismo, como consequência do passado de cada criatura: mas há, sempre, o livre-arbítrio, que Deus garante a cada um de Seus filhos. Portanto, qualquer infeliz pode mudar o seu destino com Boa Vontade, que é o princípio da verdadeira Paz. Cada um é senhor do seu destino".*

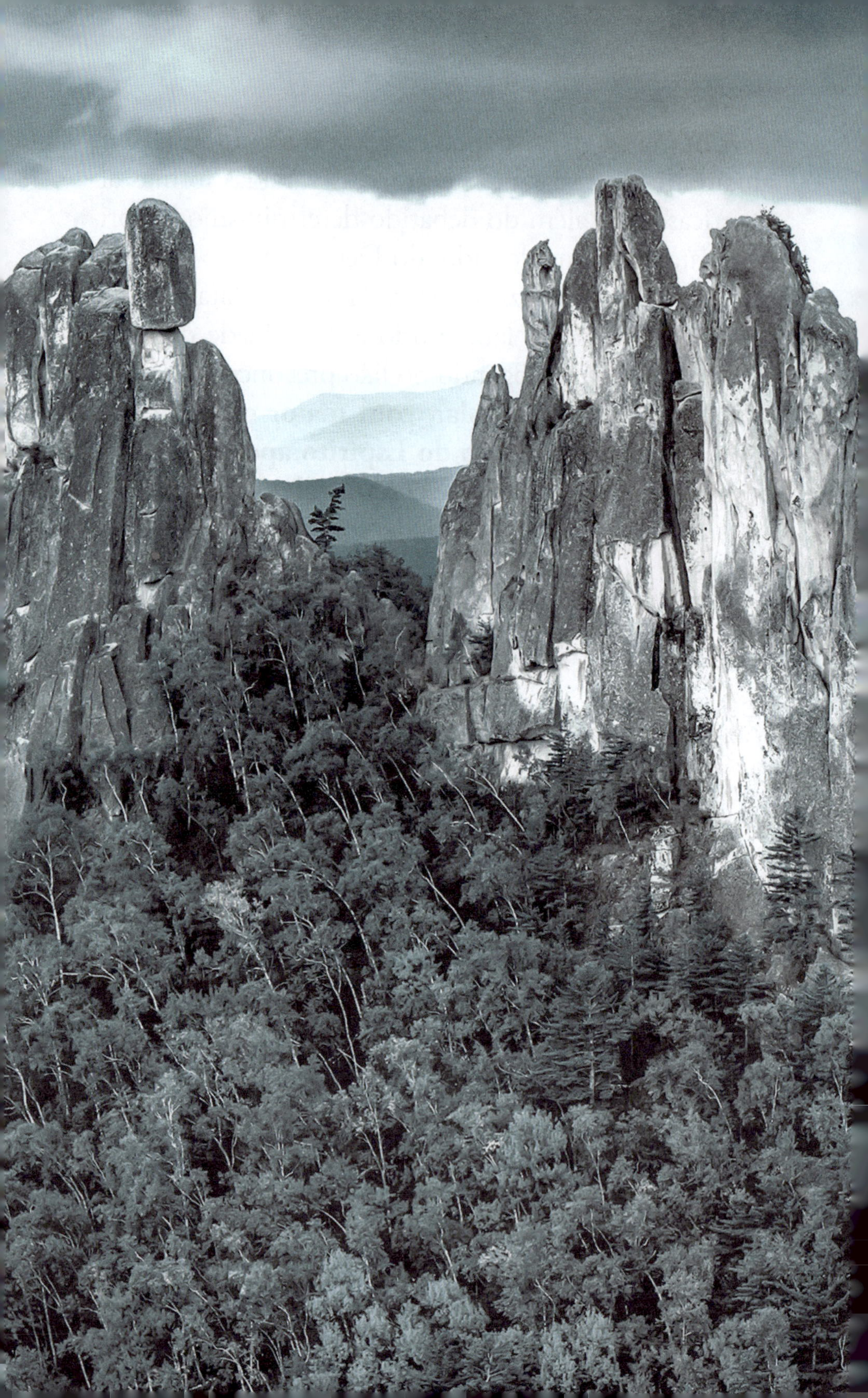

Vencendo as Adversidades

Sublimar a dor em vitória é a conquista perene daqueles que suplantaram os mais temíveis obstáculos. Venceram as adversidades por acreditar na existência de um mundo bem melhor para suas vidas e a de seus concidadãos. Prova disso nos deu o saudoso jornalista e escritor **Austregésilo de Athayde** (1898-1993), coautor da Declaração Universal dos Direitos Humanos, que dirigiu a Academia Brasileira de Letras (ABL) durante quase 35 anos:

— *Viver é cultivar os valores do Espírito para superar os embaraços materiais e morais e chegar à conclusão de que, em última análise, dado o balanço geral, a vida é boa de ser vivida.*

No seu livro *Billy Graham responde*, na página 123, encontramos um ilustrativo exemplo do valor da perseverança nas lides do Bem. Escreve o conhecido pastor evangélico norte-americano:

— *Quando o carpinteiro naval precisava de madeira para fazer um mastro para um barco a vela, ele não a procurava num vale, mas no alto da montanha, onde as árvores haviam sido castigadas pelos ventos. Essas árvores, ele o sabia, eram as mais fortes de todas. Não escolhemos as agruras; porém, se as enfrentarmos com bravura, elas poderão enrijecer a fibra de nossa Alma.*

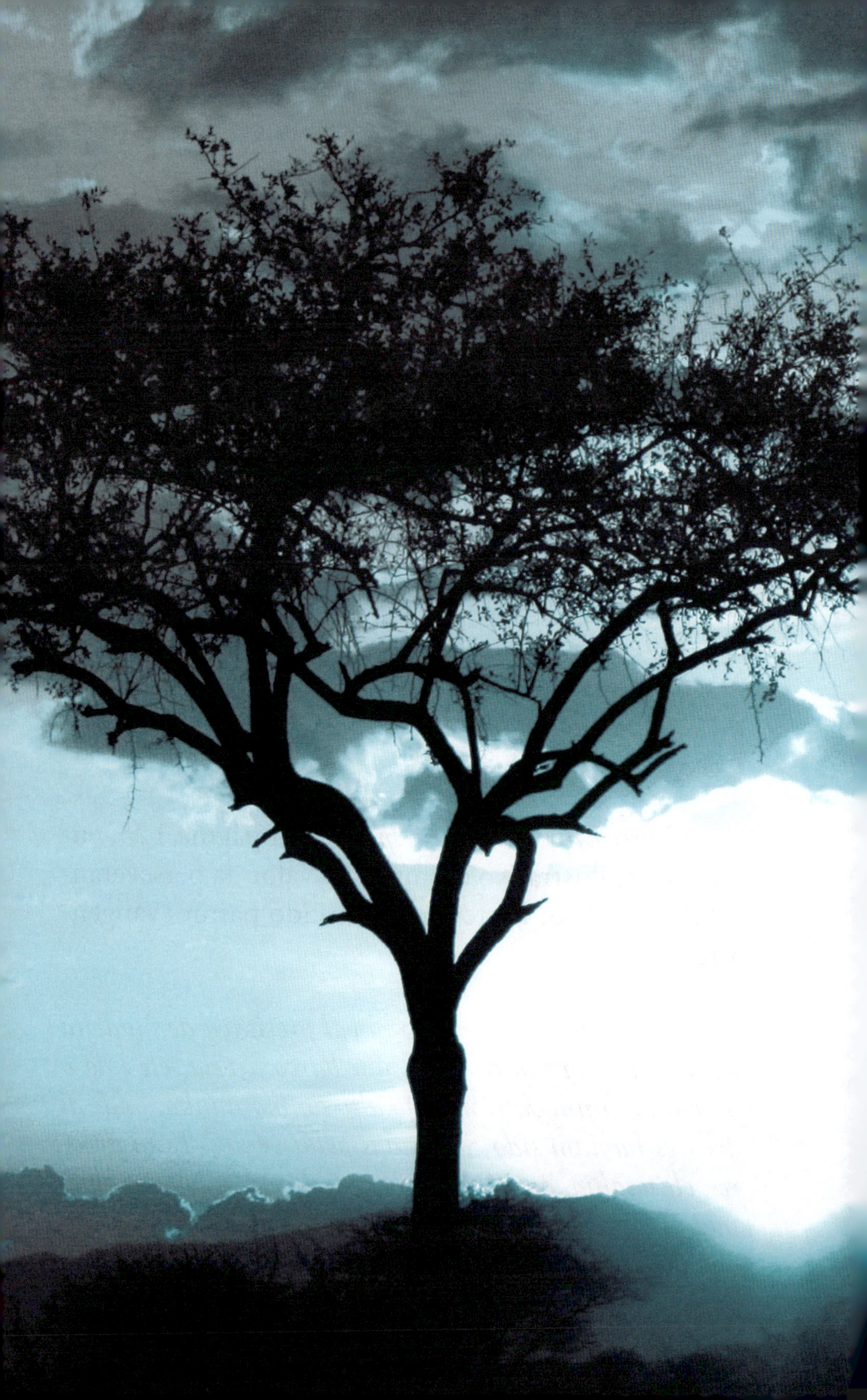

Sobrepujar a Dor

A sabedoria antiga revela que as criaturas humanas podem expressar sua melhor capacidade justamente pela **atitude que têm diante da Dor**.

Especialistas do comportamento humano concordam que, em situações adversas, quando o sofrimento nos surpreende de maneira tão cruel, a superação requer postura de coragem. Deixar de lado sentimentos de angústia e revolta é igualmente indispensável.

Aos que acreditam em um poder superior, na Eternidade, de forma geral, a **provação** é mais prontamente **aceita, enfrentada e vencida**. Contudo, mesmo os céticos podem encontrar energia construtiva para dar novo sentido às suas existências. Temos, por exemplo, **a Caridade**, o auxílio ao próximo, como **emblemática ferramenta de reconstrução de nossa própria felicidade**.

NÃO TEMER OS DESAFIOS

A crise é o teste da inteligência. A luta instiga o nosso valor. Por que temer os desafios? É a maneira escolhida por Deus para premiar a nossa capacidade. E qualquer vitória no campo espiritual e físico exige sacrifício.

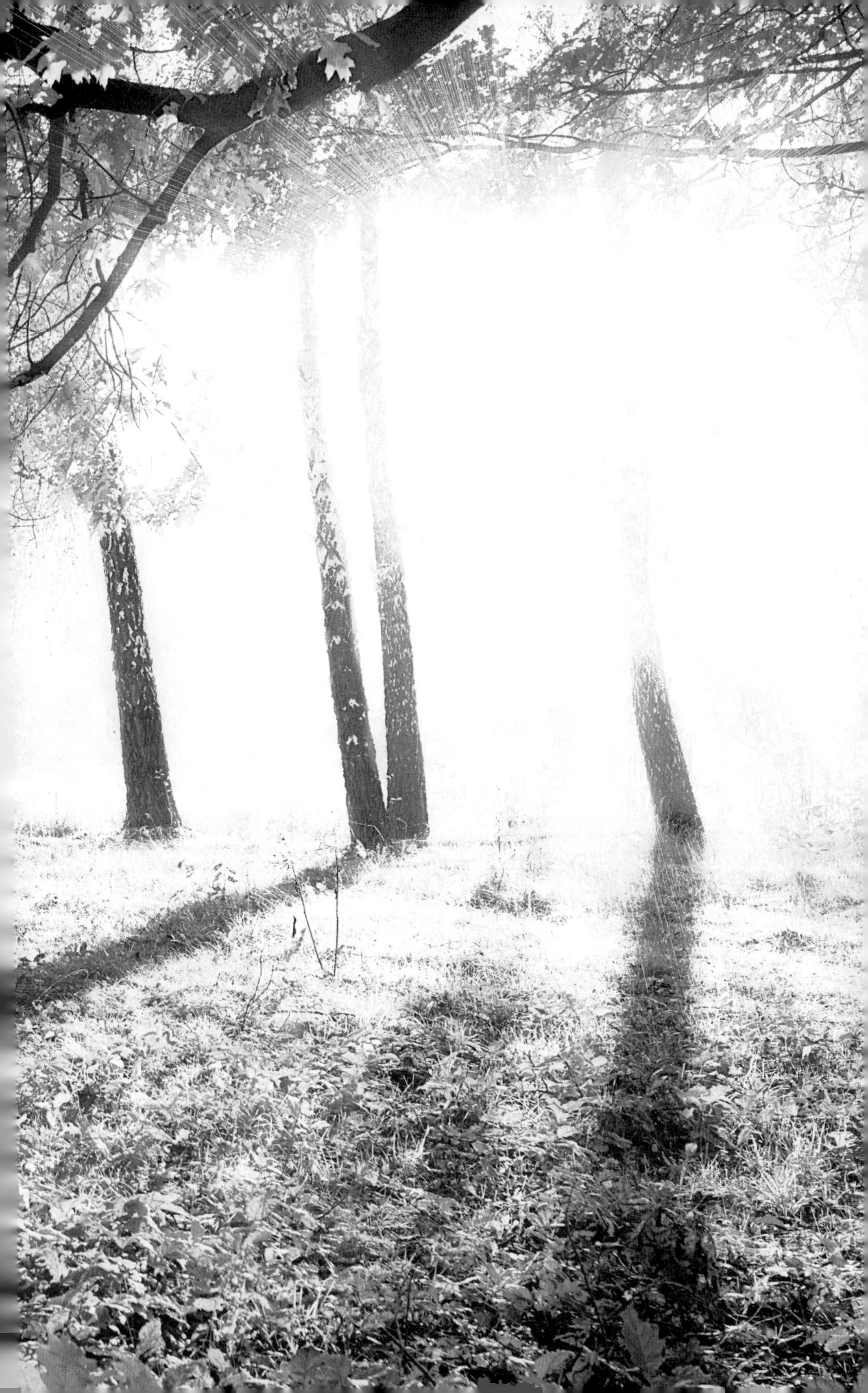

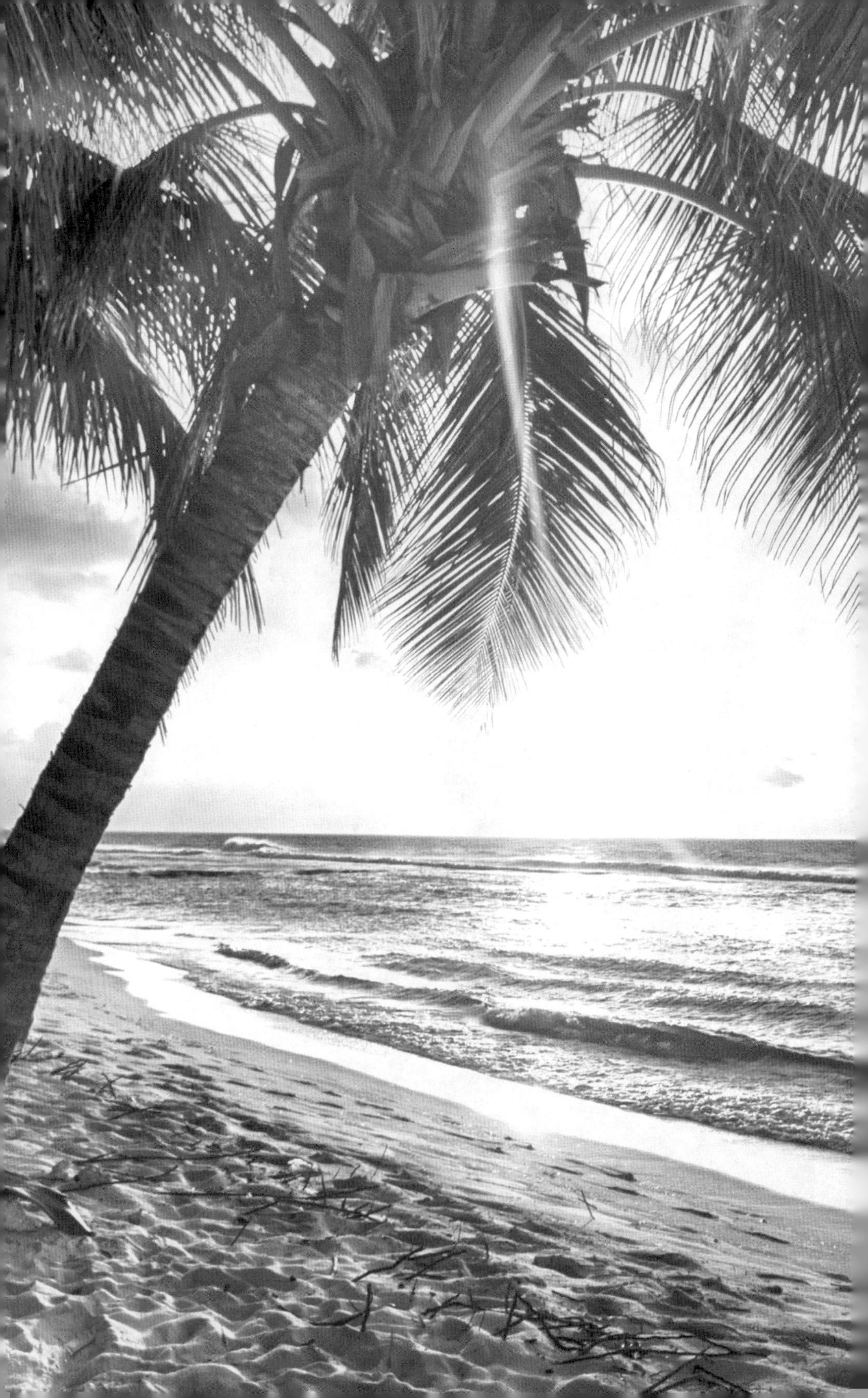

Vitória ao alcance

Ninguém pode sentir-se derrotado antes mesmo de tentar o sucesso. Refletindo a respeito do estado de espírito que devemos manter, de forma que tornemos realidade as boas metas que estabelecermos para a nossa existência, concluí: **todas as vitórias estão decididamente ao nosso alcance pela força do nosso próprio e valoroso trabalho**. Portanto, de nossa criatividade diligentemente bem aplicada. **Administrar é chegar antes!**

O NEGATIVISMO ATRASA O PROGRESSO

É indiscutível que a conduta psicológica negativa de lideranças e liderados não contribui em nada para o crescimento social das populações. Estou com o teólogo e escritor inglês **William George Ward** (1812-1882) quando diz:

— *O pessimista queixa-se do vento; o otimista espera que ele mude e o realista ajusta as velas.*

Assim sendo, não percamos tempo! Ajustemos as nossas velas e sobrepujemos os vendavais, a fim de concretizar o Bom Ideal que cultivamos. Isso não tem nada a ver com o famigerado *"os fins justificam os meios"*, atribuído a **Maquiavel** (1469-1527), autor de *O Príncipe*. Mas é triste ver alguns pensadores de grande valor, antigos demolidores de preconceitos e tabus, depois de tanta luta, declarar-se desiludidos de tudo. Ora, quando eu era menino, ouvia, na voz dos mais antigos, este conforto de Teócrito (aprox. 320-250 a.C.), que citei anteriormente:

— *Enquanto há vida, há esperança.*

Certa vez, o saudoso **Dom Hélder Câmara** (1909-1999), arcebispo emérito de Olinda/PE, Brasil, com a sua inata certeza de eras mais felizes para os povos, manifestou-se desta forma:

— *Feliz de quem atravessa a vida inteira tendo mil razões para viver.*

Desenvolvimento Solidário

Um dos maiores desafios atuais das nações emergentes ou das que já atingiram o mais alto patamar de crescimento material de suas economias é o do desenvolvimento sustentável. Contudo, se desejamos ver o progresso partilhado com todos, acreditamos e temos proposto que o **desenvolvimento solidário** deva, antes de tudo, iluminar as atitudes dos habitantes da Terra e de suas futuras gerações — do maior ao menor — de nossa morada coletiva. Portanto, além de uma política pública eficaz, o planeta exige o compromisso com uma consciência nova, firmada em princípios que garantam a continuidade da Vida e a coexistência humana acima de todos os outros interesses. Tal mentalidade fomenta ações conjuntas entre os países que visem ao socorro dos povos urgentemente necessitados de alguém que lhes estenda as mãos.

Jesus, o Economista Divino, por Sua vez, **nos oferece** um caminho novíssimo, porquanto alicerçado em **bases renováveis eternas do Espírito, o moto-contínuo, a curul do desenvolvimento planetário**. No Evangelho do Cristo Ecumênico, o Estadista Celeste, segundo as anotações de João, 13:34 e 15:13, podemos ler:

Uma palavra de Paz

— Disse Jesus: *"Novo Mandamento vos dou: amai-vos como Eu vos amei. (...) Não há maior Amor do que doar a própria vida pelos seus amigos"*.

E isso tem feito que a civilização, pelo menos o que andamos vendo por aí como tal, milagrosamente sobreviva aos seus piores tempos de loucura. A sabedoria do *Talmud* dá este recado prático:

— A Paz é para o mundo o que o fermento é para a massa.

Erradicar a miséria: uma questão econômica ou de consciência?

Reitero o fato que venho alertando há muito tempo: a Solidariedade expandiu-se do luminoso campo da ética e apresenta-se como uma estratégia, de modo que o ser humano possa alcançar a própria sobrevivência. À globalização da miséria contrapomos a globalização da Fraternidade Ecumênica, que espiritualiza a Economia e solidariamente a disciplina, como forte instrumento de reação ao pseudofatalismo da pobreza.

Daí o indispensável valor da Caridade. E observem que não é de hoje que a tese de que *"a Caridade não resolve nada"* tem a defesa de alguns que atribuem a ela — acreditem — a manutenção do *status quo*, em que a pobreza e a miséria são apenas maquiadas por uma ineficiente ação assistencialista.

Esse tipo de postura carece, contudo, de um entendimento do real papel da Caridade na melhoria das condições de vida das populações. Vale notar, entretanto, que a defesa da inoperância dela, mesmo equivocada, chama a atenção para o combate à inércia e à covardia de muitos que, podendo auxiliar no incentivo e no crescimento social dos povos, preferem esquivar-se com parcas e míseras esmolas. Se bem que, para aquele que está com fome, toda ajuda é bem-vinda.

Disse o **Profeta Muhammad** (570-632) — *"Que a Paz e as bênçãos de Deus estejam sobre ele!"*:

— Jamais alcançareis a virtude, até que façais caridade com aquilo que mais apreciardes. E sabei que, de toda caridade que fazeis, Allah bem o sabe.

A Caridade, aliada à Justiça, dentro da Verdade, é o combustível das transformações profundas. Sua ação é sutil, mas eficaz. A Caridade é Deus.

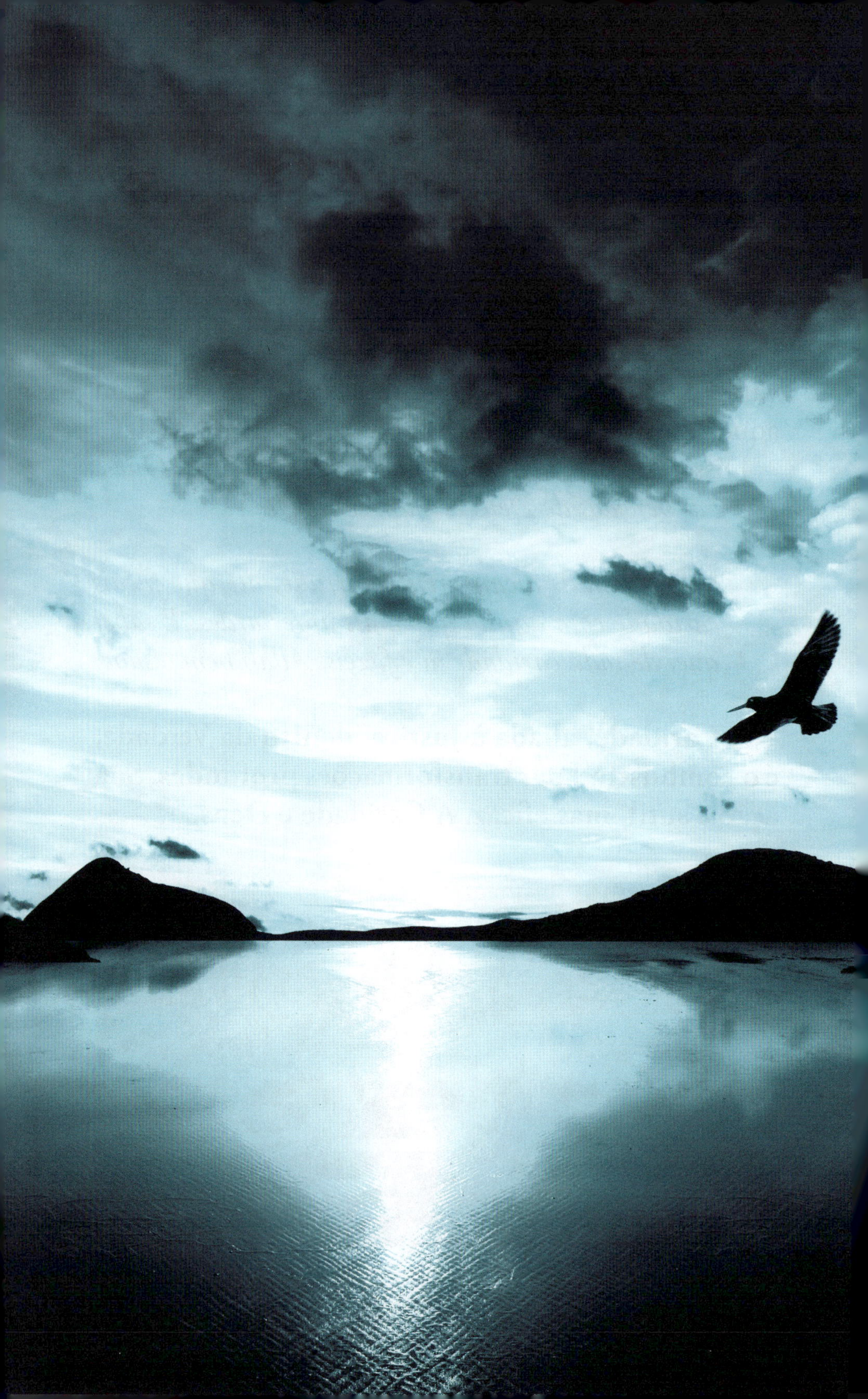

Reforma do ser humano

Ao trabalharmos pela erradicação da pobreza, promovendo prosperidade às populações, é essencial que primeiro modifiquemos a mentalidade dos seres humanos. Mas em que bases? Nas do Espírito, desde que não considerado uma simples projeção da mente. É preciso, antes de tudo, depositar plena confiança na capacidade das gentes. E mais: ver as criaturas com Boa Vontade, se quisermos formar cidadãos corretos, felizes, competentes, produtivos, em termos nacionais e planetários, proporcionando-lhes efetivas oportunidades. Devemos destacar suas virtudes e corrigir, com educação eficaz, aquilo que mereça acerto.

Não se pede um repentino milagre — embora nada seja impossível —, mas, sim, o fortalecimento de um ideal que se estabeleça, etapa por etapa, até que se complete o seu extraordinário serviço. **Eleanor Roosevelt** (1884-1962), a notável presidente da Comissão dos Direitos Humanos na ONU, para definir com precisão essa espécie de bom embate, pessoal e coletivo, visando a um mundo melhor, afiançou:

— Para alcançar a Paz, devemos reconhecer a verdade histórica de que já não podemos viver separados do resto do mundo. Devemos também reconhecer o fato de que a Paz, assim como a liberdade, não é obtida de uma única vez e em definitivo; é uma batalha diária por mais territórios e o resultado de muitos esforços individuais.

Contudo, é preciso não perder de vista o que já anotamos neste livro: liberdade sem responsabilidade e Fraternidade Ecumênica é condenação ao caos. E mais: a tão pretendida mudança estrutural deve contar com o poder da razão e com o melhor do sentimento da criatura. Caso contrário, ela continuará expressando a vontade nefelibata em que, por vezes, quase se transformou. Urge, pois, aliar mente e coração para atingir os nobres propósitos sob os auspícios das mais elevadas aspirações. Que fitem os olhos as alturas, mas convém que os pés no chão permaneçam firmados.

Madame Curie (1867-1934) — Prêmio Nobel de Física de 1903 e de Química de 1911 —, que, com esforços e sacrifícios incontáveis, levou a Ciência a tantas conquistas, do alto de sua perseverança arrematou:

— Jamais devemos sonhar em construir um mundo melhor sem o aperfeiçoamento dos indivíduos.

Para esse fim, cada um de nós precisa trabalhar pelo próprio progresso e, ao mesmo tempo, compartilhar a responsabilidade geral por toda a Humanidade.

O renomado educador norte-americano **Booker T. Washington** (1856-1915) — primeiro presidente da lendária Escola de Tuskegee, que se dedicou a criar condições melhores de crescimento individual para os ex-escravos e seus descendentes e para os indígenas, pelos quais também trabalhou, a partir sobretudo da Educação — escreveu:

— Não há defesa ou segurança para nenhum de nós a não ser na mais alta inteligência e no desenvolvimento superior de todos.

É evidente que isso, hoje, se aplica a toda a raça humana, o Capital de Deus, consoante seguramente desejava, na profundidade de seus anseios, o infatigável dr. Booker, cuja Alma vislumbrava um futuro em que o **racismo**, que considero **um cancro social**, não mais exista.

Quem faz o pão...

A Economia não pode ser o reino do egoísmo. Ora, ela está aí para beneficiar todos os povos, compartilhando decentemente os bens da produção planetária. Se isso, porém, não ocorre, é porque se faz necessária uma mudança espiritual-ética de mentalidade, principalmente pelo prisma do Novo Mandamento de Jesus, o Cristo Ecumênico, o Divino Estadista, pois ensina que nos devemos amar como Ele nos tem amado: *"Amai-vos como Eu vos amei. Somente assim podereis ser reconhecidos como meus discípulos, se tiverdes o mesmo Amor uns pelos outros"* (Evangelho, segundo João, 13:34 e 35). Senão, os predadores das multidões podem ganhar a batalha, que a eles no devido tempo, da mesma forma, consumirá. O desprezo às massas populares é multiplicação de desesperados. Certamente, alguém já concluiu que quem faz o pão deve, de igual modo, ter direito a ele. Alerto para o fato de que, se o território não é defendido pelos bons, os maus fazem "justa" a vitória da injustiça.

Haveremos de assistir ao dia em que a Economia terrestre será bafejada pelo espírito de Caridade, porque a Luz de Deus avança pelos mais recônditos ou soturnos ambientes do pensamento e da ação humanos. Portanto, **que os chamados bons se levantem em nome da Paz** e espalhem essa Sublime Claridade para iluminar a escuridão que ainda campeia pelo mundo. Foi o Divino Mestre quem afirmou:

— *Assim também brilhe a vossa luz diante dos homens, para que vejam as vossas Boas Obras e glorifiquem vosso Pai que está nos Céus* (Evangelho, segundo Mateus, 5:16).

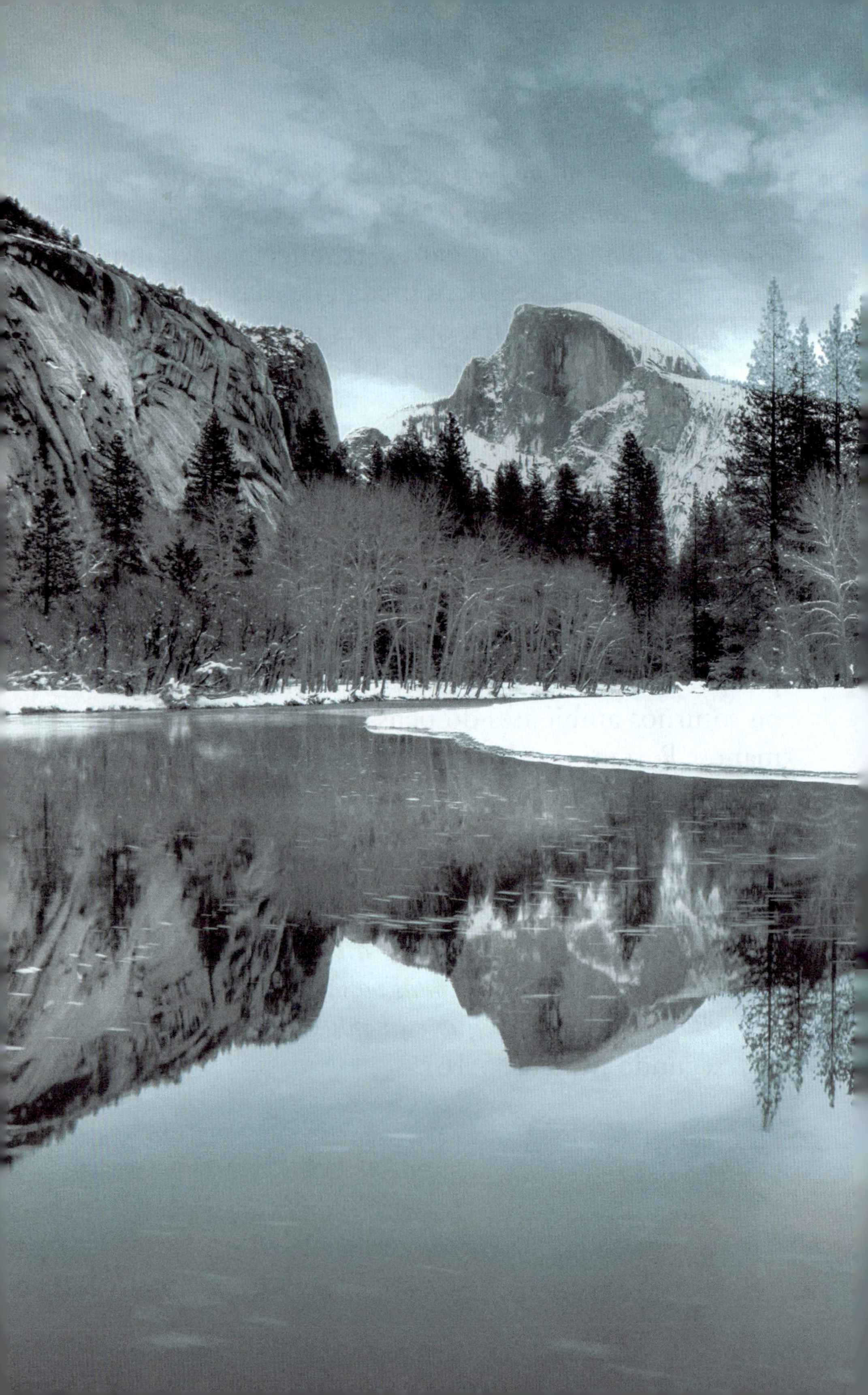

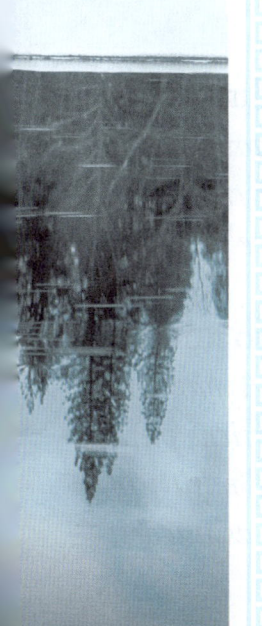

Identificação no Bem de norte a sul, de leste a oeste

Enquanto os governos não chegam às "soluções definitivas" para a miséria, que cada criatura, por iniciativa pessoal ou em comunidades, **faça mais do que puder** — e não o deixe de realizar — pelo semelhante, pondo em ação o poderoso espírito associativo de Caridade, tão apregoado e vivido por **Jesus, Muhammad, Moisés, Buda, Onisaburo, Confúcio, Gandhi** e outros luminares da História não somente do campo religioso, entre estes:

Aristóteles (384-322 a.C.), filósofo grego — *"A felicidade consiste em viver bem e fazer o Bem"*.

Anália Franco (1853-1919), educadora brasileira — *"Eduquemos e amparemos as pobres crianças que necessitam de nosso auxílio, arrancando-as das trilhas dos vícios, tornando-as cidadãos úteis e dignos, para o engrandecimento de nossa pátria".*

Princesa Diana (1961-1997) — *"Todos precisamos demonstrar quanto nos preocupamos uns com os outros e, nesse processo, cuidar de nós mesmos".*

Rui Barbosa (1849-1923), jurista, jornalista, político e diplomata brasileiro — *"Todos os que dão aos necessitados, todos os que valem aos desvalidos, todos os que acodem aos aflitos, aos feridos, aos doentes, todos esses estão dentro do Evangelho, cuja substância se resume na caridade".*

Charles Chaplin (1889-1977), ator e diretor de cinema inglês — *"Lutemos por um mundo novo... um mundo bom que a todos assegure o ensejo de trabalho, que dê futuro à juventude e segurança à velhice".*

André Rebouças (1838-1898), engenheiro militar, inventor e abolicionista brasileiro — *"(...) A paz armada está para a guerra como as moléstias crônicas para as moléstias agudas; como uma febre renitente para um tifo. Todas essas moléstias aniquilam e matam as nações; é só uma questão de tempo".*

Anne Frank (1929-1945), jovem escritora judia — *"Todo mundo tem dentro de si um fragmento de boas notícias. A boa notícia é que você não sabe quão extraordinário você pode ser! O quanto você pode amar! O que você pode executar! E qual é o seu potencial! (...) Que maravilha é ninguém precisar esperar um único momento para melhorar o mundo".*

Dra. Zilda Arns (1934-2010), médica pediatra, sanitarista brasileira e fundadora da Pastoral da Criança — *"O trabalho social precisa de mobilização das forças. Cada um colabora com aquilo que sabe fazer ou com o que tem para oferecer. Deste modo, fortalece-se o tecido que sustenta a ação, e cada um sente que é uma célula de transformação do país".*

La Fontaine (1621-1695), fabulista francês — *"Amai, amai, que tudo o mais é nada".*

Saadi (1213-1292), poeta persa, cujos seguintes versos se encontram inscritos em tapeçaria exposta na parede de entrada do edifício das Nações Unidas, em Nova York — *"Os seres humanos são membros de um todo,/ Na criação de uma só essência e uma só Alma./ Se um membro é afligido com dor,/ Outros membros ficarão desconfortáveis./ Se você não tem simpatia pela dor humana,/ Você não poderá conservar o nome de humano".*

Irmã Dulce (1914-1992), também conhecida como "O anjo bom da Bahia (Brasil)", ganhadora da Comenda da Ordem do Mérito da Fraternidade Ecumênica do ParlaMundi da LBV (1997 — categoria *Solidariedade*) — "*Se houvesse mais Amor, o mundo seria outro; se nós amássemos mais, haveria menos guerra. Tudo está resumido nisso: dê o máximo de si em favor do seu Irmão, e, assim sendo, haverá Paz na Terra*".

Winston Churchill (1874-1965), político e escritor inglês, Prêmio Nobel de Literatura de 1953 — "*Todas as grandes coisas são simples. E muitas podem ser expressas em palavras singulares: Liberdade; Justiça; Honra; Dever; Piedade; Esperança*".

Herbert José de Sousa, o Betinho[1] (1935-1997), sociólogo, ganhador da Comenda da Ordem do Mérito da Fraternidade Ecumênica do ParlaMundi da LBV (1996 — categoria *Solidariedade*) — "*Não posso ser feliz diante da miséria humana. O fim da miséria não é uma utopia*".

Florence Nightingale (1820-1910), ícone inglesa da Enfermagem, que sempre encerrava suas cartas com uma frase manifestando seu extremado zelo pelo próximo — "*É caridade cuidar bem de corpos doentes.*

---

[1] **Betinho** — Por sua luta contra a fome, recebeu de Paiva Netto a alcunha de "Cidadão Solidariedade".

É uma caridade maior cuidar bem e com paciência de mentes doentes (...). Contudo, existe uma caridade ainda maior: fazer o Bem àqueles que não são bons conosco (...)".

Portanto, *"que os homens possam se lembrar de que são irmãos"*, conforme exortou **Voltaire** (1694-1778). No seu *Tratado sobre a Tolerância*, François-Marie Arouet (verdadeiro nome do polêmico pensador francês) grafou:

> *— A Natureza diz a todos os homens: (...) Eu vos dei braços para cultivar a terra e um pequeno lume de razão para vos guiar; pus em vossos corações um germe de compaixão para que uns ajudem os outros a suportar a vida. Não sufoqueis esse germe, não o corrompais. Compreendei que ele é divino (...).*

Sim, caro Voltaire, e que dessa forma seja de norte a sul, de leste a oeste, pois o tempo histórico para que a Humanidade entenda que a conservação do planeta depende do nosso comportamento verdadeiramente civilizado está diminuindo a olhos vistos. E essas não são palavras de um místico vidente, por mais respeitável que seja, porém a simples constatação da realidade. Jamais, como agora, se fez tão necessária a mensagem de conforto e esperança.

Contra o Suicídio

A morte não interrompe a Vida. Na Terra ou no Céu da Terra, persistimos em trilhar a existência perene. Contudo, necessário se faz reforçar nosso esclarecimento acerca do suicídio: essa consciência da Eternidade jamais pode ser vista como justificativa para ele. É uma afronta ao Criador e à própria criatura. Meus Irmãos, minhas Irmãs, permitam-me também afirmar: a ofensa ao Poder Divino da Vida Eterna resulta nas piores consequências para todo aquele que infrinja as Sagradas Leis da existência no Universo. Por isso, **não se mate, viver é melhor**!

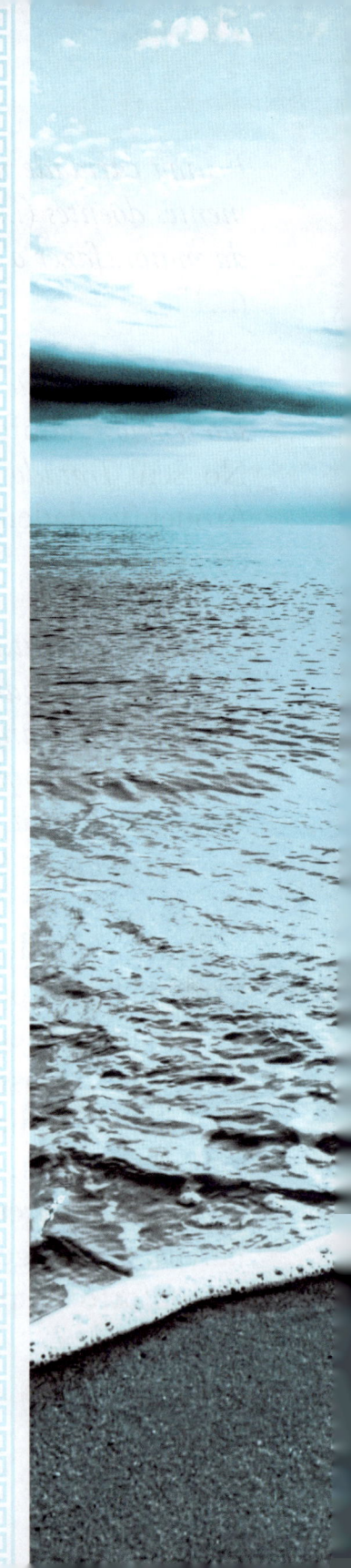

O GRANDE SEGREDO DA VIDA

A Vida continua sempre, e lutar por ela realmente vale a pena. Ainda que se apresente a escuridão da noite, o Sol nascerá no horizonte, derrotando as trevas e trazendo a claridade aos corações. Por isso, proclamamos: o grande segredo da Vida é, **amando a Vida**, saber preparar-se para a morte, ou Vida Eterna. Ressalte-se: o falecimento deve ocorrer somente na hora certa determinada por Deus.

Amparo Celeste

Àquele que auxilia jamais faltará o amparo bendito que lhe possa curar as feridas.

Pela Vida, vale a pena lutar!

A Vida continua sempre, e lutar por ela realmente vale a pena.

De vez em quando surge alguém a falar sobre o suicídio como se ele fosse uma glória, a do desaparecimento das dores espirituais, morais, físicas e das perturbações cotidianas. No entanto, isso é um grande equívoco, no qual ninguém deve incorrer, pois todo aquele que busca no suicídio o esquecimento de tudo enfrentará o supremo despertar da consciência flagrada em delito. Estando do Outro Lado, encontrará Vida e as cobranças a respeito do que terá feito com ela.

Conforme dizia o saudoso jornalista, radialista, escritor, filósofo e ativista social Alziro Zarur (1914-1979), ***"O suicídio não resolve as angústias de ninguém"***; portanto, nem as suas, prezada leitora, prezado leitor. A morte não é o término de tudo. Zarur também afirmava que *"Não há morte em nenhum ponto do Universo"*. De fato, pois nem o cadáver está morto. Ao desfazer-se, libera bilhões de organismos minúsculos, que vão gerar outras formas de existir. Você não acredita? Tem todo o direito! Mas e se for verídico?! Premie-se, minha amiga, meu amigo, com o benefício da dúvida, base do discurso científico. Graças à perquirição incessante, prossegue-se desbravando estradas novas para a Humanidade.

Não se mate, porque você continuará vivo!

Pense no seguinte: se o que consideramos aqui for realidade, você se encontrará, após um pseudoato libertário (o suicídio), terrivelmente agrilhoado ou agrilhoada, pondo-se em tamanha situação para a qual de jeito algum estava preparado ou preparada. A quem apelar, se, de início, afastou de si todos os entes queridos e alegrias que teimava em não ver?! Consumado o desatino, gostaria de voltar a enxergá-los; porém, será tarde. E, somente à custa de muitas orações — que você talvez jamais ou raras vezes tenha proferido na Terra —, perceberá, num gesto de humildade, uma luz que lhe acendam nas trevas. Apenas depois de muitas dores carpidas por seu próprio Espírito, poderá reencetar uma caminhada, que se terá tornado muito mais áspera.

No livro *Fabiano de Cristo, o Peregrino da Caridade*[1], do professor, jornalista e radialista **Roque Jacintho** (1928-2004), a um jovem que desejava matar-se, mas que fora demovido da ideia pelo **Irmão Fabiano**, o piedoso frei dirige estas alertadoras palavras:

> — *O suicídio não é um porto de chegada, mas a travessia de uma grande tormenta.* É o princípio de todas as dores e de tormentos infindos, porque a vida é eterna para nós. Afinal, há sempre os que nos amam, cada um a seu jeito, e é preciso entender a linguagem do amor. (O destaque é nosso.)

O suicídio golpeia a Alma

No encarte do CD da radionovela *Memórias de um Suicida*[2], afirmo que o suicídio é um ato que infalivel-

---

[1] *Fabiano de Cristo, o Peregrino da Caridade* — Essa obra foi inspirada ao saudoso escritor Roque Jacintho (1928-2004) pelos Espíritos **Bezerra de Menezes** (1831-1900) e **Bittencourt Sampaio** (1834-1895).

[2] *Memórias de um Suicida* — Por iniciativa de Paiva Netto, a gravadora Som Puro lançou, a exemplo de *Há Dois Mil Anos, 50 Anos Depois, Nosso Lar* e *Sexo e Destino*, a radionovela *Memórias de um Suicida*, adaptação do livro homônimo, que foi psicografado pela respeitada médium brasileira **Yvonne do Amaral Pereira** (1900-1984), e cujos direitos autorais foram gentilmente cedidos pela FEB. Na história, **Camilo Cândido Botelho** (pseudônimo), ao ficar cego, no término do século 19, após vivenciar vários conflitos conjugais e familiares e a decadência financeira, suicida-se, aos 65 anos, acreditando que *"a morte seria o fim"* de seu sofrimento. Mas, como na Profecia de Jesus no Apocalipse, 9:6, a morte não o aceita, e Camilo (Espírito), mais vivo do que antes, vê seus dramas multiplicados. Depois de mais de 50 anos de padecimentos e remorsos jamais experimentados por ele na Terra, enfim encontra o caminho da redenção. Para adquirir essas e outras obras, ligue para o Clu-

mente golpeia a Alma de quem o pratica. Ao chegar ao Outro Lado, ela vai encontrar-se mais viva do que nunca, a padecer opressivas aflições por ter fugido de sua responsabilidade terrena. Sofrerá continuamente os graves efeitos do suicídio — vendo aquilo que, um dia, foi o seu corpo apodrecer no túmulo —, até que se complete o tempo da própria vida material, que cortou criminosamente. Parece coisa de filme de terror, mas não é. Trata-se da mais pura verdade. Por isso, *"a morte fugirá deles"* (Apocalipse, 9:6). Isto é, pensando morrer, **os que se suicidam permanecerão vivos, mais vivos do que nunca, somando às dores antigas** (se é que as tinham tão cruéis como as imaginavam) **cruciantes dores novas**. É bom refletir sobre o assunto. Depois, não adiantará queixar-se. Nem haverá a quem se lamentar!

Convém assinalar que sempre alguém fica ferido e/ou abandonado com a deserção da pessoa amada ou amiga, em quem confiava, seja aqui ou no Mundo da Verdade. Igualmente, é de muito bom senso não olvidar que **no Tribunal Celeste vigora o Amor Fraterno, mas não existe impunidade**.

Pegar do tormento e alavancar a coragem

Em *Jesus, a Dor e a origem de Sua Autoridade — O Poder do Cristo em nós* (2014), destaquei que, ao escrever esse livro, meu intuito foi o de mostrar aos preza-

---

→ be Cultura de Paz (0300 10 07 940) ou acesse www.clubeculturadepaz.com.br.

dos leitores que **a Dor nos fortalece e nos instrui** a vencer todos os obstáculos, por piores que sejam. **Por isso, suicidar-se é um tremendo engano.** É necessário saber conviver com a Dor e, com obstinação, sobrepujá-la. Para tanto, faz-se urgente conhecer e viver a Excelsa Lei, que rege os mundos, do micro ao macrocosmo, expressa no Mandamento Novo do Jesus Ecumênico: *"Amai-vos como Eu vos amei. Somente assim podereis ser reconhecidos como meus discípulos. (...) Não há maior Amor do que doar a própria vida pelos seus amigos"* (Evangelho, segundo João, 13:34 e 35; e 15:13). Essa é a forma de nos capacitarmos **para pegar até do tormento e, com ele, alavancar a coragem**.

Minha Irmã, meu Irmão, respeitosamente dedico a todos vocês este pensamento:

A Vida continua sempre, e lutar por ela vale a pena. Ainda que se apresente a escuridão da noite, o Sol nascerá no horizonte, derrotando as trevas e trazendo a claridade aos corações. Por isso, proclamamos: o grande segredo da Vida é, **amando a Vida**, saber preparar-se para a morte, ou Vida Eterna. Ressalte-se: o falecimento deve ocorrer somente na hora certa determinada por Deus.

Se passarmos os olhos ao nosso redor, veremos que existem seres humanos e até mesmo animais em situação mais dolorosa que a nossa, precisando que lhes seja estendida mão amiga. Não devemos perder a oportunidade de ajudar. Àquele que auxilia jamais faltará o amparo bendito que lhe possa curar as feridas.

Viver é melhor!

Coragem, espírito de iniciativa e criatividade

Minhas Irmãs e meus Amigos, minhas Amigas e meus Irmãos, caminhamos para o encerramento deste modesto trabalho, no qual lhes ofereço essas singelas reflexões de minh'Alma, nascidas de improvisos em palestras no rádio, na TV e na internet e que são destinadas ao coração de todos vocês. E que possamos, com a energia dos nossos mais arrojados ideais, pelejar diligentemente na luta *"por um Brasil melhor e por uma Humanidade mais feliz"*, como defendia o saudoso Irmão Zarur.

As elevadas aspirações que carregamos no nosso íntimo serão o aríete a expandir os horizontes de cada indivíduo desta morada coletiva — com a coragem, o espírito de iniciativa e a criatividade, no enfrentamento de todos os graves desafios mundiais de nosso tempo —, para que vivamos a tão sonhada Sociedade Solidária Altruística Ecumênica. Por isso, **cuida do Espírito, reforma o ser humano. E tudo se transformará!**

Vivência das Leis Divinas

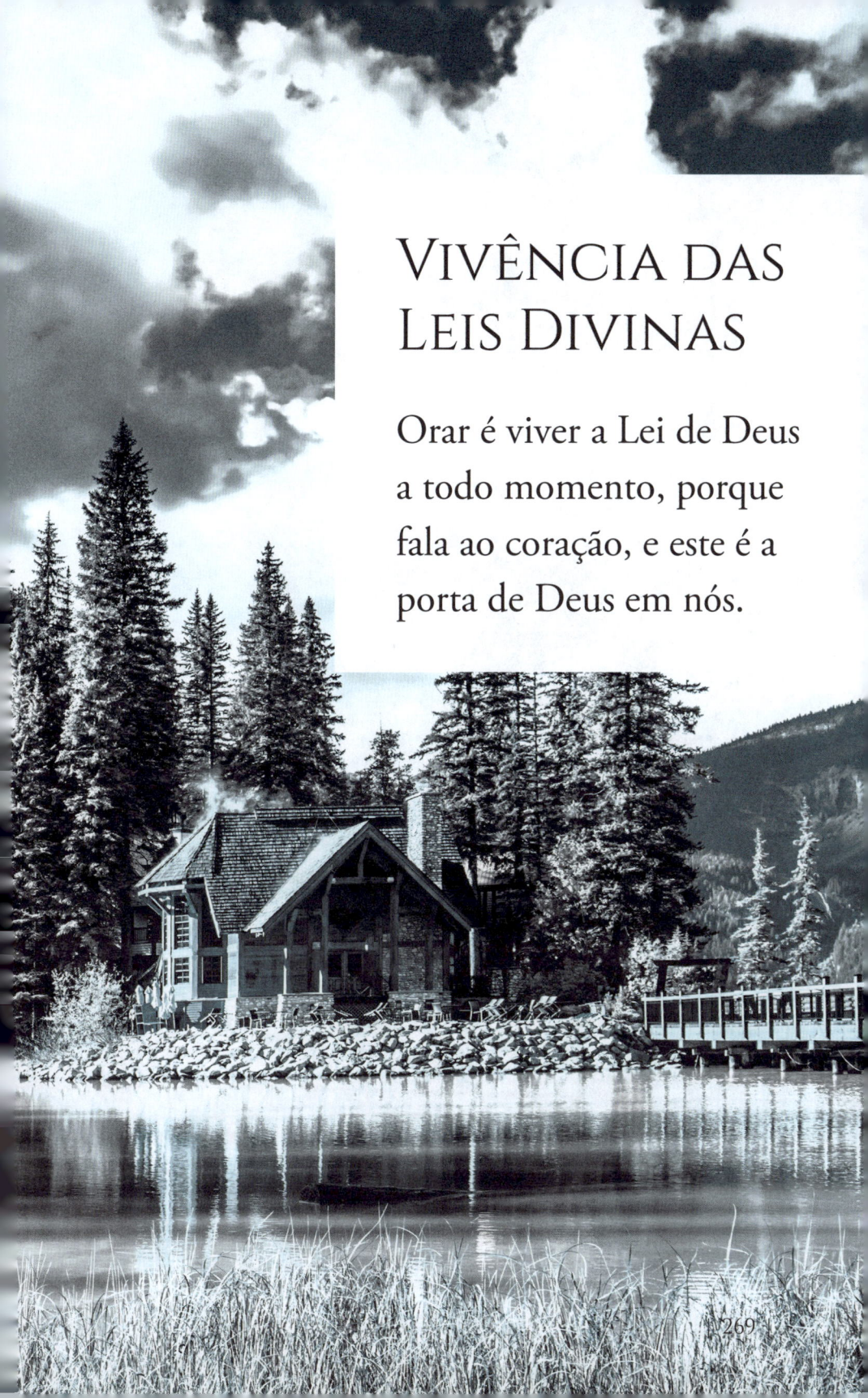

Orar é viver a Lei de Deus a todo momento, porque fala ao coração, e este é a porta de Deus em nós.

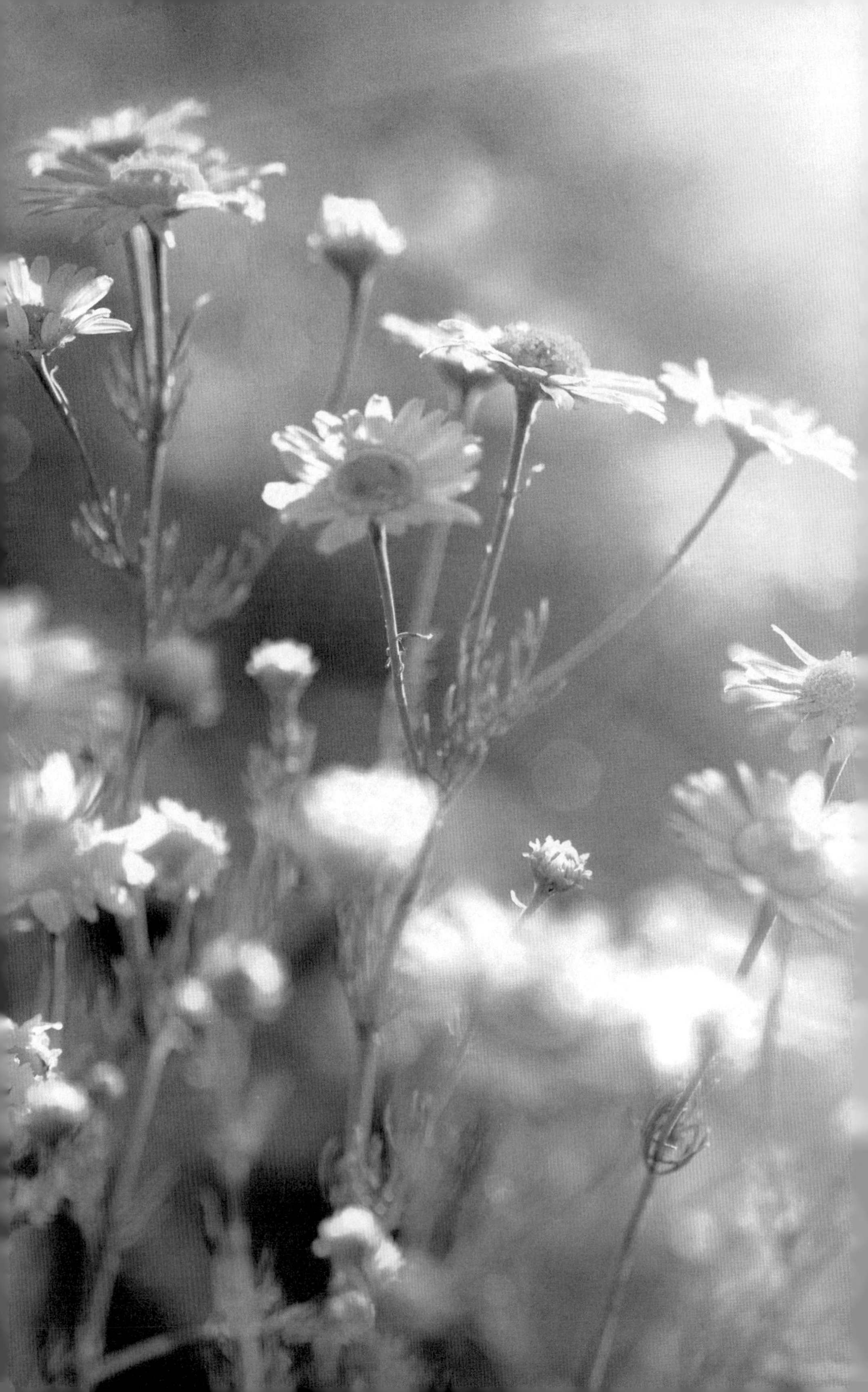

ORAR FORTALECE A QUEM ORA

Paulo Apóstolo, em sua Epístola aos Romanos, 8:38 e 39, com grande eloquência, nos revela que *"nada nos poderá separar do Amor de Deus"*; portanto, da Essência do Criador, que é a Sua verdadeira e única Face a se manifestar em todos os Universos, porquanto o deus humano, com seus inúmeros defeitos, em nada O representa, pois inexiste:

> *38 Porque estou certo de que nem a morte, nem a vida, nem os anjos, nem os principados, nem as potestades, nem o presente, nem o porvir,*
>
> *39 nem a altura, nem a profundidade,* **nem alguma outra criatura nos poderá separar do Amor de Deus, que está em Cristo Jesus, nosso Senhor!**

E **o Amor Fraterno é um dos mais potentes dispositivos da Justiça Celeste.**

Que possamos, portanto, enfrentar os nossos desafios diários com a força do Amor do Divino Mestre. Iluminemo-nos com a Oração Ecumênica que Jesus nos deixou, o *Pai-Nosso*. Orar é viver a Lei de Deus a todo momento, porque fala ao coração, e este é a porta de Deus em nós.

Qualquer pessoa, até mesmo um Irmão ateu (por que não?!), pode proferir o *Pai-Nosso*, sem que se sinta constrangida. Ele não se encontra restrito a crença alguma, por ser uma súplica universal, consoante o abrangente espírito de Caridade do Cristo Ecumênico, o Excelso Estadista.

Deus não é o falibilíssimo Júpiter

Todos nós necessitamos, durante a vida, **de instantes que sejam de elevação espiritual**, filosófica, moral, religiosa, política, artística, esportiva, mental, como o quiserem... e muitos bons frutos serão alcançados. **E aqui está a excelente oportunidade.** Não somos todos filhos de Deus?! **O terrível mal ainda deste mundo é o de que muitos confundem o Criador com Júpiter,** figura imaginária que tinha mil defeitos, ou com outros deuses, que carregavam milhões de falhas. Temos de livrar a nossa mente e o nosso

Espírito dessa ideia preconcebida do deus antropomórfico. **Deus não tem nada a ver com Júpiter. Este é criação do ser humano e espelha as suas imperfeições.** É só pensar que, **antes de tudo**, somos seres espirituais, e que nos podemos tornar Almas benditas ou Espíritos luminosos, diante de Deus, pelos nossos melhores frutos, pois o Cristo reitera, no Apocalipse, 20:13, a **Lei das Obras**:

— *(...) E foram julgados, um por um, segundo as suas obras.*

A oração — ou, se preferirem, a reza — é o filho que se dirige ao Alto quando crê na existência do Pai-Mãe Celestial ou é o indivíduo a dialogar com a sua elevada condição de criatura vivente. O *Pai-Nosso* é a Prece Ecumênica por excelência.

Vamos, portanto, falar com Deus, entoando **a Oração de Nosso Senhor Jesus Cristo**, que se encontra no Seu Evangelho, segundo Mateus, 6:9 a 13:

A Oração Ecumênica de Jesus

Pai Nosso, que estais no Céu [e em toda parte ao mesmo tempo], *santificado seja o Vosso Nome.*
Venha a nós o Vosso Reino [de Justiça e de Verdade].
Seja feita a Vossa Vontade [e humildemente dizemos:

jamais a nossa vontade, porque ainda estamos aprendendo a tê-la com toda a correção], *assim na Terra como no Céu.*

O pão nosso de cada dia dai-nos hoje [o pão transubstancial, que está além da matéria, a comida que não perece, o alimento para o Espírito, porque o pão para o corpo, iremos consegui-lo com o suor do nosso rosto].

Perdoai as nossas ofensas, assim como nós perdoarmos aos nossos ofensores.

E não nos deixeis cair em tentação, mas livrai-nos do mal, porque Vosso é o Reino, e o Poder, e a Glória para sempre.
Amém!

Firmados no Conhecimento Divino, temos plena convicção de que tudo melhorará para todos nós.

Aprendemos nessa maravilhosa oração de Jesus **que podemos ter certeza de que seremos vitoriosos**, se estivermos em nome de Deus, do Cristo e do Espírito Santo, sempre dispostos a trabalhar pelos semelhantes.

Por isso, há décadas, nossa querida Legião da Boa Vontade (LBV), fundada em 1º de janeiro (Dia da Paz e da Confraternização Universal) de 1950, por

Alziro Zarur, segue firme no seu propósito da Caridade Completa — Material e Espiritual (revelada por Zarur em preciosas gravações originais na voz dele, que mantemos no ar) até os dias que correm e seguirá pelos séculos dos séculos. Amém!

Quem confia em Jesus não perde o seu tempo, porque Ele é o Grande Amigo que não abandona amigo no meio do caminho!

Quanto mais perto de Jesus, mais longe dos problemas!

Se nos esquecermos de Jesus, qualquer coisa que pensarmos, dissermos ou fizermos será perda de tempo!

Servir a Jesus não é sacrifício. É privilégio!

É o que digo a vocês que trazem a sua contribuição fiel à LBV, à Religião de Deus, do Cristo e do Espírito Santo, aos que nos ouvem pelo Rádio, assistem pela TV, acompanham pela internet, leem nossas palavras nos livros, nas publicações legionárias; enfim, a todos os que nos ajudam em tudo o que realizamos, inspirados pela Boa Vontade Divina, pelo bem do Brasil e da Humanidade.

Que a Paz de Deus esteja agora e sempre com todos! Amém!

Ora vem, Senhor Jesus!

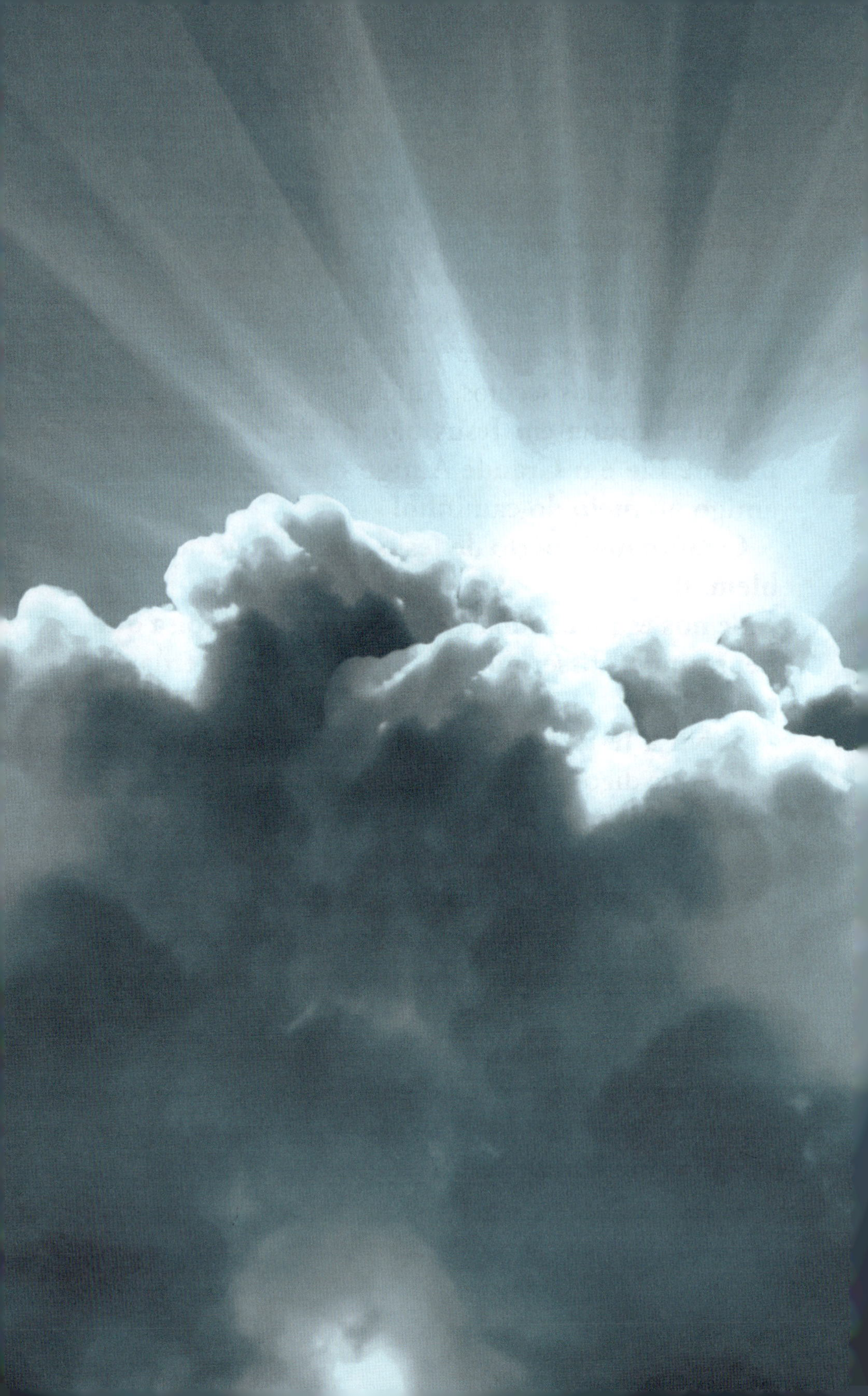

Pai-Nosso e Bem-Aventuranças

Pai-Nosso

(A Oração Ecumênica de Jesus[1] que se encontra no Seu Evangelho, segundo Mateus, 6:9 a 13.)

Pai Nosso, que estais no Céu
(e em toda parte ao mesmo tempo),
santificado seja o Vosso Nome.
Venha a nós o Vosso Reino (de Justiça e de Verdade).
Seja feita a Vossa Vontade (jamais a nossa vontade),
assim na Terra como no Céu.
O pão nosso de cada dia dai-nos hoje
(o pão transubstancial, a comida que não perece,
o alimento para o Espírito, porque o pão para o
corpo, iremos consegui-lo com o suor do nosso rosto).
Perdoai as nossas ofensas,

---

[1] **Nota de Paiva Netto**
Todos podem rezar o *Pai-Nosso*. Ele não se encontra adstrito a crença alguma, por ser uma oração universal, consoante o abrangente espírito de Caridade do Cristo Ecumênico, o Divino Estadista. Qualquer pessoa, até mesmo ateia (por que não?!), pode proferir suas palavras sem sentir-se constrangida. É o filho que se dirige ao Pai, ou é o ser humano a dialogar com a sua elevada condição de criatura vivente. Trata-se da Prece Ecumênica por excelência.

*assim como nós perdoarmos aos nossos ofensores.
Não nos deixeis cair em tentação,
mas livrai-nos do mal,
porque Vosso é o Reino,
e o Poder, e a Glória para sempre.
Amém!*

As Bem-Aventuranças do Sermão da Montanha de Jesus

(Evangelho do Cristo, segundo Mateus, 5:1 a 12, da magnífica forma com que Alziro Zarur as proferia.)

Jesus, vendo a multidão, subiu ao monte. Sentando-se, aproximaram-se Dele os Seus discípulos, e Jesus ensinava, dizendo:

*Bem-aventurados os humildes,
porque deles é o Reino do Céu.
Bem-aventurados os que choram,
porque eles serão consolados pelo próprio Deus.
Bem-aventurados os pacientes,
porque eles herdarão a Terra.
Bem-aventurados os que têm fome e sede de Justiça,
porque eles terão o amparo da Justiça Divina.*

Bem-aventurados os misericordiosos,
porque eles alcançarão misericórdia.
Bem-aventurados os limpos de coração,
porque eles verão Deus face a face.
Bem-aventurados os pacificadores,
porque eles serão chamados filhos de Deus.
Bem-aventurados os que são perseguidos por causa da Verdade,
porque deles é o Reino do Céu.
Bem-aventurados sois vós, quando vos perseguem,
quando vos injuriam e, mentindo,
fazem todo o mal contra vós por minha causa.
Exultai e alegrai-vos,
porque é grande o vosso galardão no Céu.
Porque assim foram perseguidos os Profetas
que vieram antes de vós.

As Sete Bem-Aventuranças do Apocalipse de Jesus[1]

Não somente o Evangelho de Jesus registra Bem-Aventuranças, como as do Sermão da Montanha. Os estudiosos do Apocalipse também as encontram em suas páginas decifráveis e iniciáticas aos que têm *"olhos de ver e ouvidos de ouvir"*[2].

Primeira
— Bem-aventurados aqueles que leem e aqueles que ouvem as palavras da profecia deste Livro e

---

[1] **As Sete Bem-Aventuranças do Apocalipse de Jesus** — A íntegra do documento de Paiva Netto sobre este tema pode ser lida em *As Profecias sem Mistério* (1998), um dos livros da série "O Apocalipse de Jesus para os Simples de Coração", que, com as obras *Somos todos Profetas* (1991), *Apocalipse sem Medo* (2000), *Jesus, o Profeta Divino* (2011) e *Jesus, a Dor e a origem de Sua Autoridade* (2014), já vendeu mais de 3 milhões de exemplares. Para adquirir os títulos de Paiva Netto, ligue para 0300 10 07 940 ou acesse: www.clubeculturadepaz.com.br.
[2] **Aos que têm *"olhos de ver e ouvidos de ouvir"*** — No Corão Sagrado, versículo 12 da 32ª Surata "As Sajda" (A Prostração).

guardam as coisas nele escritas, pois o Tempo está próximo (1:3).

Segunda
— *Então, ouvi uma voz do Céu, que me dizia: Escreve: Bem-aventurados os mortos que, desde agora, morrem no Senhor. Doravante, diz o Espírito, que descansem das suas fadigas, pois as suas obras os acompanham* (14:13).

Terceira
— *Eis que venho como vem o ladrão. Bem-aventurado aquele que vigia e guarda as suas vestiduras, para não andar nu, e não se veja a sua vergonha* (16:15).

Quarta
— *Então, me falou o Anjo: Escreve: Bem-aventurados aqueles que são chamados à ceia das bodas do Cordeiro. E acrescentou: São estas as verdadeiras palavras de Deus* (19:9).

Quinta
— *Bem-aventurados e santos aqueles que têm parte na primeira ressurreição. Sobre esses a segunda morte não tem autoridade; pelo contrário, serão sacerdotes de Deus e de Cristo Jesus, e reinarão com Ele os mil anos* (20:6).

Sexta
— *Eis que venho sem demora. Bem-aventurado aquele*

*que guarda as palavras da profecia
deste Livro (22:7).*

Sétima
— Bem-aventurados aqueles que lavam as suas vestiduras no sangue do Cordeiro de Deus para que lhes assista o direito à Árvore da Vida Eterna e para entrarem na cidade pelas portas (22:14).

ÍNDICE DE NOMES

Alcione (Alcione Dias Nazareth) – 212
Alighieri, Dante – 201
André Luiz – 146
Andres, Valdir – 303
Ângela Maria – 212
Aristóteles – 27, 255
Armstrong, Louis – 212
Arns, Zilda – 257
Assis, Reinaldo Porchat de – 120
Athayde, Austregésilo – 235
Áulus (Espírito) – 146, 206
Barbosa, Rui – 119, 120, 166, 202, 256
Bergman, Ingrid – 63
Berlin, Irving – 212
Bernardes, padre Manuel – 96
Bertolin, Paula Suelí Periotto – 17
Bogart, Humphrey – 63
Borodin, Aleksandr – 212
Botelho, Camilo Cândido – 265
Braga, Francisco – 212
Brandão, Leci – 212
Buarque, Chico – 212
Buda – 255
Câmara, Dom Hélder – 243
Campos, Humberto de – 180
Cartola (Angenor de Oliveira) – 212
Carvalho, Beth – 212
Catão – 139
Caymmi, Dorival – 212, 298
Caymmi, Nana – 212
Chaplin, Charles – 256
Churchill, Winston – 258
Cícero – 99
Claudel, Paul – 213
Comte, Augusto – 157
Confúcio – 27, 105, 255
Coralina, Cora – 134
Costa, Gal – 212
Cretella Júnior, José – 303
Cristo, Fabiano de – 265
Curie, Madame – 250
Darwin, Charles – 20
Debussy, Claude – 212

Diana, Princesa – 256
Dom Bosco – 83
Dornelas, Homero – 299
Du Gard, Roger Martin – 202
Einstein, Albert – 175
Eisenhower, Dwight David – 172
Elis Regina – 212
Eliseu – 120
Fernandez, Lorenzo – 212
Fontenelle, Bernard de – 139
Franco, Anália – 256
Frank, Anne – 257
Franklin, Benjamin – 134
Gamaliel – 11
Gamow, George – 217
Gandhi (Mahatma) – 20, 138, 175, 255
Gershwin, George – 212
Giannini, Sérgio Diogo – 175
Gil, Gilberto – 212
Gnattali, Radamés – 212
Goethe (Johann Wolfgang von) – 139, 175, 183
Gomes, Carlos – 212
Gonzaga, Chiquinha – 212
Graham, Billy – 235
Grieg, Edvard – 212
Grofé, Ferde – 212
Guterres, António – 89, 300, 301
Herodes – 103
Henreid, Paul – 63
Irmã Dulce – 258
Jacintho, Roque – 265
Jefferson, Thomas – 65
Jeremias (Profeta) – 183
Jesus Cristo – 5 a 7, 9, 11, 13, 15 a 17, 31, 34, 44, 45, 47, 49, 55, 56, 60, 65, 66, 72, 73, 82, 83, 97, 98, 101, 103 a 107, 109, 119, 121, 122, 125, 129, 137, 141, 142, 144, 145, 149, 152, 155, 156, 159, 160, 163, 164, 168, 181, 183, 186, 189, 193, 195, 197, 198, 200, 202, 208, 211, 213, 227, 228, 231, 245, 252, 255, 265 a 267, 271 a 275, 279, 281, 283, 284
Jó (Profeta) – 84, 119
João (Apóstolo) – 6, 13, 34, 45, 56, 104, 122,

125, 142 a 144, 156, 159, 179, 180, 183, 198, 203, 217, 221, 227, 245, 253, 267
João Batista – 103
João Gilberto – 212
Jobim, Tom – 212
Jonas (Profeta) – 46, 47
Josué – 120
Kang, Kyung-wha – 89, 301
Kant, Immanuel – 139
Kardec, Allan – 27, 121, 218
Kubitschek, Juscelino – 299
La Fontaine – 257
Lamarck, Jean-Baptiste de – 139
Lopes, Moacir Costa – 303
Lovelock, James E. – 115
Lucas (Apóstolo) – 9, 15, 82, 98, 109, 117, 186, 200
Lyell, Charles – 20
Maquiavel, Nicolau – 242
Marcos (Apóstolo) – 45, 164, 228
Maria Bethânia – 212
Mateus (Apóstolo) – 6, 46, 47, 83, 97, 103, 105, 106, 119, 149, 152, 160, 189, 195, 228, 231, 253, 273, 279, 281
Maurício, padre José – 212
Mazzini, Giuseppe – 157
Menezes, Bezerra de – 151, 265
Miranda, Carmen – 212
Moisés – 47, 255
Moraes, Vinicius de – 212
Moutinho, José Geraldo Nogueira – 211
Muhammad (Profeta) – 247, 255
Nepomuceno, Alberto – 212
Nepomuceno, Augusto – 212
Nietzsche, Friedrich – 220, 221
Nightingale, Florence – 258
Onisaburo – 255
Osório, Manuel Luís – 171
Paiva, Bruno Simões de – 142, 144, 145, 298
Paiva, Idalina Cecília – 141, 142, 144, 145, 298
Paiva, Lícia Margarida – 142 a 145, 298
Panicali, Lyrio – 212
Paulo (Apóstolo) – 73, 213, 271
Peixe, Guerra – 212
Penalva, Gastão – 180
Pereira, Yvonne do Amaral – 265
Protágoras – 182
Rabelais, François – 84
Ramalho, Elba – 212
Ravel, Maurice – 212
Rebouças, André – 256
Renan, Ernest – 180
Rodrigues, Jair – 212
Roosevelt, Eleanor – 249
Rosa, Noel – 212
Rostand, Jean – 175
Russell, Bertrand – 176
Sá, Sandra de – 212
Saadi – 257
Sampaio, Bittencourt – 265
Samósata, Luciano de – 181
Samuel (Profeta) – 121
Santoro, Claudio – 208, 212
Schumann, Robert – 212
Schweitzer, Albert – 175
Sibelius, Jean – 212
Simone (Simone Bittencourt de Oliveira) – 212
Soares, Elza – 212
Sousa, Herbert José de – 258
Streisand, Barbra – 212
Tagore, Rabindranath – 20
Tchaikovsky, Piotr Ilitch – 212
Tennyson, Alfred – 139
Teócrito – 63, 242
Ticiano – 139
Tintoretto – 139
Toquinho (Antonio Pecci Filho) – 212
Toscanini, Arturo – 212
Uys, Errol Lincoln – 303
Veloso, Caetano – 212
Verdi, Giuseppe – 139, 212
Vicente, Guerra – 212
Villa-Lobos, Heitor – 208, 212, 299
Voltaire – 259
Xavier, Francisco Cândido – 146
Wagner, Richard – 212
Ward, William George – 242
Washington, Booker T. – 251
Zarur, Alziro – 6, 72, 73, 83, 107, 119, 122, 125, 159, 168, 181, 198, 201, 203, 223, 233, 263, 264, 268, 275, 281, 298, 299
Zebulom – 47

ÍNDICE DE MATÉRIAS
(em ordem alfabética)

"Canibalismo" do sentimento 56
"Sempre haverá Paris" 63
A Boa Semeadura 189
A Divina Eficiência 125
A existência de Deus 228
A intrepidez feminina 134
A Oração Ecumênica de Jesus 273
A primeira multiplicação de pães e peixes 103
Amor de Deus e Excelsa Justiça 23
Amparo Celeste 262
Apresentação – Coração, riquezas e Liberdade 15
Aritmética da destruição 111
Aritmética da sobrevivência 113
Arte e sacerdócio 206
As Bem-Aventuranças do Sermão da Montanha de Jesus 281
As Sete Bem-Aventuranças do Apocalipse de Jesus 283
Átomos de concórdia 60
Benfeitores Celestiais 122
Bertrand Russell e o espírito de tolerância 176
Bibliografia 293
Biografia 297
Bom futuro 59
Bússola de nossa existência 126
Civilização nova 55
Compartilhar o pão 159
Conservação do Cosmos 50
Contra o suicídio 260
Coragem, espírito de iniciativa e criatividade 268

Cultura Espiritual e Política de Deus 66
Desafiando o tabu individualista..91
Desenvolvimento Solidário...244
Desserviço dos mistificadores...232
Deus é Amor Solidário 221
Deus não é o falibilíssimo Júpiter 272
Deus: Equação Perfeita 79
Direitos, deveres e Apocalipse..202
Disposição para o Bem 65
Diversos graus do Saber..72
Ecce Deus e a morte do "deus humano" 220
Economia e Coração bem formado...75
Economia, Ciência, Religião e sua Ética 84
Ecumenismo ético...73
Eisenhower e a guerra...172
Energia Inteligente 76
Erradicar a miséria: uma questão econômica ou de consciência? 246
Espírito, Amor, pão e estudo 185
Esteio de religiosos e ateus 117
Exaltação aos bem-aventurados e a Cidadania do Espírito 152
Exaltar a face cordial da Economia 98
Expressão Sublime...32
Falta de Amor promove a discriminação 25
Família, Felicidade, Fé e Boas Obras..141
Fato sobrenatural..228
Felicidade em Deus...29
Fertilizante da coragem..193
Garantia do porvir..115
General Osório e o repúdio ao ódio..171
Homenagem a dois gênios brasileiros 208
Humanidade distraída 160
Identificação no Bem de norte a sul, de leste a oeste 255
Igualdade de gênero e erradicação da pobreza 87
Impedir tragédias..179
Índice de nomes..287
Infalível Seguro de Vida..82
Investigar *ad infinitum*..81
Jesus não gera incômodo ao bom senso 49

Juízo Final 195
Justiça, Bondade e vingança 27
Lavoura da vida 190
Lei da Solidariedade Universal 156
Leis Econômicas de Deus 101
Liberdade depreende temperança 44
Lugar da salvação 198
Mecanismo das Concessões Celestes 231
Melodia da Alma 205
Mestres do ensino 130
Migalhas, excessos e a fome dos deserdados 96
Milagres existem. Só que, perante a Lei de Deus, não são milagres ... 227
Mirem-se no Pedagogo do Universo 133
Multiplicação de pães e peixes e combate ao desperdício 103
Não se mate, porque você continuará vivo! 264
Não temer os desafios 238
Natal de Jesus e Direitos Humanos 155
O *big bang* é o Operacional Divino 217
O Cosmos é música 211
O Espírito-medida 182
O grande segredo da Vida 261
O Mistério de Deus revelado 7
O mundo nasceu com música 215
O negativismo atrasa o progresso 242
O parecer de Gamaliel 11
O sábio coração 71
O sinal de Jonas 46
O socorro que enfrenta a madrugada 143
O Sol da Caridade, Jesus 163
O suicídio golpeia a Alma 265
Obras-primas de Deus 40
Oração, trabalho e Paz 108
Orar fortalece a quem ora 271
Outras reflexões acerca de Deus 223
Pai-Nosso 279
Paz duradoura 168
Pegar do tormento e alavancar a coragem 266
Pela Vida, vale a pena lutar! 263

Perante o sinédrio	13
Perene gratidão	186
Perfeita Ordem	31
Permanente presença de Jesus	9
Poema do Deus Divino	224
Preciosos provocadores intelectuais	80
Prefácio do autor – O Amor é o Elo Achado	19
Quebrar as algemas da visão restritiva da escassez	106
Queda das barreiras étnicas	34
Quem faz o pão	252
Razão além da razão	129
Receptividade das Almas humildes	123
Reforma do ser humano	249
Religião e Sabedoria	38
Revolução Social dos Espíritos de Deus	119
Saudar além dos Irmãos — I	149
Saudar além dos Irmãos — II	151
Schweitzer, átomo e ética	175
Sede de simplicidade	180
Sede Espiritual da Religião do Terceiro Milênio	36
Segurança em Deus	166
Sobrepujar a Dor	237
Soluções Fraternas	94
Talentos de Deus	43
Templo da Boa Vontade	36
Transcendente valor da Família	146
Tratado do Novo Mandamento de Jesus	5
Trombetas e compositores	200
Tudo é questão de mentalidade	137
Um brado forte de independência	52
Um ensinamento do Divino Ativista do Bem	195
Uma palavra de Paz	245
Veículo do pensamento	68
Vencendo as adversidades	235
Vitória ao alcance	241
Vivência das Leis Divinas	269

BIBLIOGRAFIA

A Bíblia de Jerusalém. São Paulo: Paulus, 1995.

A Bíblia Sagrada. Tradução Padre Antônio Pereira de Figueiredo. Rio de Janeiro: Edição Barsa, 1964.

A Bíblia Sagrada. Tradução Centro Bíblico Católico. 60. ed. São Paulo: Ave Maria, 1988. Tradução dos originais mediante a versão dos Monges de Maredsous (Bélgica).

A Bíblia Sagrada: Antigo e Novo Testamento. Tradução para o português de João Ferreira de Almeida. Brasília: Sociedade Bíblica do Brasil, 1969.

A Bíblia Sagrada: nova edição papal. Traduzida das línguas originais com uso crítico de todas as fontes antigas pelos missionários capuchinhos de Lisboa. Charlotte, North Carolina, USA: C. D. Stampley Enterprises, Inc., 1974.

A Bíblia Sagrada: Novo Testamento. Tradução Padre Matos Soares. Porto: Grandes Oficinas Gráficas da Sociedade de Papelaria, 1954. 4 v.

Alcorão Sagrado. Tradução do professor Samir El-Hayek. São Paulo: Tangará, 1975.

ALIGHIERI, Dante. **A divina comédia.** Tradução de Cristiano Martins. Belo Horizonte: Itatiaia; São Paulo: Edusp, 1979.

ARISTÓTELES. Ética a **Nicômaco.** Brasília: Editora UnB, 2001.

ASPLUND, Uno. **Chaplin's films:** a filmography. Newton Abbot: David & Charles, 1973.

BARBOSA, Rui. **Escritos e discursos seletos.** Rio de Janeiro: Editora Nova Aguilar, 1966.

_____. **Obras completas de Rui Barbosa.** Rio de Janeiro: Ministério da Educação e Cultura, 1948, v. 16, t. 5, 1889.

_____. **Obras completas de Rui Barbosa.** Rio de Janeiro: Ministério da Educação e Cultura, 1956, v. 30, t. 1, 1903.

_____. **Obras completas de Rui Barbosa.** Rio de Janeiro: Fundação Casa de Rui Barbosa e 7Letras, 2016, v. 45, t. 2, 1918.

BERNARDES, Manuel; CASTILHO, António Feliciano de. **Padre Manuel Bernardes, excerptos:** seguidos de uma notícia sobre sua vida e obras; um juízo crítico; apreciações de bellezas e defeitos e estudos de língua. Rio de Janeiro: B. L. Garnier, 1865. t.1.

BERNHARD, Ruth. **Gift of the commonplace.** Carmel Valley, Calif.: Woodrose Publishing, in association with the Center for Photographic Art, 1996.

CHURCHILL, Winston; JAMES, Robert Rhodes (editor). **Churchill speaks** : Winston S. Churchill in peace and war : collected speeches, 1897-1963. New York: Chelsea House, 1980.

CICERO, Marcus Tullius; MACLARDY, Archibald. **The first oration of Cicero against Cataline:** being the latin text in original order with a literal interlinear translation, and with an elegant translation in the margin. New York: Hinds & Noble, 1902.

CONFUCIUS. **The Analects.** Translated with an introduction by D. C. Lau. England: Penguin Group, 1979.

CLAUDEL, Paul; VARILLON, François; PETIT, Jacques. **Journal.** Paris: Gallimard, 1968, tome I: 1904-1932.

CORALINA, Cora. **Vintém de cobre**: meias confissões de Aninha. Goiânia: UFG Editora, 1983.

DU GARD, Roger Martin. **Les Thibault.** Paris: Gallimard, 1963. t. 3.

EISENHOWER, Dwight D.; TREUENFELS, Rudolph. **Eisenhower speaks**: Dwight D. Eisenhower in his messages and speeches. New York: Farrar, Straus, 1948.

GIANNINI, Sérgio Diogo. **Santos médicos, médicos santos.** São Paulo: Panda Books, 2004.

GOETHE, Johann Wolfgang von. **Faust.** Leipzig: Insel-Verlag, 1959.

GRAHAM, Billy. **Billy Graham responde.** São Paulo: Editora Vida, 1992.

HARLAN, Louis R.; BLASSINGAME, John. **Booker T. Washington Papers Volume 1**, the autobiographical writings. Urbana: University of Illinois Press, 1972.

JACINTHO, Roque. **Fabiano de Cristo, o Peregrino da Caridade.** São Paulo: Luz no Lar, 1986.

JEFFERSON, Thomas. **Memoirs, correspondence and private papers of Thomas Jefferson.** London: Henry Colburn and Richard Bentley, 1829. v.4.

KARDEC, Allan. **L'Évangile selon le Spiritisme**. Paris: Diffusion scientifique, 1974.

_____. **O Livro dos Espíritos**. 78. ed. Rio de Janeiro: FEB, 1997.

_____. **Revue spirite**: Journal d'Études Psychologiques. Dixième année - 1867. Paris: Bureau, Rue Sainte-Anne, 59, 1867.

KOCZY, Leon. **Maria Skłodowska Curie:** benefactor of mankind. Glasgow: L. Koczy, 1968.

MAGALHÃES, J.B. **Osório**: síntese de seu perfil histórico. Rio de Janeiro: Biblioteca do Exército, 1978.

MAZZINI, Giuseppe. **Doveri dell'uomo**. Roma: Camera dei deputati, 1972.

MENANT, Sylvain; BESSIRE, François. **Traité sur la tolérance de Voltaire**. Coll. Lectures d'une œuvre. Paris: Editions du Temps, 2000.

MENEZES, Bezerra. **Evangelho do futuro**. Brasília: FEB, 2009.

MOUTINHO, José Geraldo Nogueira. **Exercitia**. São Paulo: Livraria Duas Cidades, 1970.

NIGHTINGALE, Florence. **Florence Nightingale to her nurses:** a selection from Miss Nightingale's addresses to probationers and nurses of the Nightingale School at St. Thomas's Hospital. London: Macmillan, 1915.

OSTROM, Elinor; OSTROM, Vincent. **Choice, rules and collective action:** The Ostrom's on the Study of Institutions and Governance. Colchester, UK : ECPR Press, 2014.

PAIVA NETTO, José de. **A Missão dos Setenta e o Lobo Invisível**. No prelo.

_____. **Apocalipse sem Medo**. 18. ed. São Paulo: Elevação, 2000.

_____. **Cidadania do Espírito**. São Paulo: Elevação, 2001.

_____. **Como Vencer o Sofrimento**. São Paulo: Elevação, 1990.

_____. **Crônicas e Entrevistas**. São Paulo: Elevação, 2000.

_____. **É Urgente Reeducar!**. São Paulo: Elevação, 2000.

_____. **Jesus, a Dor e a origem de Sua Autoridade: o Poder do Cristo em nós**. 1. ed. São Paulo: Elevação, 2014.

_____. **Mãezinha, deixe-me viver!.** São Paulo: Elevação, 1989.

_____. **O Brasil e o Apocalipse**. São Paulo: Legião da Boa Vontade, 1985. v. 2.

_____. **O Capital de Deus.** No prelo.

_____. **Reflexões da Alma.** 1. ed. São Paulo: Elevação, 2003.

_____. **Sagradas Diretrizes Espirituais da Religião de Deus, do Cristo e do Espírito Santo.** 7. ed. São Paulo, 1987. v. 1.

PETERS, Madison Clinton (editor). **The wit and wisdom of the Talmud.** New York: Bloch Publishing Company, 1914.

RABELAIS, François. **Pantagruel.** Paris: Gallimard, 1964.

RENAN, Ernest. **Souvenirs d'enfance et de jeunesse.** Paris: Armand Collin, 1959.

REBOUÇAS, André. "Guerra e Vitória". In: **Revista Novo Mundo**, vol. 6, n. 61, 23 de outubro de 1875.

RUSSELL, Bertrand. "A philosophy for you in these times", **Reader's digest**, vol. 39, no. 234 (Oct. 1941), 5-7.

SHIRAZI, Saadi; ARCHER, W. G. **The Gulistan or rose garden of Sa'Di.** London: George Allen & Unwin, 1964.

The Babylonian Talmud. Edited by Rabbi Isidore Epstein. London: Soncino press, 1958. v.5.

THEOCRITUS; A. S. F. Gow. **Theocritus.** London: Cambridge University Press, 1950.

WIGAL, Donald (editor). **The wisdom of Eleanor Roosevelt** (Philosophical Libraries). New York: Citadel, 2003.

WADSWORTH, Philip Adrian. **Selected works of La Fontaine.** Carbondale: Southern Illinois University Press, 1964.

XAVIER, Francisco Candido. André Luiz. **Nos domínios da mediunidade.** 16. ed. Rio de Janeiro: FEB, 1987.

_____. Humberto de Campos. **Novas mensagens.** 10. ed. Rio de Janeiro: FEB, 1995.

BIOGRAFIA

José de Paiva Netto, escritor, jornalista, radialista, compositor e poeta, nasceu em 2 de março de 1941, no Rio de Janeiro/RJ, Brasil. É Diretor-Presidente da Legião da Boa Vontade (LBV). Membro efetivo da Associação Brasileira de Imprensa (ABI) e da Associação Brasileira de Imprensa Internacional (ABI-Inter), é filiado à Federação Nacional dos Jornalistas (Fenaj), à International Federation of Journalists (IFJ), ao Sindicato dos Jornalistas Profissionais do Estado do Rio de Janeiro, ao Sindicato dos Escritores do Rio de Janeiro, ao Sindicato dos Radialistas do Rio de Janeiro e à União Brasileira de Compositores (UBC). Integra também a Academia de Letras do Brasil Central. É autor de referência internacional na defesa dos direitos humanos e na conceituação da causa da Cidadania e da Espiritualidade Ecumênicas, que, segundo ele, constituem *"o berço dos mais generosos valores que nascem da Alma, a morada das emoções e do raciocínio iluminado pela intuição, a ambiência que abrange tudo o que transcende ao campo comum da matéria e provém da sensibilidade humana sublimada, a exemplo da Verdade, da Justiça, da Misericórdia, da Ética, da Honestidade, da Generosidade, do Amor Fraterno"*.

Entre as inúmeras homenagens recebidas, foi agraciado com a Medalha do 1º Centenário da Academia Brasileira de Letras (ABL), nomeado Comendador da Ordem do Rio Branco, pelo Ministério das Relações Exteriores, e condecorado com o Grau de Comendador, pelo Conselho da Ordem do Mérito Aeronáutico, e com a Medalha do Pacificador, pelo Ministério do Exército brasileiro.

Filho primogênito de **Idalina Cecília** (1913-1994) e **Bruno Simões de Paiva** (1911-2000) — que tiveram como padrinho de casamento **Dorival Caymmi** (1914-2008) — e irmão de **Lícia Margarida** (1942-2010). Teve a infância e a juventude marcadas por uma preocupação incomum com temas espirituais, filosóficos, educativos, sociais, políticos, científicos e econômicos, além de um profundo senso de auxílio aos necessitados.

Estudou no tradicional Colégio Pedro II, na capital fluminense, do qual recebeu o título de Aluno Eminente, sendo homenageado com placa de bronze na sede desse conceituado colégio-padrão. Em 1956, ainda adolescente, iniciou sua jornada vitoriosa ao lado do saudoso fundador da Legião da Boa Vontade, o jornalista, radialista, escritor, poeta, filósofo e ativista social brasileiro **Alziro Zarur** (1914-1979). Foi um dos principais assessores dele durante quase um quarto de século. Para se dedicar totalmente à LBV, abandonou a vocação para a medicina. Mais tarde, tornou-se secretário-geral (cargo equivalente ao de vice-presidente) da Instituição e, com o falecimento de Zarur, sucedeu-o.

Compositor e produtor musical, foi aluno do professor **Homero Dornelas** (1901-1990), assessor do notável **Villa-Lobos** (1887-1959). Elaborou a "Marcha dos Soldadinhos de Deus", interpretada pela primeira vez em 21 de abril de 1960, por meninos amparados pelo Instituto São Judas Tadeu, no Rio, onde colaborava como voluntário. A apresentação foi uma homenagem a Brasília/DF, que o então presidente da República **Juscelino Kubitschek** (1902-1976) inaugurava naquela data.

À frente da Legião da Boa Vontade desde 1979, multiplicou as ações desta nas áreas da educação e da promoção humana e social por meio das unidades de atendimento da Instituição, as quais abrangem escolas-modelo de educação básica, lares para idosos e centros comunitários de assistência social. Tais espaços servem para projetos ainda maiores, a que Paiva Netto se tem dedicado há bastante tempo: a Educação com Espiritualidade Ecumênica, consubstanciada em uma vanguardeira linha pedagógica, que propõe um modelo novo de aprendizado, o qual alia cérebro e coração. Essa proposta educacional, composta da Pedagogia do Afeto e da Pedagogia do Cidadão Ecumênico, é aplicada com sucesso na rede de ensino da LBV e nos programas socioeducacionais desenvolvidos por ela.

Os ideais da Boa Vontade não têm fronteiras e empolgam diversas nações. Desde 1980, as iniciativas solidárias expandem-se para a LBV da Argentina, do Paraguai, do Uruguai, da Bolívia, de Portugal e dos Estados Unidos, além de muitas outras regiões do mundo, sendo mantidas por meio de donativos de cada população local.

Por causa da ampla abrangência de seus programas e de suas ações e da excelência no trabalho realizado, a Legião da Boa Vontade conquistou o reconhecimento da Organização das Nações Unidas (ONU), com a qual tem atuado em parceria há mais de vinte anos. Em 1994, a LBV tornou-se a primeira entidade do terceiro setor do Brasil a associar-se ao Departamento de Informação Pública (DPI) desse organismo internacional e, em 1999, foi a primeira instituição da sociedade civil brasileira a obter o *status* consultivo geral (grau máximo) no Conselho Econômico e Social (Ecosoc/ONU). Em 2000, passou a integrar a Conferência das ONGs com Relações Consultivas para as Nações Unidas (Congo), com sede em Viena, na Áustria, e, em 2004, foi cofundadora do Comitê de ONGs sobre Espiritualidade, Valores e Interesses Globais nas Nações Unidas.

O diretor-presidente da Legião da Boa Vontade recebeu, em 14 de novembro de 2016, correspondência oficial da equipe do novo secretário-geral da ONU, dr. **António Guterres**, na qual expressa gratidão ao dirigente da LBV pela carta encaminhada ao diplomata português com cumprimentos em virtude da nomeação deste para ocupar o cargo máximo da

ONU. Na missiva, assinada por **Kyung-wha Kang**, assessora especial em Política do gabinete do secretário-geral, consta: *"Prezado diretor-presidente, permita-me agradecer, em nome do secretário-geral designado, António Guterres, as vossas gentis palavras de congratulação. É com grande honra e com um sentido de responsabilidade que ele assumirá suas novas funções. A Legião da Boa Vontade é uma organização da sociedade civil que tem uma parceria de longa data com as Nações Unidas. Sua missão de incentivar a vivência de valores, a fim de criar uma sociedade mais justa e solidária, é mais do que nunca de grande relevância global. Suas iniciativas visam melhorar a situação de pessoas de baixa renda em diversas áreas, tais como educação e desenvolvimento sócio-económico, sendo uma grande contribuição para a consecução dos Objetivos de Desenvolvimento Sustentável e sua meta de erradicar a pobreza até o ano de 2030. Contamos com a Legião da Boa Vontade para trabalhar junto às Nações Unidas na busca de soluções para os desafios globais mais urgentes da atualidade"*.

Além de mobilizar a sociedade civil em torno dos Objetivos de Desenvolvimento Sustentável (ODS), a LBV tem participado há décadas ativamente das principais reuniões do Ecosoc, contribuindo com importantes documentos e publicações, editados em diversos idiomas e entregues a chefes de Estado, conselheiros ministeriais e representantes da sociedade civil. Dentre esses materiais destacam-se as revistas *Sociedade Solidária, Paz para o Milênio, Globalização do Amor Fraterno, BOA VONTADE Desenvolvimento Sustentável, BOA VONTADE Mulher, BOA VONTADE Educação,* entre outros.

Em 21 de outubro de 1989, Paiva Netto fundou, em Brasília/DF, o Templo da Boa Vontade (TBV), com a presença de mais de 50 mil pessoas. Conhecido também como o Templo da Paz, é o polo do Ecumenismo Divino, que proclama o contato socioespiritual entre a criatura e o Criador. Aclamado pelo povo uma das Sete Maravilhas do Distrito Federal, o TBV é o monumento mais visitado da capital brasileira, conforme dados oficiais da Secretaria de Estado de Turismo do Distrito Federal (Setur-DF), e, desde que foi inaugurado, recebe anualmente mais de um milhão de peregrinos.

Paiva Netto criou, para propagar a Cidadania Espiritual (conceito preconizado por ele), a Super Rede Boa Vontade de Comunicação (rádio, TV, internet e publicações).

No campo editorial, alcançou a expressiva marca de cerca de 7 milhões de livros vendidos. Além disso, tem seus artigos publicados em importantes jornais, revistas e portais de internet no Brasil e exterior, a exemplo do *Diário de Notícias, Jornal de Coimbra, Correio da Manhã, Jornal de Notícias, O Primeiro de Janeiro, Notícias de Gaia, Voz do Rio Tinto, Jornal da Maia* e *O Público* (Portugal); *Time South, Jeune Afrique* e *African News* (África); *Daily Post* (circulação internacional); *Clarín* (Argentina); *Jornada* (Bolívia); *El*

Diário Notícias e *ABC Color* (Paraguai); *El Pais* (Uruguai); *International Business and Management* (China); e *Deutsche Zeitung* (Alemanha).

Sobre seu estilo literário, o escritor norte-americano **Errol Lincoln Uys** observou: *"Paiva Netto, sendo um homem prático, não deixa de ter alma de poeta"*. Segundo a definição do eminente professor, jurisconsulto e tratadista **José Cretella Júnior** (1920-2015), *"é um exímio estilista, sempre em dia com as novas"*. **Valdir Andres**, jornalista, advogado, fundador do periódico *A Tribuna Regional*, de Santo Ângelo/RS, assim declarou: *"É uma honra imensa abrigar os conceitos, as opiniões, a pena brilhante do professor Paiva Netto em nosso jornal"*. Na opinião do mestre de professores **Moacir Costa Lopes** (1927-2010), *"é um escritor de muito talento"*.

Endereço para correspondência:
Rua Norma Pieruccini Giannotti, 110 • Barra Funda
São Paulo/SP • CEP 01137-010
E-mail: paivanetto@.uol.com.br

Canais do autor na internet:
 www.paivanetto.com
 PaivaNettovideos
 PaivaNetto.escritor
 #EuleioPaivaNetto

CONHEÇA O TRABALHO DA LBV

www.lbv.org.br

BOA VONTADE TV
Internet: www.boavontade.com/tv
OI TV: Canal 212 • Net Brasil: Canal 196 • Claro TV: Canal 196

Geradora Educativa da Fundação José de Paiva Netto
Canal 45.1 Digital - São Paulo/SP
Canais 11E / 40D - São José dos Campos/SP

Kit Sat Boa Vontade
Satélite: Star One C3 • Frequência: 3.858 MHz • Symbol Rate: 3.750 Ksps • Polarização Vertical • Modulação: DVB S.2

SUPER REDE BOA VONTADE DE RÁDIO
Internet: www.boavontade.com/radio
OI TV: Canal 989 (Super RBV de Rádio)

Emissoras de rádio:
Rio de Janeiro/RJ: AM 940 kHz • **São Paulo/SP:** AM 1.230 kHz • **Esteio, região de Porto Alegre/RS:** AM 1.300 kHz • **Porto Alegre/RS:** OC 25 m - 11.895 kHz • OC 31 m - 9.550 kHz • OC 49 m - 6.160 kHz • **Brasília/DF:** AM 1.210 kHz • **Santo Antônio do Descoberto/GO:** FM 88,9 MHz • **Salvador/BA:** AM 1.350 kHz • **Manaus/AM:** AM 610 kHz • **Montes Claros/MG:** AM 550 kHz • **Sertãozinho, região de Ribeirão Preto/SP:** AM 550 kHz • **Uberlândia/MG:** AM 1.210 kHz

PORTAIS
www.boavontade.com
www.religiaodedeus.org
www.jesusestachegando.com
www.paivanetto.com

APP BOA VONTADE PLAY
Baixe na loja de aplicativos do seu celular e acompanhe ao vivo